名师名校名校长

凝聚名师共识
回应名师关怀
打造名师品牌
培育名师群体

张明远题

向阳追光

我们的教育故事

XIANGYANG ZHUIGUANG
WOMEN DE JIAOYU GUSHI

罗 灿 / 编著

东北师范大学出版社

长 春

图书在版编目（CIP）数据

向阳追光：我们的教育故事 / 罗灿编著. — 长春：
东北师范大学出版社，2022.10
ISBN 978-7-5681-9663-5

Ⅰ.①向… Ⅱ.①罗… Ⅲ.①故事—作品集—中国—
当代 Ⅳ.①I247.81

中国版本图书馆CIP数据核字（2022）第198767号

□责任编辑：石　斌　　　　　□封面设计：言之凿
□责任校对：刘彦妮　张小娅　□责任印制：许　冰

东北师范大学出版社出版发行
长春净月经济开发区金宝街 118 号（邮政编码：130117）
电话：0431-84568023
网址：http://www.nenup.com
北京言之凿文化发展有限公司设计部制版
北京政采印刷服务有限公司印装
北京市中关村科技园区通州园金桥科技产业基地环科中路 17 号（邮编：101102）
2022年10月第1版　2022年12月第1次印刷
幅面尺寸：170mm×240mm　印张：16　字数：249千

定价：58.00元

编 委 会

序言

　　教育是教书育人，教育是言传身教，教育是唤醒学生的主体意识，教育是培养学生的健全人格。

　　对于教师而言，学生就是田野里的花朵和森林里的幼苗，要唤醒他们的生命意识，不能仅仅靠言传身教和智识提点，还要靠知识思想、精神灵魂的启蒙。

　　师与生的第一次碰面，便宣告了思想交流的开始。渊博的知识和丰富的阅历是教师与学生进行思想交流的前提条件，学生稚嫩、纯洁而活跃的天性使得他们对话教师成了必然选择。阅读、传授、思考、练习、探究、实验、启迪，知识在课堂内外交汇，思维在师生之间流淌，谱写出学校教学生活的乐章。对自然、对学校、对规则、对社会、对未来的探寻与思索，使得教师与学生开始了一轮又一轮的思想碰撞；质疑、对话、认同，再质疑、再对话、再认同……无数次这样的循环，成就了日常的教育生活。

　　如何唤醒学生还在沉睡的主体意识？中山大学附属学校（中大附）的教师们用自己的教学、教育给出了答案。每一个学生都有自己的天性禀赋，每一个学生都有自己的知识背景，每一个学生都有自己的独特家庭，每一个学生都有自己的喜好兴趣，每一个学生都有自己的特征，每一个学生都有自己的成长轨迹，每一个学生都有自己的发展路径。于是，师与生的思想交汇以倾听开始，以对话行进，以思考延续。倾听每一个学生的诉求，倾听每一个学生的思想，让思维可视化，让教师的教育促进学生的自我教育。教师以平视的眼光与学生平等地对话，尊重就蕴含在其中，民主就体现在过程中。俯视无法实现与学生的深入交流，双目平视便很好地体现了人格平等。来自老师的尊重，让学生觉醒了自己的主体意识，这种意识并不是霎时间就能够形成的，也不是形成之后学生就能够永久保持的。教师耐心和细心地重复与提醒，会让学生不断增强这种意识。当学生意识到自己是一个主体时，其人格便会慢慢养成。可以说，生命意识和思想的启蒙，使中大附的教师们有了一个良好的唤醒学生主体意识的开端。

我们无须预知眼下的学生日后会取得怎样的成就，我们也无须强调功成名就的传统观念。学生本身就拥有无限可能，而教师只不过是促进学生发现自我的天性，发展自我的天性，努力成为最美好的自己而已。教师要对学生保持充分的信任，静静地期待、鼓励他们不断试错。试错就是学习，学习就是试错，不断地试错，不断地反思，不断地总结，不断地成长……每一次试错都是成长的过程，也都是成长的标志。

满天的蒲公英随风飘扬的那一刻，谁又能说这不是教师最幸福的时刻呢？翻阅着一篇又一篇的教育叙事文章，我能够充分感受到每一位中大附教师的幸福，能听到每一个学生成长花开的声音，能看到学校的每一段发展路程。

教师的职业未必辉煌耀眼，因为学而不厌、诲人不倦的旅程本身就是一场艰苦又难得的修行。每一位中大附的教师都是照亮学生书桌的一盏台烛，也是学生通往成功之路的阶梯，更是成人世界派往儿童世界的文化使者。教师背上行囊，就意味着将学生成长的希望担在了双肩上。正因如此，师生携手踏出的每一步都坚实有力地刻在了这片大地上，记录着一轮又一轮的万象更新，记录着人类文明的新一代薪火传承。

中大附的教师们坚守"健康、乐学、发展"的教育理念，以促进学生的幸福成长为教育旨归，使自己成长为一束光，关心关爱每个学生，用自己内心的光明，去温暖每个同伴，去照亮每个学生，让学生的每天都被光明围绕，让每个生命个体都得到尊重，让每个学生都自由生长。中大附的教师们热爱教育，热爱学生！为一所理想学校而来！更为安安静静教育学生而来！不忘初心，不忘教育者应有的人文情怀。

是为序！

程红兵

目录

与学生一起成长

谢学辉

上学期，一些同事知道我将中途接任八（4）班的语文教学时，就半开玩笑半认真地说："小心你的小心脏呀。"

其实，我之前就听说过这个班的一些传闻。比如，很多学生喜欢趴桌子，学风很差，个别学生常常顶撞老师，不交作业，上课讲话现象特别严重……但我想，已经有十多年教学经验的我，什么班级没教过，什么学生没遇过，什么风浪没经历过。于是，我和八（4）班的学生开始了一段难忘的、共同成长的历程。

晓之以理，动之以情

刚开始，我觉得学生挺热情的，但慢慢发现他们的热情都是用在课堂吵闹上的，而一些学生则好像永远睡不够一样。看到这种情况，我的小心脏还真的开始有些受不了了。行吧，咱先不上语文课，好好说道说道，把上课规矩立好。当秀才遇到兵时，除了说理，还能怎样呢？所以，除了发挥本秀才"擅于说理"的唯一长处，我还真想不出其他办法了。

针对爱讲话现象，我说："作为一个健康的自然人，恭喜大家非常幸运地拥有说话的生理功能，但作为一个社会意义上的人，我们还要会说话，而'会说话'是指学会分场合，如分清什么时候该说话，什么时候该倾听。如果你确实有和学习相关的话，请你大声讲出来给大家听；如果是和学习无关的话，则请你到教室外说完再进来。我们相互尊重，给彼此空间和时间。况且，作为一个大学攻读汉语言文学，又从事了十几年语文教学的老师，比说话，你们真的有信心说得过我吗？"

针对趴桌子现象，我和学生说了两个上课不能趴桌子的理由：①在某校曾发生过学生在课堂上趴桌子再也没有起来的悲剧，我们要避免这种意外的发生；②青少年的身体正处于成长阶段，经常趴桌子，就好像一棵盆景长期被压弯着生长，将会导致脊柱变形，不仅影响体形，甚至会导致颈椎、腰椎间盘突出等疾病。更"狠"的是，我将自己读书时期的"绝招"毫不保留地传授给他们：想打瞌睡时，不妨对自己"残忍"一点儿，用力拧一下大腿或手臂，一定会瞬间感到无比清醒。假如怕痛不敢拧，想打瞌睡时可以自觉地站起来，等清醒后再坐下，那样我会明白你的意思。再不然，我会请你站起来，等你确定不再瞌睡可自行坐下，但不要误会老师让你站起来是针对你或惩罚你，要知道老师整节课都是站着的。

但即使经过这样一番"义正辞严"的声明，一些端坐"困难户"还是会时不时趴桌子、讲话，我也只能和他们"打持久战"。我虽然不严厉批评或惩罚他们，但却不轻易放过他们在课堂上的任何不良习惯，一段时间后，爱讲话和趴桌子的现象大大减少了。课堂上，开始出现老师没有请学生回答问题，却有个别学生自己站了起来，过了一会儿又自己坐下去的情景。那个时候，我们师生间往往会对视一下，默契地继续上课。

但有一天，曾经的瞌睡"专业户"怡杰同学在课堂后半段居然又趴桌子了，在我提醒后不久又趴下了，我只得让他站起来上课，却发现他站着都还是想睡。我心想：不愧是瞌睡"专业户"啊。不一会儿，下课铃声响了。在走廊，比我高一个头的怡杰追上来，搭着我的肩膀，依然没精打采地小声对我说："老师，对不起，我刚才上课趴桌子是因为吃了感冒药犯困了，实在控制不住，老师对不起啊。"我吃了一惊，回答他："啊？你感冒啦？不好意思，老师真的没想到你感冒了。不过我只是提醒了你两次，没批评你的意思，下次遇到这种情况你可以提前告诉我。"

因为怡杰这次感冒没有出现发烧、咳嗽等症状，所以我在课堂上没看出来，但听了他的解释，我心里有些愧疚，感觉该道歉的应该是我而不是他，同时我为自己的疏忽而吃惊。让我吃惊的还有一个原因是从教十多年来，第一次有学生因为在课堂上趴了桌子向我道歉。况且怡杰之前的表现其实并不是很好，违纪的事不少，交给班主任的保证书都有一叠了。但这件事让我感觉到他理解并认同我的课堂管理方式，所以不会因为我不让他趴桌子而产生抵触情绪。看来我"晓之以理，动之以情"的策略开始奏效了。第二天，我在课堂上和学生说了这个小插曲，并表扬了怡杰，同时当着全班学生的面为没关注怡杰同学感冒的情况向他表达了歉意。意外的收获是，从此以后，怡杰居然在各方面表现都有了不小的转变。

记得我刚走上讲台时，面对学生课堂违纪的情况动不动就发脾气的往事，而现在的我更懂得在尊重人的天性的基础上用以理服人的方式收获"四两拨千斤"的教育效果，这应该是在和学生"斗智斗勇"的过程中慢慢收获的一种成长吧。

春风化雨，润物无声

前文说了，班上一些学生不爱做作业，海川就是其中一个，他已经几次都没交作业了。内向的他，面对我的询问一言不发，摆出一副毫不在乎的表情，毫无愧疚的意思。发现实在跟他沟通不下去，我只好先让他回教室。虽然之前班主任就说过海川无心读书，连作业都不做的情况，可我还是无法纵容这种毛病。

于是在一个周末，我约了他的家长面谈。这时我才得知，原来海川的父母从小对他期望很高，但父亲的教育方法过于简单粗暴，动不动就打骂，母亲又过于溺爱，无论什么都尽量满足孩子。结果从小学五六年级开始，做生意的父亲没空管也不再管孩子，母亲有心管却已经管不了孩子，母子俩常常因为手机、学习等问题发生争吵，最后母子俩都去看了心理医生。心理医生分析是家长的教育方式不当导致海川在学习上无法达到父母的要求时，产生了自卑心理，转而自暴自弃。家长在医生的建议下，不敢再对海川要求太严，只要孩子身心健康就行。我想：尽管如此，可是不能就用这样的方式放任孩子成长吧？

当我听家长说海川喜欢打篮球并且在校外参加了篮球训练营时，我眼前一亮，感觉找到突破口了。因为我也喜欢打篮球，心想不妨试试在球场上去接近他的内心。一天傍晚，我和班上几个男生约好球场上见。我特意选择和

与学生一起成长

海川做队友，时不时给他传球，并暗暗观察他。我发现当海川投篮命中时，他会露出有些得意又怕人知道、一闪而过的笑。

第二天，我在班上故意将话题引到篮球运动上，并以一些球星为例，说明他们的球技之所以那么好，除了天赋，更重要的是坚持不懈地重复训练。比如，看上去非常简单、枯燥的投三分球动作，他们每天会重复练习1000遍以上。他们的成就正应了一句话："简单的事重复做，你就是专家；重复的事用心做，你就是赢家。"所以无论做什么事，我们都要形成"肯用心地重复做简单的事"的好习惯。这时，我"不经意"地瞟了一下海川，发现他以往那种事不关己的表情消失了，眼里好像有一种带着期盼的光在闪现。

一天，开展小组读书活动时，海川居然捧着书和同学一起读课文。我把用手机拍到的情景发给了海川妈妈，并告诉她："海川这段时间表现得很棒。今天课堂上他还因为第一次开口读书收获了同学们自发的掌声。"海川妈妈回复说："谢谢老师分享，这是珍贵的相片啊。"

一个周末，海川妈妈发来信息："老师，你好。孩子这次回家做了一件让我惊喜的事，他自己动手煲饭，并做好了两道菜。我12：30回家，他已经在吃了。虽然没等我一起吃，但我也很开心，因为他能自立了。"

又一个周末，海川妈妈发来信息说快被孩子气"疯"了，母子俩又大吵了一架，海川赌气没吃饭就独自坐车来校晚修了，让我帮忙关注一下。原来是因为当天训练营要进行第一场篮球比赛，海川却怎么也不肯去训练营。

我找到海川时，他告诉我，他害怕输掉比赛，让父母失望，害怕看到爸爸以往那种失望的眼神。我跟他说我理解他的心情，同时告诉他比赛有输赢，我们既要争取赢得胜利，也要学会接受失败，并且告诉他，其实父母已经意识到以往的错误，不会再像以前那样看待他。本来是寻常的道理，但父母给海川带来的阴影却不是一下子就能消除的，我能理解他。

"老师你好，海川这星期回来想要手机时，我说要完成作业才给他，他便不再强要。晚上家里来了很多客人，他吵着我，我就允许他玩两个小时，时间一到，他也准时将手机还给我了。这点应该算是个进步。"

"老师你好，海川自己走路上学了。书包里有五瓶牛奶和一些书本挺重的。在门口嘱咐他的时候我有点儿后悔，想送他，后来忍住了，既然他同意自己走路，就让他走过去吧。孩子到校后，麻烦你告诉我一声。"

"今天早上起床，我发现他在写语文作业，在抄书本上的诗词。我觉得很欣慰，因为很久没有看到他早上做作业了。

"周五放学他是自己走路回来的，用了三四十分钟，我既高兴又意外，给他掌声鼓励，他有些害羞，但他爸爸却用怀疑的眼神看着他，我看出来他有点儿受伤，但他没有说什么。因为我们以前对孩子要求过高，否定太多，所以海川才会没有自信，没有责任感，事事依赖父母。"

"这星期他说要买闹钟，后来因为价钱问题没买成。他开始有时间观念了。感谢你，老师，海川正在自我纠正，一点一点地改变。"

我时不时会收到海川妈妈的微信，她告诉我孩子在家里的进步。而在学校里，海川也转变很大，作业基本能按时完成了，成绩也明显提高了，近两次考试的作文居然也写够了字数，并且得到了及格以上的分数。

其实在海川的转变过程中，我也没做什么特别的事，如果硬要找特别之处，应该说我对学生没有采取那种"为你好"的强制的教育，而代之以细心的、耐心的、"春风化雨，润物无声"式的关爱吧。

互相摇动，互相唤醒

按照布迪厄场域理论，教育中的各个学科都可以看作一个个单独的场域，每个场域都是在各种位置之间所存在的客观关系构成的一张网络，教育就像是多种学科场域的结合，学科之间有一定的界限，但有时又是相互重合的；场域之间既是相互独立的社会性空间，也是相互联系的，它们共同构成了教育。当我们在谈论语文的时候，我们其实是在谈论整个教育；当我们在谈论教育的时候，我们其实是在谈论事关整个社会发展的事情。正因如此，我们无法避开其他社会场域孤立地思考教育场域的事，也无法避开其他与语文相关的学科场域孤立地思考语文教学。

班里大部分学生成绩不理想，对学习缺乏动力，对提高成绩缺乏信心，部分学生跑步也缺乏冲劲，好像做什么事都不相信自己能做好似的，班级也总是得不到流动红旗。作为科任教师，我看在眼里，急在心上，所以和班主任一起想办法利用班级活动去引导学生建立信心，激发学生的内驱力。当一些学生出现不良行为习惯时，我喜欢用萨克雷的名言去"摇动"这些"树苗"的心——播种一种行为，收获一种习惯；播种一种习惯，收获一种性格；播种一种性格，收获一种命运。

最近学校在筹备艺术节活动，我们班准备排练朗诵节目《少年中国说》，班主任原计划只派一小部分学生参加活动。我觉得这是一个难得的契机，于是建议全班学生一起参加。刚开始一些学生没有信心背诵稿子，但我鼓励大家相信自己一回，通过多练习，把稿子背下来，通过这次活动来塑造班级形象、展现班级风采。经过各种"威逼利诱"，每一个学生都能熟练地背出稿子了，并在演出活动中有了出彩的表现。

都说教师是园丁，我希望自己做一个不揠苗助长的园丁，守望着小苗，让他们能在保留个性的基础上健康地长成大树。

此刻，我又想起了雅斯贝尔斯的话："教育就是一棵树摇动另一棵树，一朵云推动另一朵云，一个灵魂唤醒另一个灵魂。"作为教师，在教学生的过程中，我们其实也在和学生一起成长，在唤醒学生的灵魂时，学生何尝不也在唤醒我们的灵魂？

求真　育善　致美

——班主任修炼的三重境界

杨佳富

有人说，做班主任是一门艺术，是一门充满遗憾的艺术。从教近7年来，我一直在思考，在追问，在反思：做班主任是一门艺术吗？如果是，那是一门什么样的艺术？为什么会充满遗憾？这些遗憾能解决吗？就是在这样不停地思考、追问和反思的过程中，我的教育视野突然有一天打开了。在做班主任这件事上，我慢慢地意识到这是一门求真的艺术，是一门育善的艺术，是一门尚美的艺术，是一门处理好教师与学生、教师与同事、教师与家长三种关系的教育艺术。所以，求真、育善、尚美是做好班主任工作的三重境界，也是做好教育的出发点和落脚点。

第一重境界——求真

2012年9月我大学毕业，根据国务院免费师范生的相关文件，免费师范生必须回生源地任教，当时规定的年限是10年，后来改为6年。于是我去了被定为全国贫困县之一的湖北省巴东县，也就是郦道元在《三峡》中写到的"巴东三峡巫峡长，猿鸣三声泪沾裳"的地方。

刚入职，我就接手班主任工作。开学第一天，我与学生见面，相互做了简单的自我介绍，就算认识了。当天我就给学生排了座位，按照最原始排座位的方法，矮的坐前排，高的坐后排。当天晚上就有一个家长找到我，说她的娃娃坐后面看不到黑板，能不能在前排给他安排个位置。我说："您的孩子个子太高，坐前排会挡住后面的同学。如果因为近视看不清楚黑板，您给他配个眼镜就好了。"话还没说完，她立马从包里拿出一个信封塞给我说："请杨老师帮个忙，这是我的一点心意。"我知道信封里装的是钱，于是我赶紧把她的手推回去，说："对不起，关于孩子座位的事，请您谅解，这个忙实在帮不了。"这时她有些不耐烦地说："小伙子，你们的万主任、宋校长，我们玩得好，还经常一起吃饭。"说完，看了我一眼，扭头走了。

她的话意思很明白，初来乍到的我，不谙世事，不懂规矩，我也知道我的拒绝可能会给自己带来接二连三的麻烦。我更明白如果我接受了这个家长的请求，那么就会有第二个、第三个家长……用同样的方式来要求我，那么我就会丢掉自己的底线、自己的原则、自己的教育梦想。千教万教，教人求真；千学万学，学做真人。如果我连自己内心的追求都坚守不住，我拿什么去教孩子；如果我连不合理的要求都不知拒绝，我拿什么去影响学生；如果我连做自己都畏畏缩缩，我拿什么去做真教育。

教育的本质是生命的教育，我不奢求能改变世界，但求这个世界因我的存在会有一点点不同。后来，我和那位家长多次沟通，她理解了，而且更加尊重我了。求真是教育最基本的要求，但它的背后是底线，是原则，是公平。

第二重境界——育善

我在巴东教了几年之后，毅然辞去工作，南下深圳，一则为家庭，二则为理想。我来到现在任职的学校，中途接任班主任工作。刚开始班级管理很吃力，因为我所教山区县城的孩子与沿海大都市的孩子的差异是很大的，并且班上的"问题"孩子还不少。面对这群孩子，我的内心充满担心和焦虑。

有一天，我发现班上有一个孩子，她看我的时候，总是斜着眼，带着不满、不屑、不在乎的神情。刚开始的时候，我没有在意，我想刚接手这个班，孩子不喜欢我，用这种眼神看我也是正常的。又过了一段时间，她仍用这种眼神看我，我实在忍不住了，我就问她："你对老师有意见吗？"她说没有。我说："你为什么总是用不满的眼神看我呢？"她说没有。我也就没多问。后来，有一次课前集体背诵《马说》，我对学生说："会背的就把书合上，不会背的就看着课文，跟着一起读。"这个孩子不仅不背，而且连书都没放到课桌上。大家背完之后，我让她站起来向我说明不背的原因。她不吭声，但还是斜着眼，用带着不满的眼神看着我。这激怒了我，我当着全班学生狠狠地批评了她一顿，她哭了，哭得很伤心。后来，我联系了这个孩子的家长，跟他说明了情况。家长告诉我，孩子患有先天性麻痹性斜视，无论看谁都是那样的眼神。一语未了，我已知道自己错怪了这个孩子，当天我就找到这个孩子向她说明误解她的原因并当面向她道歉。这件事已过去一年多了，但到现在我的心里仍然满是愧疚和心疼。

在教育孩子的过程中，这样的情况并非个例，原因是我们总是自以为是地用成人的标准去看待和评价孩子的行为。陈鹤琴说："儿童就是儿童，有着不同于成人的特点和需要。有着独特的精神世界，因此只有深入地了解儿童，才能有效地教育儿童。"也就是说，教育孩子，我们应该从善的角度去理解孩子存在的问题；教育孩子，我们应该用善的行为去感染、影响孩子的行为和世界；教育孩子，我们应该让孩子在面对未来世界的时候也怀着一颗善良的心。教育很关键的一个功能在于养善，以善育善。只有教师以善育善，孩子心中才有阳光，民族才有未来。

第三重境界——致美

这个世界之所以丰富多彩，是因为每一个生命体都各不相同。这些不同使生命的层次变得丰富，使我们的生活更有张力。

在我来到现在任职的学校的第二年，有一个上个年级留下来的学生被分配到我的班上，这个孩子有些特殊，不仅学习成绩差，而且有自闭症，严重的时候甚至会出现难以自控的症状。在班上，其他孩子不是很喜欢他，因为上课的时候，他可能会情不自禁地自言自语，或者发出笑声。所以在同学和老师的强烈要求下，我只能把他放到办公桌旁边，让他坐下，看书，写作业。来到办公室以后，他依旧会自言自语，有时候会走来走去，甚至跑到教室门口对着同学做鬼脸，因此不论是科任教师，还是其他同事都开始抱怨，甚至嫌弃这个孩子。我就给孩子的妈妈打了电话，最后她无可奈何地把孩子接了回去。第二天早上，她把孩子写的前一天的日记发给了我。孩子是这样写的：5月22日，我被班主任停了一个星期的课。他要求我回家反省，接受正

求真　育善　致美

向的家庭教育。其实，我知道自己的行为不对，但我就是控制不住自己。我渴望得到老师的认可和关注，我想让老师们表扬我，我想让参加班级活动，我希望当班干部，我想被评为优秀学生，我想让大家看到我。可是没有人关心我，老师批评我，同学嫌弃我，爸爸妈妈讨厌我。在这个世界上，我是一个多余的人……

看完孩子的日记，我的内心有些惭悔和觉悟。这样的遭遇，我在学生时代也见过不少，我特别不喜欢那些只偏爱好学生的老师。当时心想，如果有一天我当老师，我决不带着"有色眼镜"看学生，可现实是我已成为自己曾经最讨厌的人。怀特海说："教育只有一门学科，那就是完整表现的生活。"以前我对这句话似懂非懂，经历这件事之后，我有些明白了，对于这个孩子来讲，现阶段他的生活应该有课堂，有同学，有老师，有关怀，有鼓励，有宽容，有对美的追求……或许，我们给不了他完整表现的生活，但我们应该最大限度地给他应有的教育，给他多一点儿宽容、温暖和关爱。我们不能以成人的思维和标准去评价孩子的行为，正如孩子所说："我喜欢看漂亮的同学"，这是初中生在这个阶段对心中所追求的美的最本真、最纯粹、最直接的表达。歌德说："凡是真的、善的和美的事物，不管它们外表如何，都是简单的。"大道至简，返璞归真。作为教育者的我们用语言文字、用图形曲线、用音符旋律来教孩子认识、领悟和创造世界的美，但我们往往忘了心中容得下不完美才是大美。教育本身就是一种美的艺术，这种美是有根的，是自下而上生长出来的，是在老师、家长精心培育下生长出来的。让不够完美的人走向完美，是我们教育者对教育理想的执着追求，对文化血脉的尊重和传承，对大美世界的呼唤和坚守。

经过真诚、深入地沟通交流，老师们理解了我的切身感受、孩子的内心创伤，以及家长的痛苦和无奈。老师们开始关注他、关爱他、宽容他，最后接纳了他。

求真、育善、致美是做好班主任的三重境界。这三重境界并无绝对高下之分，只是代表了班主任工作的三个不同方面。只有将三者融会贯通，才能将班主任工作做得顺心，做得得心应手。

法度与温度齐飞，学校与家庭一体

王玉东

10年前，我还在云南工作的时候，在一个星期一的升旗仪式上，1800名学生、160名教师，着装整齐，齐聚学校运动场，共同参加庄严而神圣的升旗仪式。就在大家列队完毕，国歌声即将奏响的时候，一位身着便装的女生朝我们班跑了过来，站在队伍的末尾。在场的所有人都在盯着她看，在庄严而神圣的升旗仪式上，她迟到，她着便装。人群中开始有了窃窃私语声。升旗仪式结束后，我请班委商量该如何处理这一事件。按照班级公约，班委给出的处理办法是，这位女生因为迟到和着便装，影响班级量化考核，需要做检讨并打扫一周户外卫生。当时，我觉得这个处罚决定可行，也没多想就同意了班委的处理办法。这位女生也愿意接受这一决定。但是看得出来，她心里有事。可是，我那时候太年轻，也没多问。

等到当天晚自习看到这位女生的检查后，我为自己上午武断与仓促的决定而感到不安。事情原来是这样的：这位女生是走读生，她的父母在景洪城区经营一个蔬菜摊。平时，她的父亲在凌晨四点钟左右给固定的客户送菜，不巧的是，星期天她父亲有事离开景洪。星期一凌晨送菜只能由她母亲来做。妇道人家，力量有限，这位女生凌晨四点帮着母亲去送菜。她本想送菜后直接去学校，便穿了校服出门了。一路送下来，返校时间不够了，校服也湿透了，只能穿着便装，于是就发生了升旗仪式上的一幕。她在检查中写道，因为自己的问题，影响了班级量化考核，甘愿接受处罚，甘愿打扫一周户外卫生。

我们错怪了一个不该错怪的孩子。我一下子回到了自己的学生时代。

2000年前后，我在大西北的一所乡村中学读书，过的是半学半农的生活。星期一到星期五，不在学校上课的时候，我就跟着家人务农。我在想，眼前的这位同学和曾经的我有很相似的一面。想到这里，我一下子改变了想法：量化考核要，但是不能死抓、不能抓死。这个孩子是学生，也是子女；这个孩子属于学校，也属于家庭。

还是在那个晚自习，我请几位班委一起读了这个女生的情况说明，他们得知原委后，感到诧异，感到不安。他们提出帮助这个女生一起打扫户外卫生，我说我也参与进来。没想到，第二天全班竟然分了户外卫生小组，每天都有一个小组帮助这个女生打扫卫生。孩子们明白，"理不可恕，情有可原""法度之外，尚有温度"。

11年的教育教学经历中，比这件事情复杂的，有；比这件事情揪心的，有；比这件事情难缠的，有。但是，这件事情启发了我用"同理心、同情心"看待问题，在处理问题时不急躁、不武断。正是这份收获与心得，让我后来在处理更为复杂、揪心、难缠的问题时多了几分坦然，多了几分从容。

行动的能量

吴 珊

与其教之以大道理，不如给之以责任感。

初接的班级、新识的学生，一切都是新鲜而又充满挑战的。快满13岁的少年是那样活泼好动，如果三五好友凑在一起，难免激发出彼此翻江倒海的本事，闹出些鸡飞狗跳的"事故"。

超超是一个微胖的男孩。他的嘴唇微厚，憨厚可爱。他爱笑，每次不论在走廊里、楼梯上，还是在教室里、操场上，当我看到他时，他都会露出整齐的牙齿，微笑着。但是如果他发现我在看着他，他就立刻收起笑容，换成不好意思的面容。

他的这份腼腆在课堂上我已充分感受得到。有一次，我说："请超超来朗读这段文字。"他从座位上慢慢站起来，然后开始朗读，但声音像小蜜蜂嗡嗡嗡那般，我站在他旁边，都怀疑自己的听力，其他学生更是抱怨听不到，最后在数次鼓励下，他也无法完成朗读的任务，为了结束这尴尬的处境，我只好让他坐下。后来，朗读之类的任务，我也不敢再叫他了。

但他在同学们中的突出之处，却和他的这份腼腆截然不同。

那天下午阳光强烈，教学楼走廊上有老师培育的白色兰花开放了，我在那份美好宁静中走进办公室，准备再改点作业，结束一天的"战斗"。

不一会儿，有个男生跑来投诉：超超在厕所碰到他，看他在洗手，就用很低俗的话语辱骂他，他俩一顿对骂后，升级成互相泼水，超超装了一壶水全部倒在他的书包里。事发突然，我先安抚和劝回了这个同学，然后又暗中找了几个班干部了解超超日常的言行举止，同学们给我反馈了很多内容——上课吵闹不止、午休讲低俗笑话、课间和同学过度打闹、做无聊的恶作剧等。

"哦，原来他表里不一，还有点不务正业啊。"我心中暗想。

我把超超叫到办公室，他一看到我就浑身不自在，低着头，十分拘束，和"坏孩子"三个字似乎沾不上边。

我找来一张白纸递给他，我说："比起做不好的事，有不好的言行，我更不喜欢敢做不敢当和不诚实，所以呢，你把你最近做的一些破坏班级和自身形象的事都写写吧。"他接过白纸，在办公室一旁的会议桌上老老实实地写了起来。

而我，在心里盘算究竟怎样处理这件事，怎样改变这个学生。在和他的家长交流后，我获得了一些有效信息。

挂掉电话时，我心中迅速对他有了些考量：首先，他的父母工作很忙，可能对他疏于引导；其次，父亲是警察，工作认真负责，为人豪爽，孩子的本质或许还可以，不是完全没有是非观的；再次，超超正处于青春期，对性话题好奇也很正常，教他正视场合，了解同学感受很关键；最后，他的精力颇为旺盛，不如让他做点正事。

于是，当超超交给我他的"自我审查报告"后，我没有批评他，而且给了他两个建议：一是马上写纸条给被他骂了的同学，向他道歉，务必诚恳；二是从明天开始，上午的课间跑来找我至少两次，帮我做点事情。他原本凝重的表情流露出一丝轻松，还带着些真正的难为情，然后，他很认真地点点头回答"好"。

"老师，有什么需要我做的？"

接下来的一个月，超超总是在上午如约来到我跟前，这样询问我。他拿着我记录了事情的便笺纸，一件件去完成，如去学生处领班级的运动会奖牌，去教务处领取阅读之星的奖状，去给地理老师送样书，去门卫室搬班级采购的物资，去其他班催交物品，通知班级换课，等等。从刚开始的凌乱，到后来的做事有头有尾，他发生了变化；最关键的是，他能坚持每天来找我。

有一天，我刚走进教室，有位习惯性提建议的女生立刻拦住我，给我提了个新建议，还没等我开口回答，超超就说："老师真的有很多事，很忙的，我去办公室时，老师没有任何时候是在休息的。"那一刻，我感到惊喜，谁说他不懂事呢？瞧，他学会了心疼老师，不给老师添麻烦。

后来的超超承担起了学习小组长的职责，在体育运动、卫生值日、作业提交等方面，他不仅做出了表率，还坚持督促组员。当班上有事需要男生帮忙的时候，我看向他，总是能得到他肯定的回答。他在最近的一次反思周记中写道：期中考试成绩进步了，但是我还要注意改善自己的书写，首先，我不能写连笔；其次，我准备多背背英语单词，争取下次考得更好，发挥自己的能量。

赋予责任，相比批评，竟有如此大的效果。

让他做正事，相比压制他的精力，竟有如此好的改变。

那天下午，因为一场闹剧，他来到了我的办公桌前，但青春年少之时的顽皮总能被原谅，也总能有恰到好处的沟通方式，只要他愿意汲取光、热、养分，我便陪着、看着。

行动的能量

在学校任务中挖掘整改班级的契机

李少冰

快到期末了，突然收到学校要进行班级内务评比的通知，以往这样的活动都是放在开学初进行的，那时各班学生都精力充沛，对待美化班级的活动也热情高涨。但这次放在了期末学业最紧张的阶段，作为班主任，我也和大家一样，无暇腾出更多的精力顾及这个需要耗费大量心思的活动，心里不免担心起来。

临近放学的时候，我来到班级，出现在我眼前的是一派杂乱无章的景象：每个人的桌面都铺满了试卷、作业本、书本，甚至还有用了一天的水壶、牛奶盒、零食包装袋；桌子旁边是横七竖八地被丢在地上的书包，以及座位旁边地面上的小垃圾；抽屉里塞满了各色杂物，仿佛随时都要倾泻下来；教室后面增加的储物柜有的连门都关不上……

我不由想到，平常虽说经常要求学生整理好自己的物品，保持班级整洁，但感觉只有值日生在履行"公事"，大部分学生都是得过且过，懒于收拾，日复一日。每天放学前这种乱象更是达到了巅峰，因为缺乏条理，以致经常有人漏拿试卷，遗失作业，值日生打扫时总是抱怨有些座位太脏。确实应该利用这次活动，好好指导学生学会整理自己的物品、增强保洁意识了！我当即示意大家安静，宣布道："学校即将进行班级内务评比，但是临近期末，我们没有时间弄花哨的装饰了，我们就以干净整洁、井然有序的内务迎接评比吧。我们先用两天的时间自查，请大家做好准备！"随即我把要求一条条列出来，并告诉学生明天检查每个学生的抽屉和柜子。放学后，很多学生开始行动，桌面卫生情况有了很大改善。

第二天，他们外出上课，我借着整修柜子的时机，一睹了44个柜子里的庐山真面目。果然一看吓一跳！有些柜子就是个废纸箱，还积压着初一的试卷；有些柜子里面"一锅乱炖"，什么都有；有些柜子却是空荡荡的，没有被充分利用。我把需要整改的柜子主人的名字写在黑板上，提醒这些学生重新收拾柜子。我也感慨，真是柜如其人，怪不得有些学生学习上也是一团乱麻，看看他的这些细节就知道了，或许他从来不用收拾自己的内务。我们在学校要求了，他回到家可能就因为家长包办，被打回原形了。所以，利用这次班务大整改的契机，我要联合家长，让他们也了解孩子的状况，在家里配合，给予孩子锻炼的机会，这样才能让班级活动体现出它的价值所在。

当天晚上，我把个人内务对照图发到了班级群，也"曝光"了亟须整改的柜子，我告诉家长这次活动的意义：班级内务是由每个学生的内务组成的，学会营造整洁有序的环境，也是学习的一部分，这既是责任，也是能力。经过一番动员，惰性最强的几个学生也动起来收拾了，我再次检查，逐一过关，教室面貌大为改观，环境清爽舒服多了！

个人区域整洁了，教室公共区域自然不在话下，学生齐心协力，把卫生死角逐个"歼灭"。大家都知道，我们追求的不是暂时的、晃眼的摆设，而是长期的、真实的美好。经过评选，我们班不负众望，取得了这次班级美化比赛年级第一名的好成绩，学生高兴极了，纷纷要求跟教室合影。

我在黑板上写下了两句话：请记住此刻的整洁，不要让它昙花一现。借此我想告诉班级的学生，这次活动的最大意义不是我们得了第几名，而是提高了大家的环境意识，使大家养成良好的卫生习惯。

如果班主任善于从学校活动里挖掘教育学生、整改班级，甚至家校联手的契机，活动的价值就能得到最大的延伸，也就不会昙花一现，或者成为负担。

"圣条"

叶大仁

"小梁，醒醒！小梁，醒醒！"下午两点多了，小梁好像刚从睡梦中醒来。

我说："小梁，醒醒，等一下要语文考试了。"小梁抬头揉揉眼睛，站起来看着我说："谢谢，老师。"他有些不太高兴的样子。

"小梁，好好考。"我看着小梁的样子，疑惑不解。

小梁一听我的话，高兴地说："老师，你会……""给你'圣条'？"我的心猛然间咯噔了下，是啊！今天我要给小梁一张"圣条"吗？我从衣袋里偷偷地掏出早准备好的一张"圣条"塞给他，"圣条"上写着："小梁，你真的好聪明，爱看书的孩子一定是好孩子，我是你的好朋友！一起奔跑吧！"他手托腮帮坐着，眼睛亮亮的，看着我说："老师，你爱我！"

小梁缺少家人的关爱，他父母离异，跟母亲一起生活，母亲以打工维持生活，有时候三更半夜才回来煮饭给他吃，面对着这样的家境，我想从爱入手来改变他。虽然现在没教他语文，但我心里还是藏着他，他毕竟是我的学生。就这样，我以"圣条"的形式激发他的内动力，在关键时刻，也就是每次考试前、课堂上、活动时、巡课时、家访时，我都会偷偷塞给他一张"圣条"，有时候是一幅画，有时候是一首小诗，有时候是算术题，有时候是一本书（在书中写上"圣条"），有时候送一个水果（在水果上写上"圣条"），有时候是跟他的合影（在相片后面写上"形影不离好朋友"）……在我的"圣条"的鼓励下，他的性格开始改变了，不吵不闹了，课堂上回答问题虽然不多，但不会胡说八道；作文虽然字数不够，但也往往佳句可摘。

每次小梁发言，我都会鼓励他，肯定他的闪光点，帮他找到增长点，给他15秒掌声；每次批改作文，我都会给他的好词好句画上大大的波浪线。有一次，现场体验作文课，小梁写下这样一段精美文段："站定之后，叶老师柔和的目光从教室轻轻划过，再回头看看黑板上特制的一幅田园风景画。"我让小梁到讲台上展示他的作文。慢慢地，我发现小梁变了：从原来考试一字不写到慢慢写了，成绩也从20多分到45分。当今年他语文考到72.5分时，我的内心激动万分。

著名教育家陶行知说过："你的鞭子下有瓦特，你的冷眼里有牛顿，你的讥笑声中有爱迪生。"正因为那些老师没有经常给孩子一张"圣条"，所以才会有鞭子、冷眼和讥笑的存在，孩子们自然也就过早地失去了希望，对学习失去了自信，对学校失去了期待，对课堂失去了兴趣，对考试有了恐惧感……

人有一个共同点，那就是需要鼓励，什么是"励"？励，激励也；"励"，还有劝勉的含义。用今天的话来说，就是激发正能量，从正面来鼓舞学生的志气。

"人非圣贤，孰能无过？"华盛顿小时候也很淘气。有这样一个故事：秋天到了。一个早晨，鸟儿在树上唱歌，树叶和花草上的露珠在初升的太阳光中闪烁。华盛顿的爸爸一手拉着小华盛顿，一手拉着小华盛顿的表哥走进了一片苹果园，只见一棵棵苹果树果实累累，压满枝头。华盛顿的爸爸说："嗨，儿子，"他指了指满园的果树，"瞧这儿，我的孩子，这许许多多的苹果都是你的。"华盛顿一听高兴地拍起了手。

爸爸低下头对他说："你还记得春天表哥来时带来的那个又大又红的苹果吗？"华盛顿一听低下了头，他用脚在松软的泥土上划来划去，不知说什么好。过了一会儿，他抬起头，泪水晶莹地望着爸爸，柔声说："爸爸，就原谅我这一次吧，我今后再也不那么小气了。"这是怎么回事呢？原来华盛顿的表哥在春天时到他家来做客，带给小华盛顿一个大苹果，爸爸告诉他要分给兄弟姐妹们吃，可华盛顿怎么也不肯。爸爸给他讲了许多道理，可华盛顿还是不听，直到后来爸爸对他保证说："只要你愿意把苹果分给大家一起吃，作为奖赏，万能的上帝就会在秋天送给你许许多多的苹果。"他才将苹果分给了别人。

「圣条」

我们需要一张看得见、摸得着的"圣条"，一张能够激发孩子学习兴趣，促进孩子健康成长的"圣条"！培根说："欣赏者心中有朝霞、露珠和常年盛开的花朵；漠视者冰结心城、四海枯竭、丛山荒芜。"的确，我们心中要装着孩子，要学会用阳光的心态欣赏孩子，多发给孩子"圣条"，让孩子的心中充满希望。

沟通是一种人和人之间传递信息（包括意见、情感观点、思考、语言）的过程，以此获得彼此间的了解、信任及良好的人际关系。这对于孩子来说是一种沟通与理解，是一种信任与祝福，是一种激励与鼓舞。如此，他们很容易被打动，从而在心中播下"我能行"的自信的种子。

其实，每一个孩子都是一道待开发的亮丽风景，我们要学会欣赏、等待并发掘他们的潜力。因此，我们不能用同一个标准去发给他们"圣条"，而要用发展的眼光去对待他们，用真情、爱心温暖他们，用耐心去等待他们，用热情去激励他们，用自己对教育的热爱去感染他们，把温暖的光播撒到每一个孩子的心田，最终迎来满园的芬芳！

是呀，每一个孩子都有一双隐形的翅膀，就像一个鸡蛋，成功孵化了就会有生命出现。关键在于我们老师平时在学生成长的过程中是否给了他们"圣条"，给了他们希望。

回首经历，我感谢那一张张"圣条"，让学生看到那一张张"圣条"中蕴藏着的成长哲理。

小豆丁长大了

梁慧凌

用心灵赢得心灵，不只是教育的条件，更是教育本身。

——《李镇西教育知行录》

小豆丁总犯错

小丁是班级里个头最小的孩子，进入一年级，他被安排坐在最前面。我每次走进教室，都能看到他忽闪忽闪的大眼睛目不转睛地盯着我，对这个可爱的孩子不免多了一分喜欢。

这天，刚上完课的我被他叫住了："老师，老师，你看我手里拿的是什么？"他兴奋地挥舞着小拳头。

"你打开，我仔细看看。"对于这样的场景，我已习以为常。孩子们每天都会从校园的各个角落捡些稀奇古怪的东西给我。很高兴孩子们能把这些小事与我分享，每一次看到他们兴致盎然的样子，我总不忍心打击孩子的积极性。但有时看到小小的身影去捡地上的脏东西，我不免有些担心。

"哦，这个是弹珠，你是从哪里捡到的？"我拿起他递过来的珠子，仔细端详起来。

"从同学位置旁边捡到的。"他抬起头来，眼神清澈明亮，干净得没有一丝杂质。

"你能把漂亮的弹珠给老师吗？它也要找它的小主人。"

"可是……"他的小脸上写满了委屈，小手紧紧地抓住弹珠，不肯松手。他的眼睛里蓄满泪水，好像等我说出下句话泪水就要夺眶而出。看到这样的情形，我不由得心里一紧。小家伙估计是怕我把他的珠子拿走，往后退了一步，不再说话。

"宝贝，这是我们自己的东西吗？"我试图跟他讲道理。

"不是。"小丁摇摇头，小脑袋垂下来了。

"不是我们的东西，我们能不能拿？"我蹲下来平视孩子的眼睛。

"不能，可是它是我捡到的。"小丁的脸气鼓鼓的，看来我没有成功说服他。

"这本是老师的书，掉到地上了。你帮我捡起来，你觉得这本书是你的还是老师的呀？"说理行不通，我换了个例子。

"是老师的。"小丁认真思考了之后，轻声答道。

"是呀，你真是个懂道理的好孩子。弹珠是你刚刚在地上捡到的，但它是不是你的？"

"不是。"

"好孩子，你把弹珠送回去吧。"小丁一脸不情愿地拿着弹珠还给那个同学。

孩子的世界纯真而美好，当我们蹲下身子平视孩子的世界时，多一点儿耐心和细心该多好！

小豆丁认错了

经过了捡弹珠这件事，我以为他不会再去捡地上的东西，但接连又发生了几次类似的事情。

这天中午，午休刚刚结束，小甲气冲冲跑进办公室，边跑边抹眼泪："老师，小丁捡了我的橡皮擦，他不肯还我，我写错字会被老师批评的。"

我找来两个孩子了解情况。原来，停歇了几天的小丁又开始捡同学掉到地上的东西了。这个新橡皮擦上有一个奥特曼，奥特曼是小丁最喜欢的，捡到橡皮擦之后，他爱不释手。小甲看到他手里的橡皮擦正好是自己丢失的，向小丁要，小丁不肯给，只能到办公室向我求援。

小丁被我喊过来后，显得局促不安："老……老师，我不是故意的。我就是看到有东西掉了，捡起来，顺便看看。"也不知道是因为面对小甲的哭泣感到内疚，还是害怕我严肃的神情，小丁的头始终没抬起来。

"小丁，老师知道你不是特意去捡小甲的橡皮擦的，你看他因为找不到橡皮擦都急哭了，你可以先把橡皮擦还给他吗？"上课铃马上就要响了，我只能匆匆解决眼前的问题。

"对不起，我捡到了你的橡皮没有还给你，让你担心了。"小丁诚恳地向小甲道了歉，小甲拿到自己的橡皮擦，回到教室里。

以我对小丁的了解，这个孩子秉性纯良，只要我教过的事情，他都在慢慢改。到底是什么原因导致他总喜欢去捡别人的东西呢？

小豆丁初成长

这天晚上，趁着空闲，我与小丁的父母取得了联系并到他家里家访。我了解了小丁家里的基本情况：小丁家里的孩子多，父母的收入并不高，孩子们常买的玩具、零食是家里的稀缺货。因此，来到学校后，小丁看到同学有漂亮的玩具、好看的图书，总忍不住伸手去拿。

作为老师，我能帮孩子做点什么呢？晚上，我找出了新买的一套图书，又去商店买了新的文具。

第二天来到办公室，我找来小丁："小丁，梁老师跟你商量一件事。""什么事？""你最近还在教室里捡东西吗？""嗯，有……有时候有。""你为别的同学捡起掉到地上的东西是在做好事，老师要表扬你。但你知道小甲为什么昨天会来找老师吗？""不知道。""因为你没有把捡到的东西放到讲台的收集盒里，如果下次你捡到东西，第一时间就放到盒子里，同学们一定会称赞你的。""老师，那我下次放到讲台上。"

"老师觉得从你入学到现在，一次比一次有进步。你能主动捡起掉在地上的东西，还有上一次老师在收作业时，你帮老师把作业搬回办公室。这些事情老师都记得呢！这是一套你最喜欢的图书，老师把它作为奖励送给你。"小丁轻轻接过礼物，不敢置信地瞪大了眼睛。

"老师相信小丁，只要是老师说过的话，你都牢牢记住了，是个好孩子。"我摸摸他的小脑瓜。

"老师，我会记住的。"小丁脸上终于露出了笑容。

我把抽屉打开，第一格上面摆了一层整整齐齐的铅笔。"老师听说你的铅笔用完了，先借一支给你。等你以后攒够五朵小红花了，你再来找我借，你看怎么样？"

"真的吗？"小丁将信将疑地盯着我。

"对，只要你信守承诺，攒够小红花，下次还能再借给你。"

又过了半个月，我找来班里的小班长："最近，还有同学说小丁同学拿他们的东西吗？""没有了，而且最近小丁在课堂学习和做操上进步很大，老师都夸他有进步了。"

听了小班长的话，我笑了。小丁，真的越来越好了。

小丁是班里几十个孩子中最平凡的一个，但也是我常常关注的对象之一。一年级的孩子像幼苗，迎着爱的春风肆意生长。他们有时会犯错，有时会捣蛋，如果我们蹲下身子，平视他们，用耐心细心浇灌他们，用教育智慧滋养他们，他们终将长成最可爱的模样。

心陪伴，爱引导，筑童心的港湾

张璧城

我是一位语文老师，也是一位班主任，从事语文教学与班主任工作已有6个年头了。虽然这短暂的几年于我来说尚处"起步"的阶段，甚至对于无数有经验的老师来说，我只是一个资历不深的班主任。正因我深知自己还处于教育事业的探索阶段，教育实践中的点点滴滴更能引发我深深的思考。

有这样一个学生，让我"头疼"了一年多的时间，也让我感受到了做一名班主任实在的幸福。

对小A最初的记忆是我去他家里，对他姐姐进行家访。当时我还是他姐姐的班主任，他姐姐的性格较为内向，又是插班生，所以我想实地了解孩子的生活环境。只是和他们的父母聊天的时候，小A也出来"凑热闹"，倒是他的姐姐，不好意思在父母、老师都在场的时候出来见人，这样也明显让我感觉到作为弟弟的小A特别外向。但是我记忆最深刻的，不是他的活泼外向，而是他在与长辈沟通时，几次"淘气"地打断长辈说话，无论是父母的劝说还是老师在场，都丝毫不影响他的"气焰"。就在那时，我感觉到这个孩子"不简单"，也记住了他。或许是缘分，第二年，我成了他的班主任。

令我十分惊讶的是，成为我学生的小A，非常礼貌、乖巧，课堂上也较为认真，虽然不是积极举手发言的孩子，但肯定是班里懂事的男孩。各科老师也比较喜欢他，他在学校表现得比较乖巧，也让我逐渐忘记了当时对他原有的刻板印象——淘气且没有礼貌。在很长的一段时间里，为了让他变得更加乐于和老师沟通，希望他在班里变得更活泼，我一直让他担任着我的语文小组组长。但我对他初次见面时行为的"遗忘",或许成了一个疏忽。

半年过后,忽然有几天小A的父母总是陆续和我请假,说孩子肚子不舒服,要请假休息半天,有时候是一天。作为班主任,我向家长询问情况,并反复叮嘱家长必要的时候带他去就医。但是,渐渐地,小A"不舒服"的频次越来越多,请假的频率越来越高,我开始觉得有些不妥,于是和家长进行了几次比较深入的电话沟通,但是家长依旧认为孩子是身体不适,休息好了应该就好了。作为班主任,我总是惴惴不安,于是建议家长多关注孩子生活的其他方面,可以和孩子聊聊,问问他是否有其他的不愿意来学校上课的原因。尽管如此,但每次从家长处得到的回应几乎都是孩子只是身体的问题。终于,孩子回校了,当我询问他不来学校上课的原因时,孩子也没有和我说实话,和父母的口径很相似,都是说"肚子不舒服"。可能是经验尚浅,我也将信将疑了,除了和家长多强调带孩子到医院做详细的检查,似乎也别无他法。渐渐地,我不再过度关注这个现象,忽视了孩子心理发生变化的重要迹象。

后来的小A,请假的次数越来越多,甚至抗拒到校,这个情况让我焦虑起来。约谈孩子的家长,孩子的家长也不明白原因,每一次都认为是孩子的身体出了问题。我建议家长带孩子全面检查身体,家长总是因各种原因没有去。直到回校以后,孩子越来越频繁地出现情绪激动的情况,表现出厌学情绪,老师和同学越关心他,他越是疏远,甚至对周围的人和老师们恶言相向,家长才带孩子到医院进行了详细的检查。但是,检查结果是孩子身体没有什么问题。其间,我反思了自己的教育方式,询问了其他老师对孩子的评价,我们对他都是认可多于否定,平时也是表扬孩子较多,孩子一直以来对老师也很敬重,甚至可以算是乐于成为老师小帮手的孩子,因此,我也对孩子突如其来的变化百思不得其解。于是,我对孩子的玩伴进行了解和相关的摸排,孩子们对他的评价也是"比较礼貌""有点儿胆小""很重情义",没有与同伴发生过较大的矛盾。对于这项德育工作,我仿佛陷入了瓶颈。

就在我们对孩子的安抚无效又没有排查出原因的时候,孩子的情绪越发糟糕,甚至出现了破坏性的行为,从对同学的攻击,到对课堂的破坏,再到对年级其他班级的越界的破坏行为。在上报了德育处和学校心理咨询室后,心理老师进行了介入,在与心理老师的沟通中,家长也迟迟没有反馈出比较有价值的判断，家长认为自己的教育方式也是宽严相济的。学校建议家长带孩子进行心理方面的检查，家长也是和之前一样，因为各种原因拖延到。直到孩子的行为越来越过激，甚至影响了其他孩子正常上课，家长才带孩子到医院检查，检查结果是孩子有中度焦虑、抑郁、偏激等心理问题。在医生的建议下，孩子开始服药。服药以后，孩子情况好转了不少。

但是停药以后，孩子的情况又开始"糟糕"起来。甚至学校特殊教育老师的介入、心理咨询室的介入都不奏效了。在教小A期间，我一直关注孩子的变化，也向家长介绍了很多专业的青少年心理咨询中心，区心理咨询处也对孩子比较关注，只是后来专业机构的介入的效果也变得不理想了。我甚至开始担心，孩子就无法好转了吗？在反复的焦虑、担忧、紧张甚至害怕的很多个日子里，我仿佛逆水行舟，可唯一让我不放弃的声音就是"坚持"。我告诉自己，孩子越是"可怕"，就越说明他需要帮助！我要坚持，一定要引导他恢复到原来快乐的状态，至少要陪伴他"每天进步一点点"。

我开始反思自己在整个过程中的引导方法。我发现，我对孩子第一印象——"淘气"轻易地"遗忘"，或许是一种对孩子内心情况的误判。我发现，我对家长反馈的轻信是一种工作的不严谨。我发现，依赖心理专业机构的介入也反映出孩子与我没有真正产生心与心的联结。我开始后悔，也决定要改变。于是，在孩子情绪常常崩溃、偏激的那些日子里，我开始这样做：用心陪伴孩子，打开孩子的心窗。每当孩子情绪激动的时候，我不再对他讲更多苍白无力的大道理，我开始学会"无声地陪伴"。记得好多次，孩子在其他的课堂上控制不住情绪的时候，我放下手头的工作，悄声进入教室，和往常一样拿起小板凳，在他旁边坐着安抚，轻轻抚摸孩子的后背，陪伴他听课，10分钟、15分钟、20分钟……如果他哭了，我会递给他纸巾。起初，他并不愿意我帮他擦眼泪，后来我出现的频率多了，他也逐渐"允许"了。那些时刻，我是心疼的，更是幸福的，我知道，孩子的心窗慢慢可以打开。在每一次的陪伴里，等孩子情绪稳定了，甚至情绪得到了缓解，我才离去。下课的时候，我也会悄悄到班级门口看一看，看看他下课时心情是否好转。后来的日子里，我从下课时他开心的模样中也感受到了陪伴带来的成效。

用爱引导，引导他走向阳光。或许那些花时间和精力的陪伴像是教育里的"土方法"，甚至有过度关注之嫌，但我还是相信陪伴的力量。可即便如此，也没有影响我宽严并行的教育理念。在小A状态平稳的时候，我会找契机和他进行交谈，借助各种各样的机会，对他渗透原则意识的教育、是非判断的教育等，引导他积极向上、积极向善、努力上进；明确对他的期望：希望他鼓足勇气，知错能改。奇妙的是，他会记住老师的谆谆教诲，变得想要优秀了。例如，他开始在乎我的评价，会看我的"脸色"主动协助我维持班级的纪律；课堂上积极做笔记的频率更高了，书写甚是认真，甚至有时候会帮老师指出其他同学的不当之处。看到他点滴的变化，我喜在心里，却不轻易表现在脸上，或许，这就是为人师才能感受到的良苦用心带来的幸福感吧。

师生连心，老师应成为孩子的港湾。在之后的日子里，我常常扮演小A亦师亦友的角色，我乐于听他开玩笑，在他分享开心的事情的时候，我会将工作停下来认真倾听，感受他分享给我的喜悦。在他觉得不公的时候，我会第一时间成为立即介入处理的那杆秤，我希望孩子远离在学校获得快乐的同时，收获安全感和归属感。孩子不就是这样吗？本该快乐地遨游于学习的乐园，被呵护在成长的天空下。班主任不更应该成为孩子们在学校里最温暖的港湾吗？

果然，"功夫不负有心人"，就在散学典礼的那一天，不善于用语言表达的他，给我写了一段话："张老师，您照顾了我们两年，您辛苦了！谢谢您！我爱您！"在最后的标点符号后还画了一个笑脸。

我看到孩子的这段手写留言，顿时热泪涌上眼眶。我会永远记得那稚嫩的笔画，那简单的话语，那些和小A共同成长的过去我知道在班主任工作中，我还有很多值得反思和深挖的育人价值点，我也会带着这些经历，继续砥砺前行，做一个用心陪伴孩子，用爱引导孩子，筑建童心港湾的班主任。

一分耕耘，一分收获，与前辈同行

郭皓铭

今天，我要分享的内容与教师培训、教师专业成长有关。和孩子们一样，我最期待暑假，一到暑假就又可以去哪儿旅游了、又可以不用工作了……在外人看来，做老师的好处就是这三个月的假期。

各位中大附人，还记得上一个暑假吗？连续15天的各种培训、各种评比、各种准备……加上开学第一周的紧张工作，每天都像"战斗"一样。22天的坚守，大家干得热火朝天，即使累了也没抱怨，我们笑称："根本没有体力、精力抱怨。"但每一个中大附人都见证了"向阳·追光"的点点滴滴。回首一看，老师们快速适应，暴风成长，这一切为了孩子，为了中大附，为了光明教育，为了自己，都是值得的。

但，时间推移，更早之前，"暑假培训"对我个人而言是一个想要逃避的名词。

放假前后的培训曾让我不能乐在其中，甚至苦不堪言。作为一个年轻人，考到编制，我春风得意，一度以为教师只是上完课，做好社团工作，不出错即可。

直到第二年，我随同光明区美术老师们外出新疆写生，才改变了认知。

这里，我想要感谢我当时的校长——华建明先生，因为他的支持，我才能去看看这个世界；还有光明区美术教研员——冯英杰先生，没有他的执着，就没有光明区美术这一品牌活动。作为光明区中小学美术教师专业素养提升的重要抓手，这次写生活动得到了深圳市教科院、乌鲁木齐市教研中心的大力支持。

飞呀飞呀，飞过万水千山，飞过蓝色的地平线，飞到大漠边疆。我用感官记录，用心感受所见所闻，留下所思所悟——外出培训的我心情激动。最终，我和大家一起来到了喀什。"不到喀什，不算到新疆。不到老城，不算到喀什。"走进老城，仿佛时间老人就在眼前，怀旧的色彩在这里纯粹到只剩下土黄，干净又寂静。当时的我25岁，在古城里，似乎明悟出了"静"的哲学。浮躁，所谓的年轻气盛，似乎都不存在于我的身上了。

犹记得，在这趟旅程里，有一位老人，总走在队伍的最前头。他有两套绘画工具，一台相机，两支镜头。他总是主动积极地向当地人问好，拍照采风，一上午能完成五六张画作，他总是用谦虚和蔼的语气与年轻教师交流，脸上永远带着笑容。我猜想岁月留在人身上的最美好、最谦谦君子、最从容的样子也不过如此。素屡以往，岁月静好。他是前南山美术教研员——戴老，戴高桃老师。"小郭，你拍照很有灵气，很生动。但我也希望你坐下来画好一幅画……"

当时的我并无过多感触，直到2020年，光明教育以奋斗者的姿态赶超奔跑，作为不负光明教育的追梦人，我也在践行理想的过程中慢慢意识到专业能力对于一个教师的重要性。我是一名美术教师，对于画画自然要有所追求。谢谢您，戴老！

犹记得，深圳市美术教研员黄宏武先生一直支持光明美术，也与光明美术的教师共同参与全部行程。在这趟旅途中，我们被黄主任安静认真，比任何教师都早出发写生，并坚持到最后一课所打动。通过和黄主任私下交流接触，教师们也收获了不少学校特色教育建设的意见。事务如此繁忙的前辈，在旅途中认真画画，给老师们树立榜样，让我更加坚信："幸福是努力绘就的！"

不仅如此，在代表着十多所学校的二三十名老师的写生队伍中，我是最年轻的一员，得到了很多前辈分享的经验。"听君一席话，胜读十年书"，前辈们分享了不少从上学到工作如何过渡，以及教师成长的经验。

有一位网名为"俯首甘为牛"的同行，他自称"拓荒牛"，是志愿服务人员。他告诉我们："艺术离不开生活，艺术教育也离不开生活，写生不但需要获取素材和灵感，也能丰富我们的创作情感和精神，鲜活的生命能创新我们的艺术表现语言。"他不仅这样说，还带领着光明区美术教师发展专业技能。"小郭，要多做文字记录，学会反思……"谢谢您，是您的帮助，让我在教学上重拾信心，让一个在陌生环境不会说话的孩子变得自信、勇敢起来。

从此，我爱上了假期教师培训，不放弃任何一个成长的机会，凡心所向，无问东西。谢谢罗灿校长、筹备组的老师们、各位同事，让我们一起创造高要求、高追求、高品质的光明教育。

春回大地，金牛奋蹄。

习近平总书记在2020年岁末之际展望未来，特别提出要继续"发扬为民服务孺子牛、创新发展拓荒牛、艰苦奋斗老黄牛的精神……"

在"三牛精神"的鼓励下，我将更努力地提高个人业务能力，为打造高质量的光明教育奉献自己的力量。

一分耕耘，一分收获，与前辈同行

温暖教育，抓住孩子心中的那一束光

刘 玲

暑期培训时，我曾有幸听了"老猫校长"李巍老师的教育分享。她用自身温暖的力量告诉我们："好的关系胜过许多教育，心灵可以温暖大脑。"李巍校长的"温暖教育"让我看到了教育的美好、爱的美好。当时我就暗自承诺要在日后的教育实践中践行"温暖教育"，一定要让学生因为遇到我而感到幸运和幸福。

初为人师，我便成了一年级（4）班的班主任，面对这群孩子，我边走边悟，且行且思，一时扮演天使，一时扮演魔鬼，时而与学生欢歌笑语，时而又因为他们的调皮违纪"电闪雷鸣"。但我始终坚持用耐心和爱心去包容对待学生，竭尽全力去抓住学生心中的那一束光，让学生成长为更好的自己。

从刚带班开始，小曹就令我头痛不已，别看他小小的，一脸机灵样，问题可真不少：上课不听讲，作业不做，偶尔上交的作业也"惨不忍睹"，迟到更是家常便饭。而这些问题在他身上都不值一提，小曹最大的问题是卫生习惯，他的书桌从未有过收拾的痕迹，以他为圆心，30厘米半径以内都是他乱扔的杂物——脏兮兮的外套、被撕碎的作业本、四分五裂的蜡笔等。除此之外，最令我头疼的是小曹最爱臭烘烘的厕所，一下课就往厕所跑，厕所就是他的游戏王国：湿纸巾炸弹、过滤器飞碟、门缝捉迷藏都是他的日常操作。对于他的这些恶习，无论是谈话还是惩戒都没有太大的效果，即使找家长也只能让他安分几天。我对这个学生充满了无力感，但从未想过放弃，始终用包容的心努力和他沟通并试图改变他。

一次，我在从厕所抓他回来的路上说："你干脆以后每节课下课来办公室陪我吧！"此办法实属无奈之举，我只能先从最硬性的空间要求上限制他。我利用这些课间时间给他补习拼音和生字，几天后，他听写进步很大，我点名表扬了他，并让全班学生给他以热烈的掌声。也许是受表扬太少的缘故，平日里嘻嘻哈哈的他竟然有了少有的沉默，眼神中流露出一丝害羞和惊喜。一整节课，他居然端端正正地认真听讲，午休时间也不再四处乱窜，安安静静地缩在角落里睡着了。从这节课之后，我开始找机会表扬他，对他的每一点进步都给予肯定，在课堂上也总是给他展示的机会。几天下来，不用我再提醒，他开始主动来办公室找我报到。我也特意在办公桌旁给他准备了一个红凳子，还贴上了他最喜欢的蜘蛛侠贴纸。直到学期结束，他都一直坚持来办公室打卡，有时急着来报到，甚至忘了要去上厕所。这张红凳子就像被施了魔法，成了锁住小曹躁动身体的锁。

小曹虽然不往厕所跑了，但个人卫生习惯还是令人忧心，我开始从另外的心理途径试图改变他。通过家长的社交平台，我发现小曹虽然本人调皮至极，却是个十分靠谱的哥哥。众多与妹妹的合照和视频都流露出小曹对妹妹的爱。一次上语文课，小曹又不抬头听课，一笔一画地写着什么，我凑近发现小曹正在用我教的贺卡格式给妹妹写信："妹妹，快点好起来，哥哥爱你……"这个乱扔东西的小男孩竟然小心翼翼地用干净的蜡笔给妹妹画了爱心。我通过与家长交谈了解到，小曹的妹妹这几天高烧不退，一直住在医院里，今天是妹妹出院回家的日子。此后，小曹来办公室时，我会经常主动跟他聊起他妹妹，他的小脸上满是对妹妹的宠爱。我也利用他妹妹生病的事情教育小曹要讲卫生，否则厕所的细菌会被他带回去传染给妹妹，兄长的责任感让小曹改变了不少。也是妹妹这个切入点，让我成功走入了小曹的心，与他成了无话不谈的好朋友。有时我因为开会不在办公室，小曹会在走廊上等我，一脸紧张地问我去哪儿了，他已经慢慢地接受了我并依赖上了我。

一段时间下来，各科老师纷纷向我夸赞小曹的进步，班上同学也反馈说小曹变干净了许多。这次期末测试，小曹的各科成绩都非常优秀。这个学生的转变给了我很大的感触：首先，每一个学生都需要爱的表扬，都需要别人对他的肯定，也许你一句微不足道的表扬就能给他莫大的力量。其次，我们要懂得在孩子的缺点中发现那一点点优点，并用无微不至的爱呵护他生命中的那一点点光！而那一点点不曾被扑灭的光，总有一天会变成满天的星星，照亮这个我们深爱着的世界。

　　班主任工作的复杂性注定我在日后会遇到有各类问题的学生，但我会继续用温暖的心去包容和触动每一颗心，坚持"好好说话、好好倾听、传递爱、传递信任和希望"，带着温暖和幸福做一名有智慧、有温度、有情怀的老师。

做一名有温度的教师

刘云辉

"**没**有爱就没有教育"，一语道破了教育的真谛。教育本身，既要"教人"，更要"育人"，从某种意义上说，"育人"比单纯传授知识的"教人"更为重要。对我们教师来讲，单纯教授知识往往只需要讲究"教"的方法和艺术就行了，而"育人"既要讲究育人的方法和艺术，还要重视情感的因素。

做班主任工作的这些年，我将自己全部的精力和爱都投入了学生的成长中，将自己的课余时间用于和学生交心，希望班级时刻充满着温情，让每一个孩子三年后毕业时说一句："谢谢刘老师让我成长了。"我最大的幸福就是听到家长反馈自己孩子好的变化，哪怕只有一点点的进步都会让我觉得欣慰。

在教育教学过程中，我致力于实现"有温度的教育"。和孩子接触，对不同的孩子要用不同的方式，因人而异，但是教育有一个统一的方法，那就是爱他们。我愿意用一双手去温暖孩子，用一个微笑去抚慰孩子，我坚信只要爱他们，他们就会感受到，他们就会理解我。

还记得那是我刚担任班主任的第一个月，班里有个孩子叫小X，对待同学不太友好。我在观察了一段时间以后，和她的家长沟通，才知道她从小学开始，父母忙于生意不在身边，经常一个人生活，导致性格孤僻，之前还得过轻度抑郁症，脾气暴躁。对于这样的孩子，我再也不忍心苛责她，看着她每天大汗淋漓地跑到教室，早读前拼命地啃几口早餐，我会低声告诉她："慢点吃！"我开始关注她生活中的点点滴滴，没有苛责，只有关心；我会在她顶撞同学的时候把她拉到一边，用属于她的方式和她谈心……一个月以后的某一天，当我站在学生座位旁边和孩子们谈心时，突然有一双手轻轻地拍了拍我的手臂，我知道那是她在用自己的方式向我传递温暖，是她说不出来的感谢。经过一学期的时间，小X有了一些变化：不再轻易对别人发脾气，开始爱学习，会改变自己对待别人的方式。课堂以外，与孩子们相处的时候，我待他们像自己的孩子。也许是我的这种亲切感染了孩子，12月31日跨年夜，家长们在微信交流群里给我发来新年祝福。

在我从教的10多年里，我一直以一颗包容的心对待我的每一个学生，原谅他们的淘气、接纳他们的过错，因为我相信犯错在人的成长过程中在所难免。例如，我要求学生上学不迟到，我一定会准时站在教室里等候孩子们到班早读。这看似区区小事，其实恰恰是在细微之处显精神，于无声之处做表率。教师的行为对学生是一种不间断的、无声的教育。

我始终坚信学生没有好坏之分，只有态度认真与否的区别。因此，一直以来，我致力于创造轻松愉悦的教学情境，始终把爱心播撒到课堂的每个角落，让每个学生的潜能都得到发挥。在课堂上，我会细致观察学生的课堂参与率，根据学生的个性特点，采取不同的教学方法。课后批改学生作业时，我手写鼓励性评语和盖"值得表扬"小红章。我感觉这尽管不是件很困难的事情，但也确实不简单，做一名有温度的教师，背后其实就是敬业乐业、关爱学生、吃苦耐劳和耐得住平淡的奉献精神。多少次与学生面对面作业讲评，多少次与学生谈话交流，多少次课堂上不厌其烦地"唠叨"，才换来学生成绩的不断提高。

我们班有个学生小T有明显的厌学情绪，对学习很排斥，迟到很多次，作业缺交或不及时交，上课走神。作为班主任，我深知需要关注学生的情绪变化。我从侧面了解到，这个孩子从小生活在吵闹的家庭中，因为父母想要离异而觉得不光彩，他的家长对孩子的教育方式又比较粗暴，经常对孩子打骂。慢慢地，小T对家庭、对学校生活产生了一种厌恶感。孩子的逆反心理比较严重。要真正教育和引导好他，单靠学校的力量是远远不够的，还需要家长的全力配合。于是，我和家长进行了很多次交流。同时，我开始特别留意这个孩子的表现，我发现他有时遇事表现得特别脆弱。在与家长的交流中，他的母亲也提到过，孩子经常会陷入沉默的情绪，不愿意主动说话，更不愿意向家人诉说自己的苦恼。

自那以后，我开始更加细致地观察他、走近他，与他多交流，努力挖掘他身上的"亮点"，鼓励他参与班级的各种活动，和同学们一起去完成老师分配的工作，用自己的行动和努力赢得同学们的赞赏。只要是他数学有一点进步，我都会及时地表扬，我想用自己的言行让他了解，他在老师的眼中与其他同学一样，以此唤起他追求进步的动力。

现在的小T开朗了一些，课间偶尔会看到他的微笑，他愿意接受老师的建议、也愿意更多地融入集体。小T的变化让我很欣慰。其实，像小T这样家庭的孩子宛若海面上行驶的一叶孤舟，内心往往是敏感而脆弱的，做一名有温度的班主任，多给这些孩子一些关爱，才能走入他们的内心世界，拉近与他们的心理距离，做学生温暖的心灵港湾。

每个孩子都是一朵花，在一年四季不同的时间开放。做一名有温度的教师，不在意花开的时间，我所能做的就是用心对待每一朵花，静心等待花开时刻。作为教师，最幸福的就是看到一年四季花常开。我愿用自己的工作激情、教育智慧展示中大附教师的风采，用爱诠释教育的真谛，用爱点亮一盏明灯，照亮中大附学子的心灵路途，继续为中大附的发展发光发热，这也是我10多年教学生涯中一直不曾忘却的教育初衷，我愿意带着班级继续前行，向阳追光。

一句话的力量

刘 上

"老师，我英语进步了！"期中考试后的一次社团课还没上课，阿覃就满脸开心地跑过来告诉我这个喜讯，就差给我一个大大的拥抱了。望着她因为兴奋、激动而涨红的脸，我的思绪飘到了两个月前。

认识阿覃，是在开学季的9月。作为一名新教师，来到一所新学校，接手七年级10个班的美术课，"忙"是我的生活常态。如何尽快地熟悉学生，了解他们的性格、心理，从而更好地教学，成了我的当务之急。开学没多久，有些孩子一下课就往我办公室跑，给我看他们画的画，时不时跟我开开玩笑，夸我今天又是美美的，偶尔还调侃一下我的黑眼圈又深了，顺便让我好好休息，注意身体。孩子们这些"糖衣炮弹"让作为445名学生的美术老师的我迅速记住了他们。而阿覃却不一样，她不是一个引人注目的孩子。每次上美术课，她总是不声不响地进教室，不声不响地坐在那里，存在感可以说几乎为零。上课时，她也不像其他孩子那样积极地发言。她总是默默的，我讲，她侧耳听着，请她发言，她紧张得一颤，然后就脸红了，说得也不够流畅，读得也不够自然。我每次都会说："没关系，胆子大一些，你可以的。"她每张画下面的落款写得认真而拘谨。

让我第一次真正记住她的，大概就是开学不久后的"绿色书签设计大赛"了。比赛9月就开始征集作品，面对一张张还很陌生的面孔，以及整体美术基础水平还比较低的孩子，我内心也是七上八下的。但对于信奉"要做，就要做到最好"的我来说，困难只能激起我的斗志。孩子们没工具，我去买，孩子们不会画，我单独指导，唯独落下了存在感几乎为零的阿覃。一直到比赛截止的前两天，我和她在走廊上偶遇。我后来想，或许是她不好意思来我办公室找我而故意制造偶遇的机会吧。她把两张书签塞到了我手上，小脸一红就逃了。后来评选结果出来，她取得了不错的成绩。我很吃惊，因为她是唯一一个没有经过我指导的孩子。她妈妈通过微信向我表达了感谢，我也暗暗惭愧：我真的没有为她特别做什么。

她倒是越来越经常出现在我的视野里，越来越出色了。她在美术社团完成的每幅作品都能让我对她有新的认识。她的作品构图合理，笔触也越来越成熟，对色彩的感知也越来越准确、生动。期中考前有一天晚上11点半了，刚放下手机准备休息的我被连续不断的手机信息又震了起来。我无奈起身看了眼手机，居然是阿覃妈妈给我发来的。从她一连给我发的十几条信息来看，她此时一定非常焦灼，就如热锅上的蚂蚁一般。她语气中带着一丝刚"家庭大战"结束的不快，但更多让我感觉到的是作为一个母亲的无助、着急和焦虑。虽然我困意已深，但身为中大附教师的责任感还是让我耐着性子安抚了她的情绪，并跟她聊起了事情的来龙去脉。原来是阿覃妈妈看到了阿覃的英语测验成绩不理想，一气之下对她放了狠话："英语再考成这样，你就别想去你最爱的美术社团了！"这句话对于非常热爱美术的阿覃来说简直是当头一棒。正处于青春期的阿覃，表面羞涩但内心或许已经开始叛逆，她跟妈妈大吵一架并且拒绝沟通。她妈妈实在没办法才找到我，她说阿覃现在只听美术老师的话，很希望我跟阿覃好好谈谈关于她偏科严重、英语学习跟不上的情况。

第二天的社团课上，我没有单独找她谈，我能理解青春期孩子敏感又脆弱的内心，我想做得自然些，不想让她觉得她妈妈跟我说了她的英语成绩不理想，不想让她觉得全世界都与她为敌。有很多人认为学美术就是陶冶情操，对于语数英的学习没有一点帮助。其实，能学好美术的人观察能力是细腻且敏锐的，动手能力是敏捷且耐心的，思想情感是丰富且深刻的，思维逻辑是清晰且准确的。不然，怎么可能画出一幅好画呢？

我表扬她色环图画得好。我看着她，对其他孩子说："阿覃画得多完整，色彩表达得多准确，色彩感受力多强，美术学得这么认真这么好的孩子，英语能学不好吗？语文能学不好吗？老师相信你的其他学科也一定能学得很好。"她若有所悟地用力抿了一下嘴。当时，我并不知道这样的一句话是否会对她产生作用，能产生多大作用。期中考试后的第一次社团课前便出现了文章开头的那一幕。她说，这句话给了她很大的鼓励，她突然觉得英语也没有什么可怕的。后来阿覃妈妈再一次在微信上向我表达了感谢，与第一次不同的是，这一次的感谢突然拉近了我们三个人之间的距离，十分温暖。

一句话的力量有多大？教师很多不经意的言行的力量有多大？我无法说得清。但我想，教师的言行对学生是有影响的，也许影响会很大。说得恰当，会促使孩子往好的方向发展；说得不恰当，也许会使孩子失去对这门学科的兴趣，甚至产生反感的情绪。德国著名的教育家第斯多惠说："教育的艺术不在于传授的本领，而在于激励、唤醒和鼓舞。"在一个人面对歧途，被寒言冷语包围的时候，一句关怀、呵护和鼓励的话，或许会像一团燃烧的火，它是给人以温暖，点燃人内心深处自信和自尊的火焰，是使人重生、努力奋进、积极向上的力量。在一个人身陷绝境，茫然四顾辨不清方向的时候，一句点拨、抚慰和欣赏的话，或许会像一盏指路的灯，可以让人在黑暗中看到前路的光明，冲破阴霾和迷雾，走出困境。

一句话虽然简单，但是，只要良善真诚，就可以扶正他人倾斜的心灵，校正他人偏差的人生坐标，改变他人仿佛已定的人生轨迹。我想我要谢谢阿覃，是她让我这个初登讲台的青年教师对教育有了感悟和思考，愿阿覃在求学的道路上越来越自信阳光！

那群"传说中"的孩子

朱敏仪

陶行知的教育名言"捧着一颗心来，不带半根草去"相信大家都早有所闻，但这句话令我记忆深刻的一次，其实是在大学毕业那天。那天，我在收拾宿舍桌子的时候发现了大一时学校送给我们的一支定制银书签，其反面写的就是这句话："捧着一颗心来，不带半根草去。"这句话不仅迎接了初学教育的我，还参加了我的毕业礼，并常伴我日后的教学生涯。

欲坚守这份信念，我站到了教师岗位上，希望将热情与激情都奉献给我的讲台，但两年的任教，让我对这句话有了新的解读。

习惯了低年段教学的我，突然在教学第二年的时候被调去教五年级，当我还在苦恼着如何胜任高年段教学工作时，收到了另外一个消息——我的班是一个"传说中"的班级，有着"传说中"的学生，而我要成为"传说中"的老师。这对于一个新手来说，无疑是晴天霹雳。

五年级的孩子本身还保留着小孩子的天性，却又很期待自己的成长，用"小大人"来形容他们最适合不过了。他们有着稚气也有着自信，早熟与叛逆的特征也已经开始浮现。这样的他们，对学习英语的兴趣也逐渐趋于平淡，甚至开始厌倦，中段及以下的学生开始不太敢大声回答、大胆举手，有问题也不敢提问。"捧着一颗心来"中的"心"在这里就感受到了满满的挫败感。

都说医生要对症下药，那么作为一名负责的教师，也要善于察觉班级问题，并且研究出相对应的"处方药"。我思考了许久后，决定为这个班级建设一个"猪猪"银行，我购买了许多游戏纸币，设定了纸币能兑换的礼品项目。针对学生不太敢大声回答问题的现象，我用小组竞赛的形式，凡是小组内有举手回答问题或读书整齐的行为，我都会给那个小组加一颗星星，星星最多的组，那天就会每人被奖励2个游戏币。针对不太敢问问题的现象，我规定，如果学生有疑问，可以当场举手提问，我会奖励3个游戏币。五年级的孩子已经在承担比较重的考试压力，听读背默是他们必备的作业大礼包，针对他们趋于平淡甚至厌恶的学习情绪，我增加了听写进步奖、满分奖和积极背书奖，只要学生努力，即使不是满分，只要有进步，就有奖励。到了每个月的最后一个星期，学生就可以拿着相应的货币来兑换礼品。这一套银行奖励机制实行之后，效果非常明显，课堂效率也提高了，最重要的是学生的学习主动性增强了。

但毕竟是那群"传说中"的孩子，除了有着"通病"以外，还有着特殊的表现：课堂纪律差、自律性差、行为习惯差。在开学的前两周，我几乎无法上完一整堂新课，必须花10～20分钟去管纪律。这让我意识到了课堂纪律是重中之重，没有这个基础，那就不要讲课了，一味地追赶课时根本就不适合这样的班级，我宁可用一个星期的时间去管好纪律、制定规则，换取后面大半个学期的平和。

在我的班级里，有一个非常可爱的男孩子，他长得胖胖的，特别爱笑，特别单纯，特别开朗好动。他也是全校出了名的孩子，午休不安分，在走廊打闹，上课聊天，样样齐全，真是一个可爱又迷人的反派角色。对于英语，他是感兴趣的，但也是懒惰的。上课且听且珍惜，这点他做得非常好，认真听的时候很珍惜，不听的时候也很"窒息"。针对他上课好动调皮的习惯，我起初是用奖励的方式，我跟他说今天在学校一整天的课间时间里，你都可以来找我玩一个游戏，那就是"123木头人"：如果能在我面前坚持"木头人"1分钟，那我就额外奖励你2个游戏币，这样每个月就可以多赚好多钱了。刚开始孩子还是非常积极的，但是到后面就坚持不了了，眼看这个方法不太可行，我马上又想到了另一个方法，那就是在他上课讲话或走神的时候，突然表扬他，让他猝不及防。虽然五年级的孩子，看起来高大，但终归是孩子。每当我突然表扬他坐姿端正、上半节课举手积极的时候，他马上就能回过神来，知道我是换了另一种方式在"提醒"他，在随后的课堂时间，他就会认真起来。

渐渐地，在每天的斗智斗勇中，我对这个孩子的爱也加深了，他也开始感受到我对他的真心。"传说中"的孩子虽调皮，但真实的他们是慢热且害羞的。久而久之，他看到我之后都会很开心地来跟我打招呼，尽管一会儿会有一场痛苦的听写或考试，他也会主动跑去我的办公室跟我闲聊，更重要的是，他还会主动提出如果听写不及格，一定会在我这里听写到及格才回去。

　　我没法完全将他改变，他也不会一下子成为大家"理想"中的乖小孩，他依然是班级里的小捣蛋鬼。但是起码这些一点一滴的变化是可以真实感受到的。作为一名教师，我不渴望改变他的人生，只希望他朝好的方向多走一步。

　　当了他们一年的英语老师之后，我不仅看到了他们的成长，更看到了自己的成长。我开始知道备课确实要根据学生的学情来研究，适合的才是最好的；开始知道所谓学困生不过是成长的路上少了些知心、有心的人去引导。没有人天生不会学习，只是选择了不学。从前的我总有种愧疚感，感觉孩子就是我教师成长路上的牺牲品，如果让更有经验的教师去教他们的，或许他们会成长得更好。但后来我发现，孩子们的成长多少是由我们彼此双方决定的，在我喜欢他们，他们也喜欢我的状态下，即使没有经验的加持，双方的成长也会是最大值。

　　所以，教师都是捧着一颗心来，在心与心之间彼此交流之后，虽未带半根草去，但也在教学中得到了隐形的成长。我们没有自己想象中那么无私，其实我们还是带走了一些东西：我们带走了有关学生带着天真笑脸的记忆，带走了学生写满爱的明信片，带走了学生送给老师的成长大礼包。

　　时代在变，教师的定位也会改变，我不属于传统型教师，但是我并不自卑，反而觉得这是我的优势，我是一位愿意顺着时代改变的教师，也是一位愿意受学生影响的教师。

那群『传说中』的孩子

热爱，永不止步

张洁冰

在教育的道路上，我可能像青春期的孩子那般，正处于叛逆期，有时候放肆傲慢，却实实在在迷糊。在与孩子们的相处中，我可能更像是一位陪伴他们的朋友，有时候严声厉色，却明明白白热爱。因为热爱，所以追求。苏联教育家苏霍姆林斯基在《爱的教育》中说过：没有爱的教育不是真正的教育。我国著名教育家陶行知先生以"热爱每一个学生"作为毕生追求的教育真谛。可见，无论是古今智者，还是中外名人，教育中关于"爱"的播撒，是丰富多彩的，是形式各异的，是大本大宗的。而深刻领悟其中的奥妙并将之实践却不是一件简单的事情，需要我们花费整个职业生涯去反思，去领悟。

我爱你，是一句很有力量的话

爱是教育的原动力，教师关爱的目光就是学生心灵的阳光。你可能永远也想象不到，有时候一句"我爱你"会有多大的魔力。全小玲是一个刚上一年级的小学生，刚上学的时候，她的家人反映她每天吃早餐都会呕吐，在学校的时候，教师也发现她经常莫名其妙地哭——拿个东西找不到会着急地哭，忘记带东西就皱起眉头，还没等老师发现，自己已经两眼泪汪汪。新接触的环境让她缺少安全感。为此，一次早读，我从教室里搬了张凳子出来后，将她唤到走廊，让她坐下，随后我蹲下身子摸摸她稚嫩可爱的脸蛋，在和她有效地沟通早餐问题后，我非常认真地告诉她："老师非常非常爱你！

无论你在学校或者班级遇到什么事情，都可以第一时间告诉老师，老师一定会帮助你，因为老师是非常爱你的！你很重要！"她用一双葡萄般水灵的眼睛呆呆地望着我，清澈的眼眸令我至今难以忘怀。从此，她慢慢地开朗起来，渐渐融入班级。有时候她会在下课期间蹦蹦跳跳地跑到讲台上和我分享在家的趣事，我感觉很幸福，她也感觉很幸福，这就是爱的力量，多么简单，多么质朴！

发现你，造就焕然一新的你

同一片天空，不一样的美丽，每个孩子都是一颗值得被雕琢的玉石。第二学年，我接手新的一年级的班级。我觉得这个班的孩子相对乖巧听话，他们眼神中露出的可爱稚气，言语中的天真，行为中的活力童真是这个世界美妙独特的杰作。在持续半个学期的亲力亲为后，我开始有意识地培养班级小能手。寻找小能手的过程是一个需要细心观察的过程，不是仅仅让会做事的孩子去锻炼，而是让不会做事但有潜力做事的孩子学会做事，更重要的是让不会做事且不敢做事的内向的孩子学会做事。小钟性格非常内向，他渴望获得关注和表扬，是一个要面子的小男孩。有一次，在其他老师看护的时候，他犯了错误，受到批评后，直接蹲在地上号啕大哭，用手揉搓眼睛，任凭其他老师在旁边如何说理，仍不理不睬。接到看护老师电话的我，前往教室了解情况时，他仍然坐在地上哭。我过去唤他，他并不理会我，只是继续哭，旁人是谁，说什么，都不理会。我见状，觉得正常的劝说已经失去作用，便俯下身子，悄悄在他耳边说："小钟，我是张老师，张老师来带你走了，但是你一直这么哭，被其他小朋友看了，多没面子，不仅你没面子，老师也很没面子啊，不要哭了，你不哭，老师才能带你走呀！"慢慢地，他终于收起大哭，转为小声哭泣。为了掩盖住自己失控的难为情，他仍然不停地揉搓双眼，我便蹲下身子摸了摸他的头，凑近了和他沟通。最后，在我的引导下，他向看班的老师道歉。我把他带到办公室，等他的情绪平复时，和他认真地进行沟通，通过进一步的了解和交流，他再也没有像这样耍脾气。为了解决他不爱开口表达的问题，我安排了管理值日的工作给他，他每天都会安排、督促值日生擦黑板，安排值日生扫地。慢慢地，他在课堂上举手的次数越来

热爱，永不止步

越多，在班级活跃的时间越来越长，很快融入了班级这个大家庭。每个孩子都希望得到表扬，获得关注，孩子的内心世界是清澈的，他们拥有自己的个性。作为一名教师，走近他们，了解他们，成为他们的朋友对于帮助他们成为更好的自己有着非凡的作用。有时候教师一个不经意，或是刻意的留心，就能唤醒一个孩子潜在的进取心。

亲近你，让我们越来越有默契

在课堂上，笑容和欢乐是不可或缺的部分，不仅可以活跃课堂气氛，帮助孩子快速理解知识点，而且有助于师生之间建立默契，让教学活动的展开更自然、更高效，继而有利于形成良好的课堂氛围。它们之间是相辅相成、良性循环的。对于低年级的孩子来说，注意力和兴趣在学习中显得非常重要，爱玩、好动、新奇是他们与生俱来的特点。为了让他们爱上课堂，吸引他们上课的注意力，我常常会在黑板上手绘看图写话。每当我在绘画的时候，他们都会睁着明亮的眼睛在座位上仔细观察，认真思考，互相讨论着老师画的是什么，画得像不像，偶尔哈哈大笑，偶尔惊奇地喊出我画的是什么，教室哄声四起，十分热闹。课后，他们会围在我身边，大声而又自信地和我分享最近在读的新书，他们像一朵朵朝气蓬勃的向日葵，一下子把我淹没，我就像淹没在温暖阳光下的一片花海里，真是幸福！这时候我会示意他们排队分享，他们便迅速排成一条长队，每个人都可以和我分享几句话，眼睛与眼睛近距离的接触，手与手共握一本书的亲密，我随声附和、引导，短暂的沟通令孩子们快乐无比，手舞足蹈，同时，我及时把握孩子们日常生活学习的动态，真是一举两得！

安武林在他的童诗集里写下："每个孩子都是一朵花啊！"而教师就如辛勤的园丁般，细心地照料着他们，播下爱，撒下爱，让他们快乐幸福地成长！让我们虔诚地把故事牢记在心，用心思考，用心感悟，让教育智慧升华，练就一双慧眼，发现学生那一点点光，总会有一瞬间，一颗流星、一点流萤，在广袤的夜空，成为亮丽的风景，让我们继续行走在感受每一个鲜活生命的与众不同的路上，永不止步！

教育路上，走着走着，花就开了

许葵

时间总是在不经意间从身边悄悄溜过，从第一次踏进教室，面对一张张天真无邪的脸，到现在已经过了整整一个学期。德育路上，我是新掌舵之人；荆棘丛中，我是迷途之人。经过一学期的摸爬滚打，我似懂非懂，但总算步入正轨。

只问耕耘

有一个励志的词，叫"只问耕耘"。既然播下了种子，那就一心一意浇水，不是所有付出都会有相对应的回报，不是种下种子就能收获果实，但是起码，努力了，才不会有遗憾。

一年级，对孩子来说太重要了，一年级的印象，很大程度上决定了孩子会不会喜欢学校，会不会喜欢学习。行为习惯的养成、基础知识的启蒙、品德修养的熏陶，这些都是关乎孩子一生的命题，非常重要！

开学初是苦的。孩子们什么都不懂，还在慢慢地、慢慢地学。他们还太小，对他们过于宽松，他们会没有秩序，过于严厉，他们会容易失去兴趣。

对一年级刚入学的学生，我们的要求很低。他们只有六七岁，依赖性强，自制力差，动手能力差，反复性强……来到学校后，忽然一坐就是40分钟，忽然去哪里都要排队，忽然要自己记住很多事情……教师虽然心急，但是必须告诉自己"心急吃不了热豆腐"，要有耐心，对学生所设定的目标起点要低。教师只有学会换位思考，站在学生的角度设身处地考虑学生的承受能力、掌握情况，才能让学生踏踏实实、循序渐进地步步走好。教师还要不怕重复，一遍一遍地强化训练，直到学生形成习惯。例如，刚入学时，学生还不懂排队，教师就用玩游戏的形式让学生记住前后同学，记住大概位置，再记准确站位，每次放学和做操，不断反复强化，才能让学生形成基本的队列。

起点要低还表现为，开学初，上课的要求要简单且精确，从刚开始的"一不讲话，二不玩"，到后面的"一不乱动，二听口令"，再到正常的上课秩序"一坐端正，二仔细听"。任务不多，任务不难，学生才能达成。

对学生的要求要细。一年级学生，对概念的理解还很欠缺，也把握不好行为的尺度，因此，教师对学生的要求不能太笼统，也不能太空洞，要细，要实，要让学生一听就懂。例如，上课要求学生认真听讲，那何为认真听讲？"小眼睛，看老师。""小嘴巴，不说话。""小耳朵，听声音。"……从简单的儿歌口令开始，明确指出学生的具体做法，有效地监督孩子。到后半学期，这些口令已经被念得没有新鲜感了，就运用语文书中的古诗、谚语、成语等，如"一二三四五，金木水火土""小时不识月，呼作白玉盘""一年之计在于春，一日之计在于晨"……这些既能在孩子接龙时提醒他们注意力要集中，也是对知识的一种考察和巩固。

对学生的训练要求要严！要求提出，若不执行，那就是空口白话；如果不严格执行，学生就会懈怠不重视。比如，排队时，一定要严格要求时间、整齐度、安静。如不能达成，必须有所强化，宁愿多花时间三番五次强化教育，也决不降低要求。

对学生的行为检查要勤！一年级学生，行为持久性差，意志力薄弱，循环往复的现象尤其明显，所以要多加检查，及时评价。检查发现错误和懈怠，有所督促强化；检查发现优秀和坚持，有所赞扬表彰。正负都抓，才能维持整个班级的秩序。

一年级是班主任付出"多"的特殊阶段，示范多、要求多、重复多、检查多、评价多……诸多的事务在一块，极其考验班主任的耐心和恒心，所以一年级，只问耕耘，默默耕耘。

静待花开

有一个优雅的词，叫"静待花开"。也许历经许久，还是未见花期，但是与其一直念叨，还不如顺其自然，在花未开前，欣赏身边的绿草嫩芽，也不失为一种收获。不是所有的种子都能结出果实，也许生命是以另一种形式绽放光芒。

"你能行！你自己解决。"这是我处理学生问题时最常说的一句话，也是最先说的一句话。

一年级的孩子，小摩擦不断，小争吵正常，所以我并不会事事都主持公道，面对小问题，我说的更多的是："你先自己想办法解决。"

其实，很多时候，用一句话告诉他们怎么做，问题一下子就解决了。例如，"老师，有人把牛奶洒了，怎么办？"明明一句"去拿工具箱，拿拖把地拖干净"就可以解决的事情，我偏偏让他们先想一想，教他们先找出来是谁洒的，再问他们应该怎么和洒牛奶的同学说要怎么解决，最后还要问一句"别的同学是不小心的，那我们要不要帮一帮呀？"这就相当于告诉他们，遇到问题，先找出原因，再想解决办法，还要考虑怎么与人说话，要学会助人为乐。

一个学生来找我说："老师，组长忘记收作业了。"本来一句"你去提醒他一下"就可以解决的事情，我却会大费周章地在班级里讲一讲班级的管理，从不是班干部也要监督配合开始，到组长自身的责任担当，再到其他班干部如班长的监督职责，告诉他们要懂得互相提醒、互相监督，一起为班级服务的道理。

总之就是，一个命令可以解决的事情，很多时候，我用了大费周章的过程，让他们知道处理问题的过程和行为法则，慢慢地，缓缓地，虽然费神，但是我相信，这是静待花开的一种浇灌方式。

慢慢地，他们懂得了，有事先自己解决，解决不了找班干部，班干部解决不了才找老师。而班干部解决问题的方式，也慢慢沿袭了我的模式，先问清楚前因后果，判断谁对谁错，最后对的安抚，让错的认错。

在教学上，我也不会对孩子的每一个提问都给出答案，而是偶尔抛出一

教育路上，走着走着，花就开了

句：“你能行，自己想办法。”所以，在我还没教他们用字典时，他们就会把字典当课外书看，懂得了不会的字查字典；我要求组一个词，他们就能组三个词；我说一半故事，他们就知道自己想方设法得知故事的下半部分……

聪明的父母最爱对孩子说：“你自己明白。”这是相信孩子的表现，老师也一样。一位教育家也曾指出，教育的奥秘就在于坚信孩子“行”。我喜欢对孩子讲“你自己想办法”或“你自己解决”，让他们“回归自我”“加强自我判断”，这是教育给予他们最好的礼物。

忽见花开

有一个神奇的词，叫“忽见花开”。荆棘丛林，艰难跋涉，若你只顾着埋头披荆斩棘，不抬头看看头顶的天空，就会感觉到落寞，看不到希望。当你在被荆棘所伤，或者因跋涉而疲倦之时，抬眼看看天空，抬头看看远方，就会发现，花已经开在枝头。

班主任总是会发现，学生怎么又坐不直了，又乱扔垃圾了，又忘记关灯了，又乱排队了……问题总是每天换个面目、换个条目出现在班主任面前，以至于身为班主任的我，一直觉得他们一个学期了，怎么还是跟开学一个状态，可是在某一瞬间，我忽然发现，他们长大了不少。

上课了，我看到讲台上越来越多的铅笔橡皮，问台下的孩子这些都是谁的。孩子们说，是他们在地上捡到的，不知道是谁的就放到讲台上了。讲台上那些五花八门的文具，有些是平时他们见到了都说很好看的，但是它们就那样静静地待在讲台上，不是藏在某个学生的抽屉或者书包里，我忽然想起，已经很久没有学生哭着或者愤怒着跟我说文具不见了。我一问，有学生说：“我们要做警察，不要做小偷。”

“老师小时候家里穷，但是老师很喜欢吃糖。老师知道爸爸口袋里一定有钱，而且爸爸不会把衣服放高，老师能够得着。有一次，我拿了爸爸的钱去买糖吃，被爸爸发现了，但是爸爸并没有打老师，也没有骂老师，而是讲了一个故事。从前，有两个孩子，偷东西被抓了，两个孩子都说以后不会了。一个孩子真的做到了，但是另一个孩子却没有改正。长大后，有一天，另一个孩子在抢东西时，被警察抓住了，而抓他的警察，就是小时候和他一起偷东西的人。老师改正了，虽然没做警察，但是做了老师，教更多的人不能做小偷。你们是想做那个小偷还是警察？"

这是我在班会上，因为频繁有学生文具不见而说的一个故事。我经常和孩子们说，老师不要求你们每个人都考100分，但是要求每个人都是好孩子。善恶是非要学会辨别，行为要趋善去恶。孩子们还不懂得"物非义不取"，有人拿了别人的橡皮或者其他文具，我当时没有马上揪出来是谁，而是给全班讲了这样一个故事。没想到，学生当时一脸的似懂非懂，但最后把重要的记住了。

下课了，我捧起书本资料，转身时，一个平时注意力从不集中、上课总要被提醒、排队总跟不上的学生伸出双手，用我说的"举双手接奖状"的姿势，说："老师，你累了，我帮你拿。"那一刻，我忽然觉得他们长大了。

放学了，家长们进来接孩子，以前，家长们第一件事就是伸手过来接过孩子们的书包，可是，现在，就算家长伸过手来，迎接他们的，多半是孩子温暖的小手，而不是重重的书包。学生懂得了自己的事情自己做，懂得了体贴。

一个学生还没离开，我送完学生转身才发现，"你爷爷呢？还没来吗？"对这个孩子我印象很深。因为他一直都是由爷爷接送，有几次他迟到了，怪爷爷忘记调闹钟。我记得我那天上课就说了我爷爷做手术，我却不能回去的事；说自己慢慢长大，爷爷逐渐健忘的事。我对全班学生说，要自立自强，要学会从被人照顾到去体谅照顾亲人，而不是迟到了就归咎于年迈的爷爷奶奶。那个学生那时候很安静，我不知道是不是自己说的他还不懂。直到这次他说："我让爷爷不用那么早来，我等他，不用他等我，他腿疼。"不一会儿，这个学生的爷爷就到了，牵着他微笑着走出去，我觉得一切都和以前不一样了。

忽然之间，就见花开，是何其令人欣喜，或许，不是忽见，而是在我们不经意时，它就慢慢开了。

只问耕耘，静待花开，忽见花开，这是花的哲学，更是人的哲学。看懂了一树花，也就看懂了教育路上的种种。

半年已过，时光匆匆。本来期待，何时花开？十分焦虑，如何助长？但思虑之处，纠结之时，走着走着，花就开了。

教育路上，走着走着，花就开了

　　教师之路，是悠悠的细水长流；德育之心，是一个人内心的积淀，它是流水潺潺的心情，白云悠悠的洒脱。教师对孩子的温柔是行走于世上最美的姿态。生命有时真的不需要太多，赏花只需两三枝，人生最美不是生如夏花的绚烂，只要给孩子一束光，孩子就会收获一份懂得。捡拾时光的芬芳，将自己写意成淡淡的风景，伴着黑夜与黎明前行，或许走着走着，花就开了。

读更多的书，走更远的路

魏 丹

2020年8月，刚毕业的我来到了深圳市光明区，来到了中山大学深圳附属学校。开学的前一天，我在日记本上郑重地写下："未来，我想和我的学生一起读更多的书，走更远的路。"

"昨夜西风凋碧树，独上高楼，望尽天涯路"

在得知被学校安排来教小学一年级时，我的内心颇不平静：教学目标如何精确制订？教学重难点如何细致区分？我如何跟小朋友进行有意义的交流？……一个个问题和困惑就像一座座大山横在了我的面前，让我焦头烂额，茶饭不思，甚至自我怀疑。

开学后，我的问题和困惑在教育教学实践中不断出现，现实中的难题甚至远比我所预料的更多，也更复杂。

我依然记得那堂难忘的"开学第一课"。它给了我很多的"惊喜"，但更多的是反思：40分钟的课堂被我填得满满当当，不时出现的课堂"小插曲"使我无法完成既定内容的教学；学生对我的课堂充满了疑惑，仿佛不知道我在说什么；课堂纪律也和我理想中的样子相差甚远……在挫败感和无力感涌上心头之际，我开始思考：作为一名语文教师，我该如何备好适合学生的每一堂语文课？我该如何在众多的教学资源和教学方法中进行合理选择？我该如何将我想要教给学生的东西进行基于学情的有效输出，还能让学生准确接收并顺利转码？

"衣带渐宽终不悔，为伊消得人憔悴"

带着这样的思考，我走进了前辈教师的课堂，听他们上课，向他们请教。除此之外，我也开始认真阅读有关小学教育的专业书籍，了解学生的认知规律和教育规律。我一边学习一边转变，一边调整一边完善：我先从课堂语言开始调整——变长句为短句或口令，让一年级的小朋友听得清楚明白；接着我调整了教学目标和课堂设置——教学目标尽量单一具体，让课堂流程更儿童化、更有趣味性；然后我根据小学生的特点调整了我的教学方法，适当减少了教师讲授在课堂中所占的比重，增加了学生的参与和互动，以激发学生学习的自主性；最后，在学生学完拼音后，我尝试加入了阅读和写作的练习，以期在巩固学生运用拼音认字、识字的基础上增强学生的语感，提高学生的语言表达的能力。我还积极参加学校组织的各项学科活动和教学比赛，以学习者的姿态向前辈学习，向同事学习，也向我的学生学习。在参加学校组织的教案评比、课文朗读比赛、青年教师基本功大赛等学科活动和教学比赛的过程中，我在取得一定成绩的同时收获了很多宝贵的经验。这些都是我在教师成长之路上宝贵的财富。

去年11月，我有幸与学校的其他四位语文教师参加了国家教育行政学院和光明区教科院联合举办的小学语文教学设计研修班。9天的学习，伴随着观念的启迪、理念的浸润、方法的指导、思维的碰撞、能力的提升……对我而言这次研修已经不只是一次单纯的有关教学设计的培训，更是一次关于语文教学和语文教育的指引。专家前辈们用几十年的教育教学经验为我打开了一扇又一扇语文教育之窗，让我透过窗户看到了关于语文教育更多的可能性：或是手把手指导精读课文的教学策略，强调文本意识和以生为本，点对点分享词句的教学方法，注重循序渐进和以学定教；或是面对面交流教育教学实践中的疑难困惑，注重思维训练和儿童视角。同时，我们研读课程标准，细化语文教学；学习单元整合，聚焦语文要素；明晰设计理念，夯实理论基础；追求一课一得，扎实课堂教学；确立发展目标，实现教育理想。学习结束后，我带着满满的收获和自信将9天所学运用于教育教学实践中，也很幸运地在学期末与学校的美术教师陈攀老师和音乐教师欧阳琦卉老师一同探索并尝试《静夜思》的整合教学。不知不觉间，眼前的重峦叠嶂仿佛逐渐被我踩在了脚下，困惑迷茫中的山重水复迎来了拨云见日后的柳暗花明。

"众里寻他千百度，蓦然回首，那人却在，灯火阑珊处"

随后，在我和孩子们的相处中，出现了这样的情景——

当孩子们问我"难过"的"难"字怎么写时，我把这个字工整地写在了黑板上。这时，班上一个小男孩用坚定的语气对我说："世上无难事，只怕有心人"。

我给他们讲《蓬头小子的幸运之星》这个故事时，班上一个小女孩在故事结束后举起了小手，用甜美而清澈的声音说道："魏老师，你就是我们的幸运之星。"

一次在楼梯间，班上一个性格内向且从不喜欢跟别人讲话的孩子看见了我，我向他投以微笑。他原本打算离开，但突然又愣了一下，随后转过身来面向我，向我鞠躬问好。我也深深点了下头，他笑着走开了……

以上种种经历如同明亮而璀璨的星星在我的教师成长之路上熠熠生辉，温暖着我，指引着我，感动着我，鼓励着我。感谢这方校园给予我的支持和鼓励，感谢各位前辈教师对我的帮助和包容，感谢我可爱的学生愿意与我一起读更多的书，走更远的路。

怀着感恩的心，继续努力，认真成长，不忘初心。

读更多的书，走更远的路

"合同"风波

谭艳红

班干部是班级内部的骨干，是班主任的得力助手。一个优秀的班集体少不了一群优秀的班干部。班主任对班干部要严格要求，一视同仁：班干部有了成绩，要及时表扬；班干部犯了错误，就应该严肃批评。如此，在班级内就能形成人人平等，没有"特殊学生"的班级氛围。但是以前的我，可不是这样想的。对于班干部，我一直是宠爱有加的，为了更好地树立他们的威信，我经常有意夸大他们的"业绩"，在全班大肆表扬。对于他们的错误，我却只是轻描淡写地私下提醒一下。慢慢地，班干部的威信越来越高，用同事的话说，就是"把同学们管得服服帖帖的"。我丝毫没觉得有什么不妥，反而为自己的"培养能力"沾沾自喜。直到有一次，班里出现了一场"合同"风波。

那天晚上，我洗漱完毕准备休息时，一阵电话铃声突然响起。谁这么晚打电话呢？带着疑惑，我接通了电话，原来是小震妈妈打来的，她语气里有着明显的怨气："谭老师，你班上班干部的权力也太大了吧？平时就对我家孩子指手画脚，管这管那的。这次竟然跟我家孩子签'合同'，把我家孩子都吓哭了，不敢明天去上学了。""合同"？"不敢上学"？我一时懵住了，赶紧问："什么合同？能不能让小震接电话？"等小震带着哭腔，断断续续地跟我讲完"合同"一事时，我大致明白了事情的原委。他的同桌小思给他写了一张"合同"。"合同"上规定他不能有这样或那样的行为，否则就如何如何惩罚他。这样对待同学也未免太过分了。我不禁怒火中烧，赶紧安慰了小震，告诉他不要怕，明天一定要上学，把那张"合同"交给我，如果是小思的错，我一定严厉批评她。小震在我的安慰下，答应明天来上学。我悬着的心放下了，但是放下电话，我百思不得其解：小思平时品学兼优，这种欺负同学的行为，怎么会发生在她身上呢？

第二天一大早，小震就把"合同"交给我了，我一看，真有点哭笑不得。巴掌大的一张纸上，最上面正中间大大地写了"合同"两个字，下面罗列了七八条：上课坐不端正罚站，下课跑动罚写作业，字写得不漂亮罚款，甚至读书声音小都要罚在操场上跑5圈……看着看着，我有点笑不出来了。对同学提出如此苛刻的"约法三章"，把同学吓得不敢来上学，班干部的胆子怎么这么大？谁给他们的权力呢？

下课后，我让小思来办公室找我。她像往常一样，满面春风一蹦一跳地来到我面前，但是一看到我放在桌面的"合同"，她脸上的笑容顿时不见了，深深地低下头去。看来，聪明的她已经意识到自己这样做是不对的，我心中的怒火消了一半。我尽量和颜悦色地问她："为什么要给同桌写合同？""我看妈妈都给工人写合同，所以就想起来给他也写一份。""那合同上为什么要定那么多条条框框，而且做不到要罚他？"这一下，小思不说话了，再次抬起头时，眼睛里已经含满了泪水："老师，我错了，我不应该这样对待同学。"我心头的怒气慢慢消散："你想帮助同学是对的，但是绝对不能因为自己是班干部就滥用职权，懂吗？而且，你是没有资格对同学提出那些要求的，你说的罚钱等行为都属于欺负同学，属于校园欺凌，把同学吓得都不敢来上学了，你知道吗？"她点了点头，默默地把"合同"撕了，真诚地说："我要去跟小震道歉，我以后再也不会那么凶地对待他了。"

一场"合同"风波就这样平息了。看着她远去的背影，我陷入了沉思：小思给同学写"合同"的行为真的只是一时兴起吗？我想到小震妈妈的话，之前也有家长跟我反映过类似的问题，都是说班干部对学生太凶了，盛气凌人，很多同学都怕他们，等等。我当时没放在心上，还一直洋洋得意于自己培养的"心腹"如此有魄力。这次的"合同"事件给我狠狠地敲响了警钟：我再也不能纵容班干部的"飞扬跋扈"了，不能只满足于班级工作表面上的"盛世太平"！

诚然，班上的各项工作在班干部的管理下，都是那么井井有条，但是，我却从来没想过：众多学生表现出来的"乖"是真的"乖"吗？为什么学生

"合同"风波

在我和班干部面前都是怯生生的？甚至在校园内见到我们都转身走开呢？那是因为我对班干部的"宠爱"，活生生拉开了我和其他学生之间的距离，让他们对我和班干部"敬而远之"！

内心带着深深的愧疚，我召开了一次班会。在班会课上，我向全班学生表达了自己诚挚的歉意：我不应该一味抬高班干部的地位，使得班干部生出骄傲自满的情绪。同时，我教育班干部：作为班干部，首先要明白，自己是为班级、为同学服务的，要以自己真诚的态度来换取同学的信任，而不是以"管"和"压"迫使同学服从。有几个班干部马上站起来承认了自己的错误，并且表示一定会改正。孩子们的心灵总是那么纯洁和善良，从他们那一双双望着我的清澈的眸子里，我知道，他们已经原谅我了，原谅曾经对他们盛气凌人的班干部了。

从那以后，受表扬不再是班干部的"专利"，对于学生的点滴进步，我都及时给予大力表扬。我发现，班级氛围慢慢变得融洽了，学生脸上的笑容多起来了，家长的怨言也越来越少了，类似于"合同"风波的事件再也没有发生过。为了更好地激励全班学生，我采取了"竞争上岗""轮流上岗"等措施，力争让每个学生都有机会当上班干部，都有机会获得为班级、为同学服务的机会。

感谢这次"合同"风波，它让我明白：在一个班级里，班主任一定要对学生一视同仁，千万不能为了所谓的"树立班干部威信"而有所偏袒。否则，不仅不利于班干部自身的成长，也会造成其他学生对班主任的误解，从而影响班集体的整体建设。

语文教学记事

马功玉

少时，初读李清照的《如梦令·常记溪亭日暮》，觉得此时的李清照是一位可得三两好友，能作诗下酒，误入藕塘兴尽而归的"小资女文青"。令我羡慕的是她收获了满荷塘的芬芳，那惊起的一滩鸥鹭也许是在为这位词人助兴。而今，我站在了三尺讲台上，成了一名语文教师。经历了教学的反复磨砺，有了自己的教学反思后，再读这首词时，我似乎可以从词中找到它与课堂教学的相通之处，这令我对这首词有了新的领悟。

误入藕花深处

刚刚踏上讲台时，我心怀喜悦，同时忐忑不安，对语文教学生疏而又茫然。为了成为一名合格的语文教师，我要求自己多观摩前辈的课堂。为了不出差错，我甚至会完全复制别人的课堂教学过程；对不同的班级不知灵活变通，只知生搬硬套，效果可想而知——在教学过程中偏离语文教学目标，把握不住重点。譬如，在讲授《金色的草地》这一课时，我花费了大量的时间向学生演示、讲解草地是如何从绿色变成金色又变成绿色的。我通过多媒体视频展示蒲公英花瓣的早、中、晚变化，让学生上台用肢体动作模仿蒲公英花瓣的张合变化，还在黑板上精心设置了板书来演示草地颜色变化的原因。这一系列的教学措施无非是想让学生明白：蒲公英的花瓣在早上是合起来的，所以草地是绿色的；中午的时候蒲公英的黄色花瓣是打开的，所以草地是金色的；到了傍晚蒲公英的花瓣重新合拢，所以草地又变成绿色的。我完全沉醉在自己大费周章的教学设计中，觉得如此详细地讲解一定会让学生明白草地颜色变化的原因。但是我却不知道我正在上一节变质的语文课。我花费大量时间让学生明白的道理是学生通过简单的阅读就可以明白的，无须反复累赘地讲解。最致命的一点是，这堂语文课由于重点的偏移，教学目标把握不准确而显得不伦不类：既非语文课，又非自然课。此时的我也正如"误入藕花深处"，找不到方向。

不知归路

上完这堂课之后，作业反馈没有陪我演戏，学生的作业直接给了我当头棒喝。学生对课文中的基础语用知识没有掌握，对课后习题中"留心观察生活"的要求更是无从下手。这堂课我没有让学生认识新的生字，积累词语，提升阅读能力，更没有激发学生留心观察多彩世界的好奇心，而是抓住一个浅显易懂的知识不放。我深知这种课堂教学的危害性，但是却深陷泥淖，不知归路何方。

争渡，争渡

"争渡，争渡"！我怎么才能"划出"误区，找到"归路"？2020年7月11日，长圳学校小学全体语文教师参加了一场创新形式的暑期研训——网络直播讲座，我在这里找到了答案。这场讲座对于还处在教学探究之路上跌跌撞撞的我来说无疑是助力东风。广东省东南教科院副院长赵元花的"全阅读视角下的统编儿童语文阅读"和深圳市教研员赵志祥老师的"语文教学要保底"给我带来了新鲜的养料和感悟：用"语文"教"语文"。

赵元花院长以"阅读教材"为主题向我们展示了"全阅读视角下的儿童语文阅读"的教学策略和教学方法。她指出全阅读的内容包括单篇阅读、群文阅读、整本书阅读、阅读与实践。根据统编语文教材阅读课文篇目减少，双线编写目标明确，多元组组元特色教学，依托体例加大阅读的编写特点，我们能够对比出其相较原来的人教版小学语文教材的优点：单篇教学目标更加明确，人文主题和语文要素结合更加紧密，综合特色更加突出，课文"例子"的作用更加明显。其中尤为重要的是，在更加明确的教学目标指引下，单篇教学"例子"的作用需要教师去挖掘。这里的"挖掘"并不是深刻地、泛滥地、过度地分析课文，而是以课例为依托，教会学生一定的语文学习习惯和学习技能，使学生最后将学到的语文知识举一反三地运用到更多的独立阅读中去，达到用"语文"课文教"语文"知识的效果。

这样的教学理念和赵志祥老师提出的"语文教学要守住底线"不谋而合。赵老师用深刻的教学实例演绎了他在语文教学上的"保底"工程。赵老师指出，当代语文课堂的通病是抛开语言，泛滥分析。通常一节语文课下来，教师都是在"呕心沥血"地总结思想，分析情感，而忽略了语言知识、技能本身的积累。过度地专注于对非语文知识的强调和分析，会导致学生虽身在语文课堂，学的却不是语文知识。他还指出，语文教学掺不得半点虚假，课堂上的形式主义会挤压教学时间，使课堂教学内容不充实，教学成果不明显，教学目标无法实现。为了避免这样的教学现象出现，教师应该守住语文教学的"根本"：语言知识的积累。在积累的基础上去感悟，学生才能实现用"语文"学"语文"。

惊起一滩鸥鹭

两位专家的教育理念和教学思想沁人心脾，春风化雨，就如同李清照无意间惊起的一滩鸥鹭。两位专家的教育指导也惊醒了"不知归路的我"，让我认识到我在以往教学中存在的偏颇，找到了高效教学的方向。赵元花院长让我认识到"语文"课文"例子"的重要性，要用"例子"教方法、教习惯、教技能。赵志祥老师告诉我们要守住语文的"底线"，用"语文"的知识去教"语文"，让学生用"语文"的知识去学"语文"。这样深刻的教育理念是两位专家在多年的一线教学中锻造、提炼出来的，值得我去学习内化，再践行到我自己的教学中去。虽然这将是一条坎坷的路，但是我相信：路虽远，行则将至；事虽难，做则必成！

关爱的"四颗糖"

刘 郁

教育家陶行知的"四颗糖的故事"作为经典教学案例，像一块璞玉，依旧温润地散发着教学光芒。我作为教育工作者，也想像陶行知先生那样，随时为学生准备"四颗糖"。

第一颗糖：尊重之糖

小丁，班上的体育委员，因做早操时和同学打架，受到年级长的责骂。早操结束后，小丁按要求到办公室找身为班主任的我。小丁低着头，默默地，不敢出声，等着我的训斥。我平静地说："你来了，打得累不累，早操都没做成吧？"小丁没有出声，头更低了。"是因为什么那么生气？一定要出手打同学呢？"我不改平静的语气，继续关心地问。小丁抬头小声解释道："喊口令时，他没有及时立正站好，还在和后面的同学说话。""你遵守纪律，牢记老师的要求，应该给你点赞。但口令喊出后，你认为应该怎么让他听口令呢？""我……我不应该用脚踢他，应该跟他说。""那我相信以后你会是更加负责的体委。"

第二颗糖：信任之糖

又是小丁。放学后一位学生的妈妈来告状，说小丁偷了她孩子的水彩笔，没有还回来。"偷"这个字眼紧紧抓住了我的心，我想尽快弄清事实。

但孩子们都已经回家了，无法当即对证，于是我让小丁妈妈在家先了解并告知我情况。得知孩子并没有偷拿别人的水彩笔后，我收紧的心放松下来，但是水彩笔到底在哪儿呢？第二天我找到小丁，问："你知道我为什么找你吗？"小丁点点头，说："我偷拿了别人的水彩笔。"我假装好奇地说："偷拿了？没有人这样说过。不过你和别人的水彩笔有什么样的故事，说来听听。""我看到他散落在地的水彩笔被别的同学藏在了小树林里，我就帮他捡了回去，放进了书包柜。但是他自己没有看到，只知道我动过他的书包柜，以为是我偷的。""你能主动帮同学找到丢失的彩笔非常棒，应该点赞。""可是没跟他说，别人还以为我偷。"小丁委屈地说道。"原来你知道问题的关键了，快去和同学说清楚吧！"

第三颗糖：赏识之糖

还是小丁。春季的深圳，天气潮湿，雨后小树林里冒出大小不一的蜗牛，同学们课下都围着仔细端详，胆大的小丁甚至将它们带回教室，引得同学争相模仿。抽屉里，书包柜上，到处是蜗牛留下的黏液，既不干净，也不卫生。我几次要求同学们将蜗牛放回小树林，但第二天依旧能在教室看到蜗牛的踪迹，如此这般反复，我开始琢磨着怎么处理才好。得知同学们最近的科学课内容是有关蜗牛的，于是我给小丁还有几位抓蜗牛的同学布置了一项重要任务——"观察蜗牛日志"：你们每天抓蜗牛，一定对蜗牛观察得很仔细。那么一周内，请观察蜗牛并画一张蜗牛生活图。为了写出日志，蜗牛都被同学们带回了家，一天后，已经在教室不见了踪影。一周后，到蜗牛日志展演的时候了，同学们带来了一张张制作精美的蜗牛画，图文并茂地说明蜗牛的生活，并以图会友，讨论他们记录蜗牛的过程。小丁也拿出了他的精美作品，他得到了我的赞赏，十分开心，却抱怨道："我再也不想养蜗牛了，它总是把家里弄得黏糊糊的，而且没几天就死了，所以还是把蜗牛放回大自然吧！"我笑了："对啊，时不时去看看它，它应该也会想看看你吧！"

第四颗糖：宽容之糖

依然是小丁。一年一届的运动会如期召开，小丁报了团体跳绳比赛。但小丁的"威名"远扬以及因课下和同学抢跳绳闹得不愉快，使得同学们都对他抱着怀疑的态度：他怎么可能代表我们班去呢？小丁焦急地找到我，说："老师，他们不让我去参加比赛，我真的可以的，你要相信我。"他的小眼睛里满是参加比赛的渴望和被拒绝的幽怨，期待着我给他一点点希望。我不慌不忙，找到预备队员，在操场举行了一次小型的选拔比赛。同学们都兴奋地过来围观，小丁和其他几位预备队员认真地进行预赛。小丁双脚快频率离地，频率之快使得同学们都投来羡慕的目光，大家竟然开始齐声帮他数数，结果很快出来了，小丁以绝对的优势脱颖而出，同学们惊呼："哇，你好厉害啊！"比赛结束后，小丁平稳了呼吸，开心地笑了。在那次运动会中，小丁和同学们获得了团体男子跳绳第一名的好成绩，不再有同学怀疑他的能力。之后的科技节、数学节，小丁都积极参加，尽全力完成每次活动。

"四颗糖"化粗暴训斥为关爱信任，感化心灵，充分挖掘孩子身上的闪光点，激励孩子成长。相信他们会在成长路上绽放光彩。

只有一张试卷

刘 婷

苏霍姆林斯基在《给教师的建议》一书中的第38条"向准备担任一年级工作的教师提一些建议"的开篇写道:"你在小学里工作,现在教三年级。不久,你就要教一年级学生了。"果不其然,教完三年级的我,下一学年就来到了一年级。已有两年教学经验的我却从未涉足低段教学,因此一年级的数学教学工作对我而言仍有很大的挑战性。

开学第一天,在89个孩子中,一个小男孩——小林引起了我的注意。他个头比较高,眼睛大大的,表达能力不好,说话总是慢半拍,眼神总飘忽不定。

察觉到小林与其他孩子的不同,我对他的学习分外上心,他却无动于衷、态度冷漠。他课上经常玩卡片、开小差。我走到他身边,轻轻地提醒他,他马上把卡片收好.但是我还没走回讲台,那些卡片又攥在他手里了。如果说小林对卡片的爱不释手让我头疼不已,那么他下课或不见踪影,或追逐打闹更是让我心力交瘁。这样的状态持续了几个星期,直到"试卷风波"引起的一次深入谈话,才正式拉近了我与小林的距离。

那时,考完第一单元测试卷,大部分孩子拿到满意的分数都迫不及待地分享喜悦,唯独小林的脸上挂满沮丧。我想,适当体验失败也许会转变他的学习态度,但我的想法很快就被推翻了。

"老师,我们在小林的抽屉里发现了数学试卷碎片!"值日生跑到办公室向我大喊。

"什么!"我赶忙跑去现场察看,从小林的抽屉里面找出被撕碎的数学卷子,心中挫败与愤怒交织在一起。

第二天一早，我把小林叫到办公室，他似乎察觉到了什么，低着头，不敢看我。

"这是谁撕的？"我拿出被撕碎的卷子，"是不是你撕的？"

他轻声说了句："是我撕的"。

"你为什么要撕试卷？"我压制住心中的愤怒问道。

"我姐姐让我订正，我……我……擦的时候擦不掉，就用力擦，就……"小林支支吾吾地解释。

"你在撒谎！我看过卷子了，根本没有擦痕。你不诚实！"我提高音量说，"你自己看看，老师有没有说错。"

小林的谎言被戳穿，来回搓着衣角。

"你才上一年级，第一次考试就敢把试卷撕了，这种行为非常恶劣！根本不把老师放在眼里！"我对着沉默的小林一顿批评，"不仅撕试卷，还撒谎，这就是罪加一等。"我越说越气，认为小林在挑战我的底线，藐视教师的威严。

看着默不作声的小林，我想起《自由学习》第一章"为什么孩子热爱学校"中一个孩子的叙述——我的老师会认真倾听我说话。也许我该等等孩子的答案，不能妄下定论。

许久后，小林开口了说了一句："因为分数太低了。"

"那也不能把它撕掉啊！"

"可是，34分……也太少了吧。"小林忍不住哭着说。

听到委屈巴巴的小林嘴里说出这一句，我啼笑皆非，怒气已消。"你平时都不好好听课、写作业，分数肯定很少。你要想取得好分数，就要摆正学习态度，认真听课，还要好好写作业。"

"不管怎样，撕试卷都是不对的。这张试卷是你花了一节课时间写出来的，里面有你的付出，我们不能随意撕毁它、丢弃它，不然它会很伤心。"我耐心地教导小林。"就像你不好好学习，考试没考好，老师也不会把你丢弃，不要你。"

"老师，我错了，以后不会撕试卷了。你可以重新给我一张试卷吗？"小林擦了擦眼泪说。

"试卷是很宝贵的，每个人只能有一张，一张专属于自己的。老师不能重新给你，但是老师很愿意帮助知错能改的你，我们可以一起把试卷粘好。"

"好！"

最后，我和小林合作把一块块试卷碎片拼凑起来，小林把拼好的试卷小心翼翼地收好，生怕再弄坏了一角。

"以后要好好爱惜它哦！"我摸了摸小林的头嘱咐道。

"像爱惜卡片一样爱惜它吗？"小林眨巴着大眼睛问。

"哈哈，是的。它跟你的卡片一样宝贵，每个人都只有一张试卷！"我笑着说，"其实，学习也跟试卷一样宝贵，如果没有认真对待，你就会永远失去它。所以我们每天都要好好学习，知道吗？"

小林似懂非懂地点点头，抱着他的试卷走出了办公室。

自此，卡片再没出现，试卷再没被撕过。小林慢慢地愿意亲近我，接受我的辅导。在后来的测试中，小林从我手中接过试卷，那抹沮丧已不再，取而代之的是满脸笑容。

苏霍姆林斯基在《给教师的建议》中曾提出："他们的知觉里，似乎感情因素占优势，以心灵和理智相比，他们好像更多地用心灵来认识事物。"经过这次的试卷风波，我对这段话有了更深的理解。在我看来，撕试卷是对老师的不尊重，但是小林只简单地遵照自己的心做事情，没有过多地理性思考，他不能接受那个分数，以为撕掉试卷了他就没有考差，便把试卷撕毁了。反思自己，我庆幸当时停下来认真倾听孩子的声音。

共勉：在与孩子相处时，忌怒忌燥；认真倾听孩子的声音，也许就能理解孩子们那些"反常行为"。

只有一张试卷

把自我缩小，把学生放大

林海华

不知不觉间，我已经在光明区从事教育工作三年了。这三年来我经历了不少酸甜苦辣。在各种回忆中，学校里的回忆是最深刻明晰的，它深深烙印在我的脑海里，且不断让我在回忆和反思中对教育教学有新的认识。在这里我就挑一些在田寮小学教学或带队训练的片段来祥谈我的体会和反思。

走进田寮小学校园的第一年，我负责的是六年级的体育教学工作。在一节常规体育课上，大家都在认真地练习，却有那么一小群女生坐在树荫下，无精打采地看着其他人练习。不用问就知道她们肯定会推脱说"老师我不舒服""老师我受伤了不能运动"。面对这种情况，我只能无奈地笑一笑。课后，我反思：难道她们小学的最后一年甚至以后的体育课都要一直这样旁观下去吗？难道我就没有责任吗？我有没有什么办法让她们参与进来呢？

一天课后我留下了这一小群女同学，我说："你们每次体育课都能准时到位，也能和其他同学一起做好热身运动，这几点都说明你们还是做得很好的，心还是在这个集体里的！"这时我看到她们眼中闪过一丝惊讶，于是我接着说："这说明你们内心还是很喜欢上体育课的，对吧？"她们点了点头。"那你们为什么不和同学们一起练习呢？"她们七嘴八舌地说着各种原因，我总结了一下，大概就是她们的体形不好或者是存在其他身体缺陷，或者是课堂上的某些动作难度太大无法完成导致被笑话，所以干脆就不和同学一起上体育课了，仿佛是被孤立的一小群人。在了解了事情的原委之后，我在后来的体育课中加入小团体游戏，并刻意安排这几个同学加入游戏，我相信没有什么比一起游戏更能拉近同学间的关系。一段时间后，她们这种"袖手旁观"的现象彻底不见了。她们的眼里流露出了新的光芒，她们在游戏中、在课堂中找到了自己。作为教师，我们一定要坚持"以人为本"的观念，尊重每一个学生，贯彻落实"教育是心灵的艺术"的理念。教师教育学生，首先要与学生之间建立一座心灵相通的爱心桥梁，这样才会在师生互信、友好沟通的基础上推动教学的正常开展。

通过对这次课堂中存在的问题的反思，我认为某些同学不爱运动，教师是有一定责任的。

首先，某些不爱运动的同学往往是由于体形比较肥胖，或者身体存在一定缺陷，在运动时适应性较差，有时举止失措，不能充分地表现自己的能力，进而缺乏自信，往往遇难而退，不愿尝试。尤其是在青春期这个特殊的时期，他们普遍有自卑、逆反、封闭等不同类型的心理。他们的自尊心和自卑感常常交织在一起，并时时处于矛盾中，对老师和同学们有恐惧感和对立情绪，意志不够坚强。

其次，长期以来，在某学生请假时，只要学生说"身体不适"，大部分教师没有过多追问和进行有效的沟通，不去真正深入了解这群同学的真实情况，久而久之也就让这种现象成了一种"常态"。

最后，教师在设计课堂教学时，深度、进度只适合大多数学生的知识水平和接受能力，对个别学生的个性特点和个体差异缺乏考虑，没有使他们的能力、潜力获得最佳发展，未充分做到因材施教。面对这种情况，我认为行之有效的解决方式是教师经常去关心这个小群体，对他们的心理特征及行为表现进行了解，具体问题具体分析，因材施教，为他们创造良好的学习环境，并为他们提供锻炼和表现的机会，经常给予他们鼓励。只有这样，才能兼顾所有的学生，真正做到"以人为本"。

在田寮小学的第二年，我担任一年级的体育教师。众所周知，在体育教学中，队列队形是一个枯燥乏味的内容，尤其是对刚入学的一年级新生来说，停止间转法这一块就让我费了不少心思。

口令：向右、左、后转。

要领：以右（左）脚跟为轴，右（左）脚跟和左（右）脚掌前部同时用力，使身体协调一致向右（左）转90度，重心落在右（左）脚上，左（右）

脚取捷径迅速向右（左）脚靠拢，成立正姿势。转动和靠脚时，两腿挺直，上体保持立正姿势。

说完后，我在操场上开始了停止间转法训练："向左——转、向右——转、向后——转。"我在学生的队伍中间晃动，一遍一遍地纠正，一遍一遍地查改。末了，我发现大部分学生分不清左右，这是影响正常训练的关键问题，我得想办法从根本上解决它。我从教学生们分清左右入手，不断地给学生灌输"左手拿碗，右手拿筷子"这个概念，重复了几十遍之后，我自认为学生们应该对左右有了认知，于是重新下口令："向左——转、向右——转。"但是从队伍的排头一直到排尾，能够按照要求做的，仍旧是屈指可数的几个人。这样折腾了一节课，效果甚微，下课铃声响了起来，我只能草草收队下课。

因为这个问题我整夜都无法安眠，不断思考着还有没有其他的办法。第二天早上，我的脑海中突然闪过一个念头，并不是"左手拿碗，右手拿筷子"这个概念不管用，而是我没有把这个概念具体化。一年级的小学生难以理解这么抽象的内容，要想让他们理解并牢记这个概念，必须用一些实际的行为将左右的区分落到实处。想清楚了这一点，我便马上在当天的体育课上实践。我以玩游戏的方式开始当天的训练，同学们的积极性、主动性一下子就被调动起来了。接下来我开始交代游戏规则："同学们，我们把左手握成拳头当成碗，右手摆出剪刀的形状当成筷子，这样老师喊向左转的时候我们就往拿碗的方向转，喊向右转的时候就往筷子的方向转！"话音刚落，只见他们兴奋无比，个个都已经准备好了"碗"和"筷子"。我见状马上严肃地下了口令："向左——转、向右——转、向后——转！"没想到这一次他们个个反应极快，而且正确无误！果然还是游戏的魅力大，寓教于乐的方式是收效最好的。我让同学们先把方向搞清楚，熟能生巧以后再把手的形状改回来。有的时候，对于枯燥乏味的机械训练，学生是极端厌恶的，而且潜意识里抗拒这种训练，唯有换个方式，才能让孩子们眼中机械的训练变得生动有趣。

同样是在这一年，为参加光明区中小学生田径运动会，我们提前几个月进行积极备战。我所负责的是田经比赛的铅球项目，带领两男两女共4名同学训练。我非常看重这次比赛，所以设置的训练强度比较高，要求也比较严格。过了一段时间，我发现其中一个身形比较胖的女同学在训练的时候总是离其他人特别远，也不说话，只是默默地练习自己的动作，训练完也是自己一个人放松，貌似一直都是独来独往。后来在一次小测试中，其他三个同学都拿到了不错的成绩，只有这名女同学测试的成绩非常糟糕，三次测试有两次都犯规，最后一次怎么也投不远。从这之后，我经常可以看到在非训练的时间里她自己一个人偷偷地训练，她在力量训练的时候特别刻苦，总是比别人多训练一些。一段时间下来，她的训练效果显著，成绩有了很大的提升。

在第二次测试中，大家的成绩都有不同程度的提升，但让我不解的是。这名女生的成绩还是不乐观，测试的成绩与平时训练相比差距太大。我马上就想到这应该是典型的怯场的表现了，测试过后我马上找到她谈话，在交谈中我了解到，班级里大部分同学都笑话她，说她长得胖，她在班中基本没有朋友，平时都是独来独往的。内向、不爱说话、害怕上讲台，这些都是典型的自卑心理的表现。在后来的训练中，我不断地激励她：你的身体就是你最好的武器；你的体形赋予你无与伦比的力量；毫不夸张地说，在你们几个人里面你的力量是最大的，你也是最有潜力的选手；在比赛的时候记住，你的体形就是你的优势，你的对手也会从心里害怕你，只要把自己平时训练的实力发挥出来就好了。后来她自卑和怯场的心理也慢慢被这种积极引导所打败，在后来的光明区比赛中她愈战愈勇，最终取得了小学组第二名的好成绩。

"是金子总会发光的。"每一个学生都有着自己的闪光点，会绽放自己的光芒。所以，我认为一名好的教师，应该学会把学生所认为的劣势转化为优势，学会让学生把自身的优点无限放大，让他们意识到自己的优秀之处，树立积极自信的意识，这也正是教育的魅力所在啊。

拉钩击掌，我们说好的！

——我与一年级的你们共成长

林 丹

"**哇**，你当一年级的班主任耶！他们那么可爱，小小的，应该很好教。"这是我刚得知自己当一年级班主任时，一位高年级班主任对我说的。

"你居然当一年级的班主任啊！他们刚来学校，什么都不懂，很难教的！"这是我得知消息后，一位低年级班主任对我说的。

听完两种评价后，我内心五味杂陈，有点憧憬，有点恐慌，还有点紧张。因为我从未当过班主任，没有深刻了解班主任要做什么事情，扮演怎样的角色，也不知道一年级班主任该如何当好。但我深知教育是一件颇有意义的事情，我用心努力，必定能拥抱自己的教师梦想，激发孩子们求知的渴望，我们一起静待花开，簇拥教育的参天大树。

泰戈尔在诗中写道："花的事业是甜蜜的，果的事业是珍贵的，让我干叶的事业吧，因为它总是谦逊地低垂着它的绿荫。"教育既是一门科学，又是一门艺术。教师们若是一味埋头苦干，取得的成效不会大，而是应该用心经营。只有走进学生心灵的教育才是真教育。爱是教育的原动力，教师关爱的目光就是学生心灵的阳光。教师对待学生要恩威并施，做到及时批评，适时鼓励，更要因材施教。

我们班上有一个小男孩，叫小王。开学第一天，我就对他印象很深刻。那天，小王背着书包径直走进教室，拿起桌上新发的课本就一通乱翻。顿时，他的桌面就铺满了新书，乱七八糟。在班上学生都到齐后，我便进行全班安全教育。小王瞬间像失控了一样，坐下、起立、坐下、起立，还随便插话。我提醒好几次，他仍无动于衷。于是，我课下找他谈话，并及时把问题向他妈妈反馈。我原以为第二天他会有所好转，但发现效果不大。回到办公室后，我思索了很久，发现小王对我在班上奖励的小红花比较在意，也很渴望得到。于是，我决定从小红花入手，与小王做一个约定。在课间，我把小王叫到办公室，抚摸着他的小脑袋问："你希望得到老师的小红花吗？"他坚定地点点头，并露出期待的目光。我牵着他的小手说："那我们做个小约定，你上课很喜欢坐下、起立、坐下、起立。但是，上课要遵守课堂纪律，不能随便站起来，你有问题，要举手和老师报告。要是你随意站起来，不仅你自己没学到知识，也会影响别的小朋友。你知道了吗？"小王意识到问题的严重性，害羞地低下了头。我再次摸摸他的小脑袋，说："老师相信你肯定能改正的。要是你能改正，并且能坚持，老师就奖励你2朵小红花。你要是能做到，一下子就能拿2朵，可厉害呢！好不好？"小王有点兴奋地点了点头。生活需要仪式感，我想我们的约定也不是那么随意，也应该有一个仪式，这样小王才会更在意、更重视。于是，我举起了自己的右手，说："那我们就说好了。这是我们的小祕密。你答应了，那我们拉钩击掌吧！"小王有点诧异，也有点惊喜，他可能在想："老师怎么会和我们小朋友拉钩呢！"他歪着小脑袋，面带微笑地举起了自己的右手，和我拉钩，还一边拉钩，一边说："拉钩钩，一百年不许变。"

那是我们第一次拉钩击掌。

在接下来的课堂上，每次小王违反纪律，我都会用眼神提醒，或者走到他旁边，右手做出拉钩的手势，告诉他，我们说好的！每兰小王看到我的提醒后，他都立马意识到我与他的约定，并立刻改正。在一段时间的鼓励和督促下，小王逐渐改掉了在课堂上随意站起来的坏习惯，也学会了在课堂上举手发言，不随便插话。

学生的潜力是无限且不断发展的，其行为习惯问题也是不断暴露的，这就需要教师及时教育，帮助他们及时养成良好的行为习惯。每当发现小王有不好的行为习惯出现时，我都会私下找他谈谈，也和他做约定。于是，我们有了第二次、第三次的拉钩击掌。小王也逐渐改正了课间乱跑、乱扔垃圾的坏习惯。现在小王的行为习惯有了巨大的进步，随之，其学习成绩也有了很

拉钩击掌，我们说好的！

大提高。

陶行知先生说："要相信儿童、尊重儿童、理解儿童。"在教育过程中，教师对孩子每一点值得肯定的方面都要善于欣赏和夸奖，满足孩子的成就感，形成一种有效的教育力量。我相信，教师放低姿态，蹲一下身，弯一下腰，倾听学生的声音，从学生角度出发，从学生心灵入手，就会发现学生在和教师交流时眼里有光，心里有爱，从而更拉近与学生的距离，使学生更乐意学习该学科的知识内容，也更好地规范自己的行为。

和谐的师生关系孕育着强大的教育契机。老师要在学生犯错时，多一点耐心，深入了解学生做出错误行为的原因，与学生一同分析，商讨改进措施，及时表扬、鼓励学生的点滴进步；在学生执拗时，多一点爱心，慢慢引导学生认识到自己的错误，从而改进自己的行为；在学生遇到困难时，多一点信任，不着急出示答案，提供脚手架，相信学生具有创造力，能探索更多巧妙的方法……教师要尊重学生，善于发现学生的闪光点，以爱搭建师生沟通的桥梁，课堂上把话语权还给学生，课下多听听学生的想法，让学生喜欢自己，喜欢学习。

习总书记强调教师要给学生心灵埋下真善美的种子，引导学生扣好人生第一粒扣子，做到政治要强、情怀要深、思维要新、视野要广、自律要严。在今后的教学中，我仍会立足教师岗位，认真学习相关理论，做到在数学教学中，以情境培养学生良好的品德；在家校合作中，以语言激励正确育人；在师生交往中，以童心引导学生树立远大志向。

"网络学困生"丁丁的转化之路

梁榕芷

去年是我从事班主任工作的第一年，也注定是不平凡的一年。一场突如其来的疫情，打乱了我们按部就班的生活。阳春三月，万象更新，本是师生在教室重逢的日子，因为疫情，我们只能在家通过网络继续完成下半学期的学习。

我们班有个孩子叫丁丁，他皮肤黝黑，个子矮小，眼神纯真，笑起来一口大白牙。虽然老师们都很喜欢天真无邪的他，但他也是一个让老师们头疼的小调皮。丁丁平时在学校里爱玩爱闹，在家里也肆无忌惮，常常让家长束手无策。以前在学校上课，有老师盯着，丁丁还知道认真一点，这下倒好，孩子在家上网课，家长却得出门上班。一没有老师的"火眼金睛"，二没有家长的"大刑伺候"，且看这个小调皮如何"叱咤风云"！

一天下午，道德与法治课老师、科学课老师纷纷向我"投诉"：我们年级有几个孩子上网课时在评论区随意发言，发一些充满恶意的表情、无关课堂的话语、无法理解的文字，严重影响了老师和其他同学。作为班主任，我深感羞愧，一边向老师们表达歉意，一边查看留言截图，看看到底是谁如此放肆。

丁丁，发言学生的名字映入我眼帘，居然是这个小家伙！我顿时气不打一处来，明明已经反复强调过上网课的纪律，要求学生认真听讲，不能送花、发图片、发表情、随意发表评论，这家伙居然明知故犯！

但是转念一想，教育家卢梭曾说过，要尊重儿童，不要急于对他做出或好或坏的评判。想到这儿，我刚刚的"气"一下子烟消云散了。也许这些乱七八糟的留言不是丁丁发的，是别的孩子不小心改成了丁丁的备注发言；或者丁丁只是觉得好玩，随手乱按的，并不是故意给老师添麻烦……整理了一下情绪，我立马想到把这个情况反馈给家长。无论如何，都需要家长回家当面询问一下孩子，把事情弄清楚再说。我语气缓和地与家长说了这件事，一边体谅家长工作辛劳，一边嘱咐家长下班回家后和孩子沟通一下，了解当时的具体情况。

等到了晚上，丁丁的家长和我联系了。家长了解情况后，对孩子进行了教育。孩子确实发了那些评论，但他是因为看到别的同学在发表情，觉得好玩，于是也学别人这样做。家长诚恳地表达了自己的歉意之后，还特意发了一个孩子向老师道歉，保证以后不再犯同类错误的视频过来，并嘱咐我转达给道德与法治课老师和科学课老师。看了视频之后我的内心很受触动，我从没想过老师向家长反映孩子的小问题，会得到家长如此重视，他们甚至认认真真真拍了道歉视频给老师。我感受到了家长和孩子的真诚，感受到了家长对孩子教育的重视和对老师的尊重。从那之后，丁丁再也没有被投诉上课乱发评论了。真是孺子可教，老师们深感欣慰。经过此事，我真切地感受到裴斯泰洛齐说的，道德教育最简单的要素是"爱"，是儿童对父母的爱。儿童因为对父母有爱和依恋，所以父母对事物的态度会深刻影响儿童的终身发展，这也体现了家庭教育对儿童成长的重要性。

但是好景不长，这样风平浪静地过了一段时间后，丁丁又出现了新的状况。

上网课以来，做好每节课的考勤是班主任的职责。每次发现学生缺勤或上课时长不足，我都会与家长私聊，了解孩子平时在家上课的情况，并叮嘱孩子以后按时上课。有一次我发现丁丁缺勤了，而且不止一次缺勤。了解情况后我发现，原来是这段时间疫情有所好转，家长复工后没人监督丁丁上网课，他就偷懒跑去玩了。于是我和家长商量了一个办法，给孩子调闹钟，一到上课时间就提醒他。这样做虽然小有成效，但坚持不了几日，丁丁又开始逃课了。闹钟一响，他"啪"一下按掉又开始玩了。以至于一周五天，几乎有三天我都能在"缺勤"或"时长不足半节课"的名单上见到丁丁的名字。家长为了监督丁丁，连监控器都安装在家里了，可还是管不住这个孩子。家长和我诉苦，他们真是使尽浑身解数都没办法了。

看着家长一边为了工作奔波，一边为了孩子逃课的问题焦头烂额，束手无策，我提出想和孩子亲自沟通一下。由于疫情严重，必须居家隔离，我们决定来一场别开生面的"线上家访"。

作为一个新手班主任，这样形式新颖的家访我还是第一次接触，心里不免有些紧张。但这次电话主要是和孩子沟通交流，想到平时我在学校里天天和孩子们打交道，紧张的情绪也得到一定程度上的缓解。在正式打电话之前，我忍不住在脑海里"预演"了一遍。我心想，著名教育家陶行知曾诠释过教育的因材施教理念："培养教育人和种花木一样，首先要认识花木的特点，区别不同情况给予施肥、浇水和培养教育，这叫因材施教。"我该如何和孩子沟通？用什么样的教育方式才更有效果呢？是严厉批评他，让他意识到自己的错误吗？还是温声细语和他说教能更容易让他接受呢？我是开门见山地说这件事情，还是先彼此寒暄一下呢？……我心中有十万个疑问，就这么忐忑地想着，我的手指按下了拨号键。

"喂，丁丁？""Miss Liang。"从孩子的语气中可以听出孩子和我一样紧张、忐忑，而且我听出了一丝丝沮丧。"你知道Miss Liang为什么打电话给你吗？""知道，妈妈跟我说了。"显然，孩子已经知道自己犯错了，老师这通电话是来"收拾"他的。我心想，如果此时我为了树立班主任的威严，燃起心中的怒火，对孩子严加呵斥，他或许会感到害怕而承诺不敢再缺勤了，但同时，他会遭受到很大的打击而感到痛苦、自责。又或许，这样做会适得其反，本来就意识到错误的他还遭到了老师严厉批评，一旦孩子恼羞成怒，从此和老师心生隔阂，故意和家长、老师对着干，那将更加得不偿失。这样做表面上解决了丁丁的缺勤问题，但实际上对孩子的终身发展来说，也许是不利的。正如思想家张载所言：教之而不受，虽强告之无益。

于是我决定换一种方式和孩子沟通。"你吃饭了没有？"在电话的开场白中，我从关心孩子的生活方面入手，与他拉近心理距离，并且通过一些简单的问答了解孩子平时在家的情况，这样有助于问题的解决。当时已经是晚上七点半了，丁丁却回答我他还没吃饭，因为妈妈没下班，家里只有他和妹妹。"那你饿不饿呀？""我不饿，有时妈妈五点多就下班回来了，有时要到晚上十点。"听到这儿，我不禁心头一紧。"要到十点才能回家？那谁给你做饭呢？""有时候奶奶会来我家做饭给我和妹妹吃。"这时我悬着的心才稍微放松了些。"哦，那妈妈工作好辛苦对不对。""对，妈妈很晚才下班。"其实丁丁虽然调皮捣蛋，但本质上还是挺懂事的。

听见孩子说话的声音渐渐放松下来，没有刚开始那股紧张劲儿了，我便抓住机会，把话题引入正题。"哎，对了，你这几天怎么没来听Miss Liang的英语课和曾老师的数学课呀？我们几位老师好伤心哦，都觉得你是不是不喜欢我们才不来上课。"和孩子拉近心理距离后，我以大姐姐的姿态，用"撒娇"的语气和丁丁"抱怨"起来。其实此时此刻，我的心是紧张的。孩子童言无忌，如果他真的不喜欢我的课怎么办？

"不是，我喜欢老师。""那你怎么不来听课呢？""因为我要照顾妹妹。""哦，你这么棒啊，做个大哥哥照顾妹妹对不对？""嗯！我要陪妹妹玩，在天台那里，有时候就忘记上课了。"丁丁终于说出了缺课的原因。

"原来是这样啊。天台那里会不会很危险啊？"比起学习成绩，我最在意的还是孩子的人身安全和心灵健康。"不会，都有扶手和围栏拦着的。"

"哦。可是你上课时间不好好听课，不好好学习，妈妈是不是会生气伤心呢？"孩子想了想，回答我："会。"

"你想想，妈妈还要为了你和妹妹工作得那么辛苦，晚上十点才能回来，你忍心看到妈妈回家还要为你逃课的事情伤心落泪吗？""不想。可是我也要照顾妹妹呀，我要陪妹妹玩。""那老师给你想个办法，让你既可以照顾妹妹，也可以好好学习好不好？"

"老师觉得天台还是很危险的，你和妹妹就好好待在家里……""我们在那个阳台那里玩，不危险的！都有很高的栏杆。"孩子打断了我。原来之前是孩子口误，把阳台说成了天台，我还真是吓了一跳。"你作为大哥哥，要做一个好榜样。你在上课的时候认认真真听课，然后让妹妹在旁边看书画画，你们两个一起学习，一起进步好不好？"丁丁想了想，答应了我，还保证以后不再缺课了。当时是周五，我担心过两天周末假期，孩子又把刚刚说的抛诸脑后，于是我用严肃的态度"撂下狠话"："这一次老师好好跟你聊了这件事，我希望你做一个说到做到的男子汉，老师会时刻关注你的。如果下一次还缺课，我就不敢保证有什么后果了，知道了吗？"

至此，一次"惊心动魄"的家访就告一段落了。令人欣慰的是，直到网课阶段结束，丁丁再也没有缺过课。他偶尔也会主动联系老师，自豪地说他认真完成了作业。上网课的时候，他还会举手抢答，课文的句子都读得很好，说明平时还是用功读书了。不仅如此，他在课余时间还画了一幅画参加学校举办的线上科幻绘画比赛。不管能不能得奖，最重要的是他学习态度的转变，他能做出尝试，积极参与比赛，勇于展现自己，这就是很大的进步。看到曾经让老师头疼的"网络特困生"丁丁一天天进步，作为班主任的我由衷地为他感到开心。为了让他更有学习动力，我上班会课的时候就这件事特别表扬了他，上英语课的时候也尽量给他回答问题的机会，课后也不忘给他鼓励和肯定，希望他一直坚持下去。最后，在学期英语期末综合复习测试中，全班只有4个同学考了100分，其中一个就是丁丁，我由衷地为他感到开心。

作为新手班主任，我感受到孩子的成长和进步离不开老师的关注、家长的重视和孩子自身的努力。而且，对于低年级的孩子，老师需要付出更多的耐心和细心，因为这个阶段是孩子建立是非观和培养学习习惯的重要阶段。最重要的是，老师发现孩子身上出现的问题，应该先了解问题背后的原因，而不是急着下定论，更不要急着大动干戈。成为一名优秀的班主任，路漫漫其修远兮，吾将上下而求索！

让孩子感受智慧的爱

李嘉妮

每一个学生的思想都是潜力无限的发动机，老师就是那些发动机的点火器。而对于那些"荒漠上的来客"一样的学生，更需要老师多一份微笑，多一份帮助，每天在他们的心里开一朵善良的花，用心去浇灌。终有一天，荒漠也能拥有春天。虽然我们不能改变周遭的世界，但是我们可以改变自己，用爱心和智慧来面对一切。

还记得毕业第一年刚刚教这个班时，我满怀希望，希望这个班不会有参差不齐的孩子。开始，我看哪个孩子都是那么可爱、懂事，但好景不长，一个星期不到就出现了几个与众不同的孩子，他们不懂得坐着上课，不懂得别人的东西不能随便动，不懂得倾听……

陈果就是其中的一个，他黑黑的，脸上能隐约看见几块癣，说起话来舌头总是在嘴里含着，上着课会突然看不见人，总是在桌子底下捡东西，还会在老师讲课的时候突然从座位上走出来，搞得老师不知所措。我找他聊天，问他："妈妈是做什么的？"孩子天真地说："我妈妈在我很小的时候就出远门了！"我很惊讶，出远门是去打工吗？还是父母离婚了？我没追问下去。有一天因为他上语文课调皮捣蛋，语文老师要求晚走十分钟帮孩子单独指导，我得到了机会，跟接孩子的奶奶聊了起来。我得知，孩子还没出满月，他的妈妈就因为某种原因离开了家，与孩子爸爸离婚了。奶奶从小为了不伤害陈果幼小的心灵就告诉他妈妈出远门了！这个谜终于解开了！同时，我陷入了深思，我该怎样对待他更好。后面经过我的耐心引导，陈果知道了坐着上课。我与孩子爸爸联系，一起纠正他的发音，慢慢地，我发现他身上的优点越来越多。现在他已经三年级了，学会关心奶奶了，也知道上课专心听讲了，可是随着课程难度的增加，学习成绩不理想，作业质量不高成了他的新问题。

去年家长会，当时有个环节是表达对父母的感恩，进行感恩教育，当我说"如果你的妈妈没有来到现场，就请抱一抱你们的老师吧，老师也像妈妈一样"时，我看到他迷茫的眼神立刻停留在我的身上，我心里五味杂陈。我微笑着，向他张开双臂，他站起来跑到我身边，说："老师，您辛苦了！"我含泪微笑着说："现在我也是你的妈妈，你要努力！用好成绩证明给妈妈看，你可以的，你一定能行！"他抬头看着我，深深地点了点头。从那以后，他每天都在教室把作业写完再回家，我在的时候就帮他看看他不会的，他也学会了问问题。我相信他会越来越会学习。

有些时候，仅有爱是远远不够的，还需要方法和智慧。我们班还有个小胖墩，小名叫铭铭。他可是家里面娇生惯养的小少爷，对待学习不但任性，还比较随性：上课想听了就专心听，不想听了就像看戏一样看着别的孩子的一举一动。我总是在英语课前让学生先背背单词或课文，别的孩子五分钟之内就能背完，而他却要用十几分钟。我观察了他几次，发现他总是写几个单词就开始把头转向后边看，顺着他的眼睛看去，便看见了我们班的班长王鸿亮。我问他看什么，他不愿意说。开学初为了营造班级文化，我在班级进门的地方设立了一颗心愿树，孩子们可以把自己的心愿写在便利贴上，粘在树上面。有一天，我发现铭铭写了一张心愿卡，上面写着：我的心愿是想和王鸿亮成为最好的朋友。哦！原来如此，这回我可以教育他了，我马上把班长找来，商量怎样教育铭铭。我们班长很聪明，在我引导之后知道了我的用意，答应了我的请求。我把他们两个叫到办公室，让他们站在我的身边说："鸿亮，老师看到了铭铭的心愿，他想和你成为最好的朋友，你愿意吗？"班长，说："我可以跟他交朋友，但是他必须做到上课专心听讲，不许做事情拖拉。"我看着铭铭问："铭铭你能做到吗？"他一听二话没说高兴地直点头。我顺势说："恭喜你呀！你的心愿实现了，一定要兑现你的承诺哦！"我知道他是不会一下就改掉不良习惯的，便把他们安排成同桌，起初铭铭特别听话，做事情也很快，后来就有点松懈了，不过班长会在他走神的时候及时提醒他。一段时间后，铭铭已经不用班长提醒了。我在班会上表扬

让孩子感受智慧的爱

了他们两个的互相帮助，表扬了铭铭的进步。他现在更加清楚怎样做一个合格的小学生了。

作为教育工作者，需要有爱心，但更需要有一颗智慧的爱心。

高尔基说过，爱孩子，是老母鸡都会的本领，而教育孩子则是件大事。很明显，爱孩子是教育者首要的素质，是做好班主任的前提。没有了爱，教育将变成一潭死水，毫无生机和意义。

但是，作为教师，仅有爱是远远不够的。教育孩子，不能乱爱，需要方法、技巧。试想，有哪一个家长不爱自己的孩子？可是越是被溺爱的孩子，越难以管教，成长越容易出现问题。因为他们的爱缺少智慧，他们缺少科学的教育观念和方法。赞可夫说过："不能把教师对儿童的爱，仅仅设想为用慈祥的、关注的态度对待他们。"理智的爱应该是深刻的，不仅关注学生的智力、习惯，更关注其情感；不仅关注其表面行为，更关注其内心所想；不仅关注儿童的今天，更关注他们的明天。教师应该像淘金者一样有信心、有耐心，只有不为表面的沙砾困扰，慢慢地去除沙砾，最终才能看见闪光的金子。

对我们而言，爱心是工作的基础，但我们更需要一颗有智慧的爱心。因为我们面对的是一群需要引导、帮助的孩子，没有爱心，就不能承担工作，而只有爱心，不求方法、策略、技巧，就难以开展工作。相信每个班级或多或少都会有几个学习有困难的学生，教师常常把他们作为重点关注对象，上课提醒他们听课，有时间便给予个别辅导，发现有点进步便鼓励……但是一学期下来，我们往往发现这些学生大都未能从根本上改变，有的甚至几乎没有改变。原因何在？爱心不能包治百病，爱心更不能解决所有学生的教育问题。教师只有做到与孩子、家长心连心，拧成一股绳，劲儿往一处使，家校结合，爱与技巧同行，才能给孩子最健康的爱。

爱心浇灌幼苗直

陈爱珍

热爱学生是教师的天职；得到老师的关爱，是每个学生的心愿，它会鼓励、鞭策学生，大大推动学生的成长和进步。每一个孩子都是独一无二的，他们的成长环境不一样，父母的教育观念不一样，因此每个孩子都有独特的个性。面对不同性格的孩子，我们需要耐心地了解和正确地引导他们。每个孩子都像天空中的星星，有的灿烂耀眼，有的光彩暗淡。那些星星光彩暗淡，可能是因为我们离它太远，如果我们离得近一点，或许也能感受到它微弱的光芒。

当了多年班主任的我，大部分时间都是教一、二年级的小朋友。有些刚从幼儿园升到小学的孩子，入学时在课堂纪律方面不太好，我遇到过很多性格"古怪"、调皮捣蛋的孩子，经过一段时间的教育，这些孩子都变得文明有礼，很快适应了小学生活，进入良好的学习状态。但在2017年9月的新学期，我们班来了一个非常特殊的孩子，常常令我头疼不已。

他叫小荣（化名），开学的第一天，我就发现了这个孩子与众不同，他上课坐不住，时不时要离开位置，有时还会发出奇怪的叫声，无法和老师、同学正常交流。后来，我不停地观察他，问他几岁了，他总是说自己三岁，他爱搞破坏，经常拿笔在同桌的课本上乱画；他日常的卫生习惯非常差，桌面不会整理，把书到处乱扔，课桌位置底下全是垃圾；他甚至把书和作业本撕了。老师反反复复教他认同一个字，还是记不住。我心想：这孩子可能智力有问题。为了了解真相，我先联系了学生家长，可是家长在电话里含含糊糊，表达不清孩子的状况。教育孩子，首先要了解孩子，了解孩子的家庭情况，于是我决定带着两位搭班老师去家访。

家访的地点约在学校附近小荣的姑姑家。当天晚上，小荣和他的爸爸在他的姑姑家等着我们，小荣的姑姑一家人也在，唯独不见小荣的妈妈。我们先反馈了小荣在学校里的表现，然后询问孩子的成长经历。原来，小荣的妈妈是个精神病患者，在怀孕的时候，什么东西都不肯吃，导致小荣生出来体质就很弱，经常生病。爸爸要上班，妈妈不会照顾孩子，小荣由80多岁的奶奶照顾，也没人教他知识，所以他不会表达，自理能力也很差，动作能力发展也跟不上同龄人，上下楼梯走不稳，容易摔跤。他妈妈经常精神病发作，一不高兴就打他一顿。小荣虽然上过幼儿园，但是连话都说不清楚。通过家访，我们大致了解了他的基本情况，面对在这样的家庭环境中成长的孩子，我们既同情又无奈，只能建议他家人带他去儿童医院做进一步的检查，看孩子还有哪些方面的问题，然后听医生的建议，看看有没有更好的办法，帮助孩子健康成长。后来家长带小荣去了儿童医院检查，医院的诊断是：智力发育障碍，表达能力差，动作发展不协调，建议去做专门的训练。

小荣的自制力特别差，上课期间喜欢出来走动，班上有些小男生看到后也想模仿，我就跟学生解释："小荣是因为小时候生了病，大脑有时不能指挥他的行为，比较特殊，其实他也想和你们一样坐在位置上好好学习，但控制不住。你们不一样，你们都是健康的孩子，不能像他那样。我们还要帮助他改正这个不好的习惯，你们坐姿端正认真上课，他也就不会出来走动了"。同时，我把他的位置安排在最前面，每次他想出来走动时，我就示意他坐下，时间久了，他离开位置的频率也少了。班上其他学生，看到他的这种行为也不觉得奇怪了，能自觉地做好自己的事情，不受他的影响。我常常利用晨间、班会课跟学生讲关于互相帮助的小故事，也跟学生讲了小荣身体比较特殊，我们在一个集体里要多帮助他。所以在生活中同学们常常主动帮他做卫生，提醒他收拾书包，告诉他不能乱扔垃圾，课间提醒他不能去玩水，每次出操，前面的同学领着他到指定的地点，做完操又提醒他跟着队伍一起回班级。看到这些好人好事，我也会利用课前时间及时表扬学生。在学习生活中，他们的互相关爱、互相帮助，让我倍感欣慰，这是情感教育的魅力所在。

小荣在与同学交流上有很大问题，由于表达不清楚，他喜欢动手，课间总是有学生向我投诉，说小荣打人了，平时还偷偷地把同学的学习用品藏在自己的书包里。于是每次上完课，我都不敢离开教室，把他叫到身边，提醒他不能打同学，不要拿同学的东西，没课时就让班干部在下课时把他领到教师办公室，防止他捣舌。班上的学生虽然有时不满意他的行为，但都比较包容他。但是有一次，小荣在下课时看到朱同学的一支铅笔，从他手里抢了过来，在争抢中，铅笔戳到了朱同学的眼角。这次可不得了，家长在群里爆发了，觉得小荣在班上存在很大的安全隐患，随时会危及自己的孩子。家长的情绪很激动，要投诉学生和家长，并让他转学。我耐心地跟他们讲了这个孩子的家庭情况，希望家长们体谅这个不幸的家庭，同时，我承诺以后一定在班级里加强安全教育，并多花一些时间，看护好小荣，不让类似的事情发生。经过一番劝导，家长们的情绪渐渐平静下来。在以后的日子中，家长们以尊重、平等、包容的心去对待这个特殊的孩子，这就是爱的力量。

在一次班队活动中，学生需要自主加入小队，组好小队后，每个小队设计自己的队名、口号、队徽，然后进行"小队秀一秀"的展示活动，迎接"新基础教育"的班队普查。学生都兴致勃勃地参与活动，小荣完全不知道要加入哪个小队，几个小队长主动邀请小荣加入自己的小队，队员们带他一起参加展示活动，耐心地教他喊口号，排练小队的展示动作。班队活动普查时，我们班级的学生展示时落落大方，全员参与，精神面貌良好，班级氛围融洽，受到了区内兄弟学校老师和领导的好评，后来小荣在的小队被评为"光明区红旗中队"。这份荣誉来之不易，这一切都源于爱，爱是教育的基础，有爱便有了一切。

冰心说：爱在左，同情在右，走在生命的两旁，随时撒种，随时开花。

爱心浇灌幼苗直

"黑面"班主任的转变

曹颖妍

古人言："亲其师，信其道。"这句话我从教以来一直铭记于心，并将其作为自己的信仰。当然，这一切都是在没有做班主任的时候。我曾是一名充满爱的温柔的女教师。然而，自从成为班主任，这曾令我又惊又怕的三个字让我不自觉地成为严师。

回想第一次当班主任，我接手的是原本就在教的班级，孩子们对原班主任极其不舍！回想起离别那天，孩子们为原班主任秘密举行了一场欢送会，师生泪流满面，别说孩子们舍不得，我更舍不得原班主任，若是她不走，我何苦要做这一份苦差事！我心情复杂，一是对班主任这份工作的恐惧，回想在当班主任前同行们常常对我说的话："好好珍惜你还不是班主任的日子吧！"二是孩子们不舍的心情必定使他们难以快速适应以及接纳新的班主任，这也给了我不小的压力。

硬着头皮做班主任的那几天，我每天内心都无比煎熬，昔日的乖孩子不见了，面对班级一大堆细碎的琐事，我也被挖掘出了"泼妇"的一面。无可奈何，每日只有一声声叹息！为了重现原来乖巧的班级，我每日都变成了"黑面神"，通过威严、斥责，机械地完成学校一项又一项班级活动。

刚开始接手一个班级，我非常担心听到科任老师说我们班出现什么问题，一旦出现了问题，我就认为是一件坏事，是我这个班主任工作的失误。为了避免日常生活中发生问题，我每天早上七点到校，时刻叮嘱他们，担心一丝一毫的"风吹草动"。那时候的我，简直是一个可怕的监工，孩子们确实乖了，安安静静，不吵不闹，看着一面面流动红旗，我也感到有所成就。

可后来，阅读了一些关于新基础教育的文章，我对我自己包揽一切的工作方式产生了很大的怀疑。孩子们现在确实很乖，但是他们是在我的施压下变乖的，我和孩子们是对抗的关系。

新课程理念要求把课堂还给学生，让课堂焕发出生命的活力；把班级还给学生。这些全新的观念深深触动了我。我意识到，自己依靠权威让孩子们听话的班级管理模式并不能带出一个健康主动、自觉发展的集体。孩子们长期依赖我的监管，自我控制、自我设计的能力日益缺失。班级应该是孩子的家，让孩子们成为小当家才是正道。

但是，这让我感到迷茫，我尝试成为孩子们的鼓励者，主动将许多事情放手让孩子们做，如板报的设计以及班级公约的制定。我让孩子们来自己制定规则，自己监督，并且开展了许多诸如"一日小班主任""一日辅导员"等活动，孩子们热情高涨，许多孩子都感到很新鲜也很新奇，积极参加，也有几个孩子从腼腆内敛，到积极挑战自己，我感到很欣慰。当然，也有不足的地方，许多活动起初稍有成效，但是往往没有办法持续性地进行，为此，我需要不断地绞尽脑汁想到更多的办法来激发学生的兴趣以及热情。

针对这一问题，我发现根本原因在于我对孩子们的了解不够，许多活动，都是我心中所想，而不是孩子们真正想要的。只有他们喜欢，活动才会有生命力。

我常常处于管和放的矛盾中，有的老师喜欢包办代替，有的老师则干脆一放到底，完全撒手不管，甚至还会自豪地说："这个活动从设计到实施，我根本不参与，完全交给学生。"事实上，强调活动自主，并不意味着否定教师在学生成长中的指导作用。在班主任的工作中，不管是反思还是重建，教师都具有很强大的影响力。只有共同参与，班级的内涵以及个性才会体现出来。

因此，我希望，在接下来的学习和工作中，多多汲取经验，让我由一个站在学生对立面的"管理者"，变成学生的"合作者"。

班主任之路任重而道远，我要学习的东西太多太多，我也相信未来碰到的情况可能比想象中的更糟糕。但坚持阅读，学会反思，我们就离成功更近一步，所有难题与挑战一定会一个个被攻破。

『黑面』班主任的转变

用爱去关怀

梁舒茵

作为一名普普通通的小学语文教师，一位平凡的教育工作者，我没有耀眼的光环，没有轰轰烈烈的事迹，然而，我却努力在自己平凡的工作岗位上寻找生命的价值。在教育工作中，我体会到：作为一名教育者，要想收到好的教育效果，就必须付出真心与真爱，只有这样，教育才能收到事半功倍的效果。

在我的众多学生中，有那么一个特别的孩子给我的印象最为深刻。甚至，不单单我这个曾经的班主任记得他，有不少没有教过他，只是位于同个楼层办公室的教师都会记得这个孩子。

他的聪慧可爱和他的调皮一样让人印象深刻。

他是个比较容易情绪激动的孩子，如果有什么不合他意，他就会急红了眼，哭着喊着、跺脚、扔东西，甚至会打自己。平时因为这样或那样的事情，我和孩子的妈妈也频繁沟通。他的妈妈透露过，当孩子实在不听话的时候，她会动手打孩子，也会忍不住跟孩子说一些语气比较重的话。而当孩子在家挨了打，到学校之后，往往就会比较敏感，情绪也比较容易起伏。我尝试过和家长沟通，试图引导家长多采用鼓励关爱的形式教育孩子，即使需要用惩罚的教育手段，也要把握度，不要通过肢体暴力和语言暴力去惩罚孩子。遗憾的是，家长在应允之后，偶尔还是会出现过激的行为。

直到有一天，发生了这样一件事，终于让家长意识到了问题的严重性。有一次，在体育课上，他拿着一个塑料袋在玩。体育老师出于安全考虑，尝试用语言制止他的行为。他本就不愿意上体育课，郁闷的心情无处发泄，当看到远处有校长和领导在巡视校园，便朝那个方向跑去，边跑边大声喊：
"我要跳楼！我要跳楼！"这可把体育老师吓坏了。当天我们就连忙把家长
请到了学校，告知了家长事情的经过，也详细询问孩子在家的情况，希望家
校配合教育好这个孩子。我们事后问他，为什么当时有那样的举动。孩子告
诉我们，不是来真的，只是想吓唬体育老师。然而这件事还是在我心里留下
了沉重的阴影，我还是不敢松懈。

又有一次，孩子期待着美术老师会在课堂上讲授他喜爱的恐龙主题。
可是他在课堂上发现美术老师调整了授课的顺序，讲授的不是自己感兴趣的
主题。他觉得自己一天的期望都落空了，无法承受。于是孩子不由分说激动
地跑到走廊，把脚放了栏杆上面，喊着自己要跳楼。孩子似乎把这种过激
的行为当作自己发泄情绪的方式了。当天晚上，我和几位科任老师、德育处
和安全办的主任来到了孩子的家中，又进行了一次家访。根据我平时对孩子
的了解，这个孩子很机灵，可能不是真的想不开，而是采取了错误的方式去
发泄情绪。但是也不能因为这个推论，就忽视这件事情的严重性。经过几位
老师的沟通，家长终于不再隐瞒孩子患有注意力缺陷多动症的事实，表示因
为之前担心药物会有副作用，所以一直没有遵医嘱服药。当时安全办的宋主
任做了这样的处理：他当着孩子的面，告知家长，要多和孩子保持良好的沟
通，不要采用过激的方式去教育孩子。另外，如果孩子继续出现这样的过激
行为，危害自身安全，学校有可能采用停课的手段，甚至建议孩子到军营式
的寄宿学校就读。家长十分配合，也愿意让孩子接受治疗。当时，我察觉到
孩子脸上的神情有些恍惚。我心里很忐忑，不知道事情会怎么发展，幸好，
这个"险招"似乎奏效了。之后一段时间里，孩子暂时停止了用这样的方式
发泄自己的情绪。

他就是这样一个像"定时炸弹"一样，在课堂、课间都不怎么安分的孩
子。由于他在我的语文课堂上会相对配合一些，很多时候，科任老师对他束
手无策时，会来找我请教。长期和这个孩子斗智斗勇，我细细想来，最有用
的一招，还是要让孩子觉得老师很喜欢他！只有和孩子建立起良好的关系，
才能立规矩让孩子听老师的话。虽然他做了很多让我头疼的事情，但是我还
是打心眼里喜欢他，欣赏他的独特。

我喜欢他的天真。他心情愉快时，总是会保持甜甜的微笑，见到每个老

用爱去关怀

师都挥着小手，恭恭敬敬地问好，脸上充满了纯真可爱。

我还喜欢他的"甜言蜜语"。有时候看到老师在教育犯了错误的同学，他会走过来，仰着小脑袋跟老师说："老师，您辛苦了！"

我更喜欢他的聪慧机智。有一次，早自习时，我经过他身边，想看他读得如何了。他露出神秘的微笑，招招手，说："我给你看个东西好吗？"我问："是什么东西呢？"他小心翼翼地从口袋里掏出一张小纸条，上面画着四个小图案，每个图案下面各配有一个小字。第一个图案是一个人在走路，配上"步"；第二个图案是一张照片，配上"相"；第三个图案是一串烤肉，配上"烤"；第四个图案是一个柿子，配上"柿"。将这四个图案连起来就是"步—相—烤—柿"，"不想考试"！哈哈哈！我被他逗笑了，直夸他创意十足。但是事后我也开导他，考试不是为了分数，学了一个学期了，借助考试这个机会，可以检查一下自己学得怎么样了，还有哪里需要查漏补缺，就像一个句子，写到最后，给它画上一个圆满的句号。别看他不愿意考试，其实考起试来，他还真不会输给谁。写起小文章也是妙笔生花，语言幽默风趣。我也会抓住一切机会表扬他。

除了有一颗关爱孩子的心，教育孩子还要掌握方法。

首先，每个孩子都是独一无二的，因此教师在教育孩子的时候要加深对孩子的了解，熟悉孩子的性格，把握他的痛点和需求。他想要什么？什么谈话方式是他能接受的？什么惩罚方式是他能接受的？在相处的过程中，我感受到这个孩子在情绪激动的时候是不能和他硬碰硬的，要先缓解他的情绪，等到他心情平复了，谈话才能起到效果。有一次上体育课，他说什么都不愿意跟着班级队伍下楼，说自己不喜欢上体育课。其实，他就是懒得动。根据我平时对他的了解，他其实很聪明，虽然爱偷懒，但是热爱知识，平时对科普类的书籍很感兴趣。在谈话时，我先问他："为什么不愿意上体育课？"他说嫌累。我知道他爱美，开玩笑地说不运动小肚子就会越来越大。他不好意思地笑了，说自己在回家也做运动。于是我打开网页，搜索小学阶段体育课程的重要性、小学生运动的好处等，打开这些文章给他看，用这种方式说服他。在和他你来我往的讨论中，他听着听着就心甘情愿地去上体育课了。

还有一次，他在融合班的课堂上情绪失控了，问融合班的林老师为什么要在这样一个破旧的环境中上课，这个图书室一点儿都不好。林老师告诉他，很快我们就搬去新校区了，到时候就有更好的环境了。林老师把这件事告诉了我，课后，我决定找他再次谈话。我问他："为什么觉得图书室的环境破旧呢？"他说，有几台废弃的电脑都堆在那里，图书也堆在地板上。我问他，你知道山区孩子的学习环境是怎么样的吗？我拿出手机搜索了一张山区学校的图片给他看，他看完沉默了。我说："图书室的确堆放了一些东西，在这个特殊时期，它兼具了储藏室和教室的双重作用，多不容易。而且图书室里有空调，里面明亮、干净，称不上破旧。重要的是，老师在这里是用心给你上课的。我们要学会珍惜自己所拥有的东西，学会感恩。"他听完也接受了。

其次，教师要多表扬孩子的进步。即使是在他已经闯祸的情况下，没什么可夸的，我也会夸他——即使你今天犯了这样一个错误，老师还是觉得你进步很大，因为今天叫你来办公室和我聊一聊，你很快就过来了，没有哭闹，很信任老师，也很配合我，我要谢谢你。表扬学生时，教师要少一些居高临下、施恩式的表扬，多一些真诚的感谢。

再次，教师要加强与家长的沟通。教师要让家长感受到，教师是真的为了孩子好。家长愿意配合教育，就会让我们的教育工作进行得更顺利。

最后，教师还需要树立权威。当学生遇到困惑、困难，求助于教师时，教师要做到有求必应，让学生觉得你似乎无所不能，值得信赖。规矩该立还是要立，孩子是会看眼色、会试水温的。要让孩子知道，有些底线是不能触碰的。不能让孩子觉得，只要他大闹一场，大家都会顺着他的意思。我发现，在对这个孩子进行教育时，不能一味地顺着他的意思，有时候要晓之以理，动之以情地去说服他。有一次，他在午休时不遵守纪律，被巡查的值日生登记名字了。他觉得班级要因为他丢分了，激动地在班里大哭大闹。我的处理方式就是先平复他的情绪，先让他愿意到办公室来谈话，然后语气平和地了解事情的经过。等到谈完了，道理他也都听进去了，我再提出惩罚的措施，让他知道犯错误是要付出代价的。这个时候，惩罚要让孩子稍微努努力就能完成。我知道他特别害怕留堂，一提留堂肯定崩溃大哭，于是我就让他坐在我的旁边写检讨书。他一开始很不情愿，神情痛苦，尝试讨价还价。在这个过程中，我也很担心他会再次"发作"。但我还是软硬兼施，最后他终于写完了一份检讨书。后来，他午休时的表现也有了进步。

用爱去关怀

在和这个孩子相处的过程中，我经常要消耗许多脑细胞，还要经受心脏耐受力的考验。但是回想起和他的种种，多数还是让人会心一笑。在这个过程中，我也成长了许多。对于这些特殊的学生，我们要给予特殊的爱，不能轻易放弃。天天批评他们或者放在一边不管不问，都是不可取的，会对他们幼小的心灵造成极大的伤害。唯有爱才能让他们有被重视的感觉，唯有爱才能让他们觉得自己并不孤单，唯有爱才能达到教育的目的。

教育家马卡连柯曾经说过这样一句话："用放大镜看学生的优点，用缩小镜看学生的缺点。"多赞赏，多鼓励，只要用心对待孩子，孩子就能感受得到。

向生命深处漫溯

江小兰

周国平曾说："我唯愿保持住一份生命的本色，一份能够安静聆听别的生命，也使别的生命愿意安静聆听的纯真，此中的快乐远非浮华功名可比。"

——题记

教师是从事教育教学工作的专业人员，面对的是一个个鲜活的学生个体，除了传授知识和教会学生做人做事外，更要在生命深处与学生联结，聆听学生的声音，了解他们的需求，在找到教育突破口的同时，温暖学生的心灵……

从教第一年，我有幸成为一群二年级小天使的班主任。沈记得，班里有个小男生，看起来文文静静，平时也不闹事，真是一个十足乖巧可爱的孩子。第二学期，突然有一天，班里有学生告诉我，这个小男生欺负同班一个女同学，还把人家惹哭了。我的第一反应是很意外，是否中间有什么误会？我了解了事情原委后，发现错在他，便义正词严地批评了他。但没过几天，发现他又和班里的其他小男生闹矛盾了，起因还是他，我又苦口婆心地劝说一番。接二连三的事一遍遍重演，这个小男生"惹事"的频率从一周一次到三天一次，再到几乎天天都不让人省心。我的耐心终于也被磨光了，从动之以情、晓之以理，到最后变成了无奈的听之任之：他是个只听得懂道理，但永远不会改正的小捣蛋……当然，他也从来"不负众望"，成功地吸引了我和同学们的注意。

于是，我们和他的相处常态就是，学生常常跑来向我"告他的状"，然后他就挨我批评。同时，我留意到一个细节，每次我单独找他聊天，说起同学们不喜欢这样的他时，他都会下决心要改正，但是每次他站起来被批评时，同学们都看着他，他却抿着嘴唇笑。我突然意识到，我是不是错了，我一直在关注他的问题，一直责怪他不会改正，天天惹得同学们不开心，却从来没有想过他为什么这样做，他内心深处到底是怎么想的。是我太着急了，急着解决问题；是我太狭隘了，只看到他存在的问题行为本身；是我太武断了，从没认真倾听他的声音。

豁然开朗的我，找他进行了多次交流，没有批评和指责，没有就事论事，而是从一开始的闲谈到最后慢慢去了解他内心真实的想法。原来，他就是想和大家交朋友，他是在寻求关注，只是一开始就用了同学们都不喜欢的方式：欺负女生，拿同学的东西玩，破坏大家正在进行的游戏……导致同学们越来越不喜欢和他玩，他也一次次地被隔离和忽视。直到有一次，他发现只要他调皮捣蛋，同学们就会注意他，老师也会关注他，所以他会在被批评时笑（他得到了关注），在我说同学们不喜欢这样的他时，他下定决心要改正（他内心还是渴望同学们和老师们喜欢他）。于是，我不再只看到他的问题行为，而是开始指导他怎么和同学们交朋友：加入游戏要征求大家的同意，喜欢别人的东西可以向他们表达你的愿望并在征得他们同意之后再共同欣赏，通过友好的方式和大家交朋友，诸如此类。同时，我会趁他不在班级时悄悄做学生的心理疏导工作，让大家明白这个小男生的真正愿望，希望大家发自内心地感受到他的善意，友好地和他交往。在他一次次的有效尝试中，我给予他积极的赞赏；在他偶尔不正确的尝试中，我给予他指导和鼓励。

一段时间后，和我第一次接到他被投诉时候的心情一样，很意外，只是这次是意外惊喜，是喜出望外，这个半年多来一直调皮捣蛋、不受同学欢迎的小男生能愉快地和同学相处了，脸上的笑容多了，学生堆里总能发现他雀跃的身影，他还成了班里乐于助人的小雷锋，大家有什么需要，总能听到他那一句自豪的"我来！"，生命之花，悄然绽放。

"每个孩子问题行为的背后，往往存在着一个美好的愿望或畸形的动机"，对待学生的问题行为，我们不应该只看到问题或行为本身，也不能单纯地去解决问题或制止问题行为，而应该更多地关注学生内心深处真实的想法。就像小孩子玩捉迷藏游戏，他蒙住自己的眼睛，往大厅中间一蹲，他就以为他已经藏得很好了。对他而言，只要自己看不见，别人也看不见，这是一个非常有趣的现象，但也揭示了我们常常忽略的问题：我们习惯以自己的眼光去看待孩子，甚至要求孩子们也能理解并按照我们的意愿去做事情，但我们却很少站在他们的角度去看问题，去探索他们内心的需求。

愿我们每个人都能在生命深处与孩子联结，向生命深处漫溯，或静待，或动导，盼花开！

向生命深处漫溯

每一朵浪花，都能激起不一样的波涛

梁文莹

转眼，我已经在这三尺讲台上站了两年。在这两年时间里，我秉持着"爱是教育的灵魂"的教育理念，满怀一腔热血，带着我们班的51个小朋友一起成长，共同进步。

记得刚刚上岗的时候，年级主任语重心长地对我说："小梁，你看着还是太年轻了，你们班这些学生可不好管，要想镇住他们，第一印象很重要，你一定要严肃一点儿。"于是，我给孩子们留下的印象就是"这位老师很严厉"。在一群三年级小朋友的眼里，一位严厉的班主任老师代表着他们不能在班主任面前调皮捣蛋。可能也是因为第一印象形成了，我接下来的教学工作进行得比较顺利，孩子们都很乖巧，尽管我们班成绩不是最好的，但是我确实省了很多心。在与他们相处了一个月，彼此都相对熟悉之后，我把我们班的工作重点放在了"抓成绩"上。

但也正是这时候，班上有个别"异动分子"开始浮出水面。其中，小涛就是让我最头痛的一个。据我观察，以及通过其他老师对他的评价，我了解到，小涛在情绪管理上存在一定的问题：经常不能控制自己的情绪，有时甚至在课堂上直接踢桌子、扔铅笔，毫不收敛自己的脾气。在一次英语课上，英语老师收缴了他的漫画书，他一整节课都闷闷不乐，趴在桌面上不愿意听课。课后，我请他来到办公室了解情况，没想到他情绪非常激动，在办公室里大吵大闹。英语老师也过来协助我，但他看到英语老师就像发了狂的狮子一样，紧握着拳头向前，我吓坏了，赶紧拉开了还怀着身孕的英语老师，不停地轻声安抚小涛。不是我小题大做，尽管小涛才三年级，可他是我们班最高的一个孩子，有时他激动起来，我都拉不住。

安抚好小涛之后，他答应我不会再在课堂上看漫画书，但是他又可怜兮兮地问我："老师，可不可以不要把这件事告诉我妈妈？"听到这句话我心里"咯噔"一下，看来他的性格形成跟他的家庭环境有很大的关系。怕他情绪再次激动，我答应他不告诉家长，接下来一天的时间内，他的情绪一直挺稳定，我总算松了一口气。权衡了一番利弊之后，我决定还是致电他的家长，了解具体情况。从他妈妈口中我了解到，他的家长平时工作都很忙，很少有时间去管孩子的学习，而且爸爸基本不会管教孩子，教育重担全落在了妈妈身上。我提出邀请两位家长来学校聊聊孩子的教育情况。但是，他妈妈却告诉我，目前两个人都在外地出差，家里只有爷爷在帮忙照顾孩子。没办法，我只好请他们回来之后联系我，抽个时间来学校聊一聊。

察觉到可能是家庭原因影响小涛的性格之后，我在班上布置了一项作业——让学生写一篇作文，题目为"爸爸妈妈，我想对你们说"，也借此机会了解班上其他孩子。可能是长时间没有向别人倾诉，小涛那次的习作篇幅很长，在习作里，他讲了自己的孤单，讲了对父母陪伴的渴望。里面有一句话我至今还记得很清楚，他说："爸爸妈妈，我好希望这次你们出差回来带给我的礼物不是玩具，而是你们的时间。"我的心顿时受到了不小的触动。我开始慢慢理解这个孩子，他平时收到的爱多数是爷爷奶奶的宠爱，要什么有什么，妈妈管得很严，但是却没有时间，他有些怕自己的妈妈，却在妈妈看不到的地方肆无忌惮，这可能就是他犯了错总是害怕老师告诉妈妈的原因。于是我找他聊天，希望他敞开心扉跟我谈谈。但很多时候，他不愿意开口，我只能慢慢引导他。而我也十分清楚，他的问题不是一时半会儿能解决的，也不是凭我一己之力就能解决的，必须家长全面配合，一起解决。

没想到的是，第一次见小涛的家长，是在一次语文测验结束后。那次测试，他情绪不太好，一直不愿动笔写，我多次提醒，他也不听，考试时间过了一半，他只写了选择题和简单的填空题，阅读题和作文空了出来。我把他叫出教室，询问原因，他只说自己不想写，不知道怎么写。我想起第斯多惠说过，教育的艺术不在于传授知识，而在于唤醒、激励和鼓舞。于是我鼓励他动笔，并破例给他提供了思路，引导他写出一篇完整的作文。遗憾的是，他并没有完成就下课了，而且他拒绝把试卷交给我批改。我不同意，很坚决地要求他交上来，怕在班上开了先例给其他孩子们提供不好的示范。他不情愿地把试卷交了出来。我正在整理试卷，突然听到有谁喊了一声："老师，小涛拿着一把尺子生气地跑出去了！"我的心瞬间提了起来，赶紧让班长追出去，我也跟着跑了出去，学生告诉我，他跑到了五楼，那是我们学校最高的楼层，全是功能教室，除了上课，没有孩子会在那里！我赶紧冲了上去，生怕他出意外。小涛躲进了洗手间，把自己关了起来，还用尺子一直敲打着墙壁。我一边轻声安抚他，一边鼓励他出来跟我聊天，还一边把情况报告给安全办。不一会儿，心理老师也赶到了，通过一段时间的沟通交流，他终于冷静下来，从洗手间走了出来。等他情绪稳定后，他也愿意跟我们聊天了。我问他为什么跑上去，他说："我也不知道，但是我这次没考好，我怕我妈妈知道。"我安慰他不要害怕，一次失利不能代表什么。我心里更坚定了，我必须找他的家长聊聊。

于是，我再次致电他的家长，并告诉他们事情的严重性，请他们赶回来一起解决问题。所幸家长这次也意识到了事情的严重性，第二天就来到了学校，积极配合我们的工作。经过沟通，三位主科老师跟两位家长达成了共识：现阶段，小涛还是难以控制自己的情绪，其实他自己也能感受到，而且希望控制自己，那么老师和家长就不要强行要求他怎么做，而是应该给他成长的空间，并且帮助他成长。同时，我们跟小涛说好，如果以后想要发脾气了，就先回到自己的位置上趴着，我们并不强求他那节课必须听课，但是一定不能影响课堂。如果实在忍不住，可以马上来办公室找老师聊天，而自己在课堂上没听到的知识点，也可以在课后来找老师辅导。小涛答应了我们的条件，还跟我们保证自己能做好。我当然不奢求他一下子改变，给了他一个月时间慢慢成长，同时我希望他的家长在这一个月内多多陪伴他。可能是感受到了老师的信任和有了家长的陪伴，那一个月，小涛明显开朗了很多，尽管偶尔还是会控制不住自己，会跟同学打打闹闹，但是总体来说，比之前发生过的情况好了很多，我颇感欣慰。

在教育孩子的过程中，我有时感到困惑。但是，正如著名教育家陈鹤琴说的那样，儿童就是儿童，有着不同于成人的特点和需要，有着独特的精神世界。因此，只有深入地了解儿童，才能有效地教育儿童。我想，只要身为人师的我们愿意多去了解每个孩子的内心世界，那么，我们一定能给他们更好的教育。我相信，在茫茫人海口，每一个孩子都是一朵独特的浪花，都能激起不一样的波涛。

每一朵浪花，都能激起不一样的波涛

花苞心态，静待花开

——做一个优雅的"护花使者"

杨敏燕

作为音乐教师，在我的教育生涯中，最触动我内心的是曾经聆听过行知教育集团（书院）的杨瑞清校长的行知教育的"花苞心态，赏识教育。"

"花苞心态，才是真爱"

经常能听到家长说，"我给他报了几个兴趣班，但是学着学着他就不想再学了""我这么做都是为了他好，为什么他就不能体谅做父母的心情？"……是否我们认为的"好"真的就是对孩子"好"呢？显然不一定。"人"既是教育成长的对象，又是主体，教育的本质是帮助人成长，使他健全地发展人生；教学的本质是帮助人学习，让他掌握技巧，获取更多知识，所谓"授人以渔"。有一段时间网络上流行一句话——"有一种冷叫妈妈觉得你冷"，其实不就是这个道理吗？如果我们非要以自己的意愿和期望去栽培孩子，最终可能只会收获失望。柳宗元的一句话非常透彻精辟，"故吾不害其长而已，非有能硕茂之也；不抑耗其实而已，非有能早而蕃之也。"把它折射到教育中，就像园丁旁边的一棵树，只有让它自己生长，让它自己进行光合作用，汲取园丁的栽培，它才能长成参天大树。我们所有的行为都应是维护、促进这种生长，而不是侵入和干扰。我们的教育对象拥有成长的主动力，默默地吸收各种知识，在潜移默化中增长才干，所以，它的自然释放我们求之不得，从道理上无从苛求。

"花苞心态，缺点可爱"

作为一名小学音乐教师，我们所做的教学工作要有一种普及性，就是让每一个学生都可以享受音乐。而我们所教的学生大部分只是普通的小学生，每个班级里总会有那么一两个不怎么爱上音乐课、容易犯错误、唱歌跑调、五音不全的学生。面对这些学生，我们有时候会觉得头疼。记得有一次我在四（3）班上课时，有一个小男生因为课堂上总是爱插嘴、大声喊唱而被我留堂了，等到下课其他同学都离开音乐教室后，我平心静气地问他知不知道自己今天错在哪里。就是从这个问题开始，我从他口中了解到他是一个爱发问、爱表现、唱歌还不错，并且在众多科目中还挺喜欢音乐课的"熊孩子"。我们约定，既然爱发问，在积极发问的同时要学会举手等待；既然唱歌还不错，那就学会用正确的声音来歌唱，不要浪费自己的好嗓子；既然爱表现，那就把自己的才艺展示给大家看。就这样，我们不知不觉聊了大半节课，最后这个"熊孩子"愉快地离开了音乐教室回去上课了。在接下来的音乐课上，我专门留意这个曾经调皮的"熊孩子"的上课表现，我发现他竟然真的在按照我们的约定慢慢改变，这让我内心无比欢喜。原来"熊孩子"也有不"熊"的那一面。

学生是在不断犯错误中成长的，在学生犯错时，教师要学会宽容对待。课堂教学中教师要允许学生出错，不但要将学生的错误看成课堂的正常现象，还要将错误作为一种促进学生情感发展、智力发展的重要资源，正确地、巧妙地加以利用，当错误被理解、被认识后才能体现它的价值。

"花苞心态，耐心等待"

孩子对知识的吸收和成年人完全不一样，我们有时感到怎么教孩子都不能领会的时候，或许孩子正在用他的方式在吸收。在我的声乐社团中，有一个男生，从三年级就加入了社团，当初他过来参加社团面试的时候并不是最优秀的，把他招进来最重要的原因有两个：一是因为他是男生，音乐社团

花苞心态，静待花开

中最缺的就是男生；二是他是难得的低音声部的苗子。于是，我们把他安排在低音声部作为主力。经过两年的社团学习训练，这个男生一直处于安静并且有点不善于表现的中等状态。直到四年级的下半学期，我们学习一首新作品，在分声部检查作业的时候，我惊喜地发现，这个一直只能唱低音的男生，居然能够很轻松地唱高音声部。我们两位老师都觉得很意外，于是开玩笑地说"小尧什么时候开窍了啊？"没想到男生很腼腆地笑了，他说："我自己也不知道怎么就唱上去了，以前都觉得高音很难唱，不知道怎样真假声转换，是唱不上去的，但是突然有一天我发现自己也会了。"从他的话里，我能感觉到这个男生是很开心的，或许对他而言，我们老师讲的"要学会真假声转换"是很难理解、很玄妙的理论，但是他用自己的方式去消化和吸收，转变为自己的知识。

如果我们耐心地等待，提供足够的养分，不催促、不逼迫，给孩子自我成长的时间和空间，只要他们扎根在音乐的土壤里，总有一天会长成郁郁葱葱的大树。所以，教育就是要我们带着"牵着蜗牛散步"的心情，耐心期盼。

"花苞心态，和谐时代"

教育要以学生的需要来确定教什么、怎样教。学生才是真正的主体，学生的成长规律就是教育的基本规律。因此，音乐的教学不只是简单、机械的技能训练，而应该充分尊重每一个孩子的内心想法，赋予孩子对音乐的体验、感受、表达与创造。只有当我们都带着正确的观念看待学生的成长，消弭由此产生的不必要的碰撞和矛盾时，家长和老师就不会急功近利，揠苗助长。"顺势而为"乃教育之道也。

"兰叶春葳蕤，桂华秋皎洁。欣欣此生意，自尔为佳节。"认识到这一点，我们也可以舒缓地等待，释然地走进生命葱绿的原野，静待花开，满园春色总会到来。

擦颗星星装扮我的宇宙

林 辉

总得有人去擦星星，它们看起来灰蒙蒙的。总得有人去擦星星，因为那些八哥、海鸥和老鹰都抱怨星星又旧又生锈，想要一个新的我们没有。所以还是带上水桶和抹布，总得有人去擦星星。

"消失"的学生

一节数学课上完，刚坐到椅子上休息，班里的一个学生就火急火燎地来找我。这个学生着急地说："林老师，咱班的陈致炜不见啦！"话语间，我的心就被提了起来。陈致炜，这个学生在我刚接手二（3）班的时候，就被上一任班主任特别提过——"这个学生需要你多加照顾，一年级中途的时候他转学过来，有次放学走错路，让我们找了好久。老师的话他好像总是听得云里雾里，不过他挺乖巧的，你多点耐心哦！"连他的爸妈在微信联系上我的那一刻，都在小心翼翼地表述着对他在校的担心——"我的小孩，不知道刘老师有没有和您说过他的情况。他可能有点内向，以后就麻烦老师您费心了！"等开学第一天见面，看到他高高的个子、清澈的大眼、安静的端坐，我又稍稍放下了对他的顾虑。

谁知情况峰回路转，现在他的消失让我冒出一身冷汗。这个孩子去哪儿了？怎么也不告诉老师、同学一声就走了呢？我着急地在班级周围找，一圈、两圈下来都没发现他的身影。他不会像之前那样走出校外吧？他会不会遇到什么危险呀？越想我的心越慌，怀抱着最后一丝希望，我走进了男厕所，"致炜，你在吗？"喊了一遍又一遍。终于有个微弱的声音回答了我——"嗯。""上课了，你赶快出来呀。""嗯。""你怎么啦？怎么在厕所里面待这么久呀？""上厕所。""致炜，你赶快出来哦，语文老师在上课，她看不到你好着急呀。你快些出来呀。""嗯。"

在我几番催促下，致炜终于从厕所里走出来，我赶忙过去挽着他的肩，他一副不知所措的模样。望见他那双清澈的、忽闪着的大眼睛时，我再多的情绪都放下了。这样一个懵懂的、沉默的孩子，可能适应不了开学的节奏，上课了也稀里糊涂的，一进厕所就不清楚时间过了多久。于是我开口安慰："致炜呀，你要是在学校遇到了什么问题，可以告诉林老师。比如这次你上厕所，上课铃声都响过好久了，你不在教室里，又没人知道你去了哪里，老师好担心。上厕所是正常的，但我们可以想想怎么样做让你既能上厕所，又不让老师同学担心呢？""嗯……""没关系，下次你想上厕所，又刚好上课了，你就告诉咱们班你比较要好的同学，让他知道，老师问起来时他就能帮到你，你觉得怎么样？""好。"

"爱发呆"的学生

几天之后，致炜又在上课时不见了。有了上次的经验，我马上跑到厕所，果不其然，他还是在那里。这次我不仅安抚他、提醒他，还马上联系了他的家长，询问他是不是身体不适。他的爸爸这才告诉我，致炜在家饮食比较单一，有些挑食，不太爱吃青菜，所以肠胃不是很好，上厕所经常很费时间。不但如此，刚开学，致炜朋友不多，上课也不太适应，所以内心还是有些小恐惧。

在孩子们上语文课时，我走到教室的后门，静静观察他的表情。那张秀气的脸充满着疑惑，眉头微皱，嘴巴还在听课中途不自觉地张开，仿佛在诉说着他的不解。午餐时间，我观察了致炜的吃饭习惯，听到要吃午饭时，他动作慢悠悠地走出教室，洗完手就安静地排在队伍后面，全然不见其他孩子那般对午餐的热情。落座动筷时，青菜的那一格他碰得比较少，米饭倒是吃得很多。课间，致炜就默默坐在自己的座位上，不与人交谈，发呆是他最常做的事情。经过几天的观察，我发现致炜确实如他家长所言，对学校的生活很不适应。

于是，趁着午休有空，我将致炜叫到了办公室，请他吃点小零食拉近我们的距离，一会儿问问他在学校感觉怎么样，一会儿关心他在家时的生活。虽然他的话不多，但我看到他那双忽闪忽闪的大眼睛融进了我的身影，在他平静的眼神中，我慢慢建立起一些信心。午餐时间我盯着致炜，坚持督促他，慢慢地，他吃菜变多了，喝水也频繁了。从此他再也没有因为身体原因在上课时躲进厕所，上课的出勤问题已快速解决，我心中的一块石头落了地，但他在班级的处境仍让我很担忧。饮食习惯好抓，听课习惯、人际交往可是个大难题。

建立自信

2020年11月21日，凌晨五点多，他的妈妈连发2条长达100多字的短信给我，诉说着孩子最近在校学习的不易。数学是致炜最薄弱的科目，刚上一年级的时候，他连数字都分不清，每次考试只有10来分。现在上了二年级，他上课还是很不在状态，加上我的教学比较严格，导致他对数学课很排斥。最后，致炜的妈妈还小心翼翼地表达希望我多多鼓励致炜。那一刻，我深深体会到了一位母亲的良苦用心，我不由得回想起自己作为班主任，因为事务繁杂，对待孩子偶尔会简单粗暴，实在问心有愧。于是我坚定了呵护、改变致炜的决心——对待他时我要更温柔些是紧要之事，但更重要的是培养他的学习能力，让他建立起自信，这样，同学、老师也会更容易接纳他。

游戏打开心扉

又是一次午休，致炜迷茫地走进我的办公室，我赶忙对他扬起笑脸，请他玩起了舒尔特方格。这是我寻找到的比较适合他的数学小游戏，简单易上手，能激起他对数学的兴趣，也能借此培养他的专注力和数感。

一有空，我就邀请致炜来办公室玩舒尔特方格，顺便和他聊聊天。一开始他玩得很吃力，别的同学用1分钟搞定的5×5的方格，他最快花了2分钟。坚持一段时间之后，我联系他的妈妈，希望他在家尽量每天都训练，最好发

擦颗星星装扮我的宇宙

视频给我打卡。他的妈妈很配合，也很坚持，借着他妈妈拍的打卡视频，我在班级里大力表扬了致炜。当我说"咱们班致炜真的很坚持，每天都发视频向林老师打卡，我非常非常佩服他的这种精神，全班同学要向他学习。他虽然不太爱说话，但一直在默默努力，林老师很喜欢他，也要给他点个大大的赞！"时，同学们都向致炜投以佩服的、欣赏的眼神。致炜扭动着身体，有些不太自然，但他扬起的嘴角告诉我，这样的鼓励对他来说特别受用。我不断在班级里帮助致炜树立爱学习、能坚持的形象，有些同学下课后也会主动和他说说话了。本来比较内向的他竟然变得比以前开朗了好多，和同学们相处得越来越融洽，学习状态也变好很多。每次在校园里遇见我，他不再低头沉默，会积极地和我打招呼了。

让每一颗星星闪亮

不知不觉到了期末，原本记性差，在家学习时一道错题需要妈妈讲解很多遍才能记得的致炜，期末考试考得不错，考了252分。开学初平时数学小测他一般考六七十分，但期末冲到了84分。这份成绩在班级里可能不突出，但是对他自己而言，是很值得纪念的进步！新学期伊始，他妈妈还发微信告诉我，致炜现在特别喜欢和他爸爸玩舒尔特方格，对学习也越来越上心了。他心中的小火花能被燃起，这是多么来之不易的事情啊！我也会继续呵护孩子这珍贵的火花，让致炜这颗星星在我的小小宇宙里绽放光芒。

初当班主任，烦琐的事务真的让我有些摸不着头脑。但在投身班主任工作的过程中，我发现只要做个有心人，用爱去感化学生，用行动以身作则，哪怕一个不经意的动作、一个温暖的眼神，都会带给学生美好的蜕变。有人说，每个学生都是一颗小行星。初见时，他们可能不够闪亮，但我愿意擦星星，把星星一颗颗擦亮来装点我的小小宇宙。而我相信在他们闪耀的同时，光芒会映射在我的身上。

做一名合格的"音乐人"

彭启恒

大家好，我是彭启恒，是一名音乐教师。我的文笔不是很好，老天赐给我音乐天赋的同时并没有赐予我文学天赋。总有人夸我是音乐人才，应该写首歌来听一下，我的确把旋律写出来了，但填写歌词也着实难倒我了，或许我需要一个善于作词的朋友给我指点。我非常羡慕文笔很好的人，如果我文笔好就不会考个教师资格证被综合素质卡了两年才考过，写作文太难了。

在讲教育之前，我想和大家分享一下我为什么走上了音乐这条路。我不是从小就学音乐的人，我是在高中开始做音乐生的。中考后一次偶然的机会，我在小区门口一个小琴行看到有几个老师在玩乐队，当时听到的歌曲是《飞得更高》，几个老师弹着吉他瞬间吸引了我。原来电吉他的声音可以这么酷，第一次听到这样的声音，我就迷上了吉他弹唱和电吉他，开始在琴行跟着老师学，从吉他弹唱民谣学起。初学吉他的我在高中第一学期就进了音乐社，组了自己的第一支乐队，我每天下午都去排练，为的就是排出一首完整的歌曲，最后在第一学期学生会举办的全校会演中把这首歌曲顺利演奏出来。我们成功了，在学校小有名气了。因为太喜欢玩音乐，在第二学期的时候我只上语数英，其他课我都顾不上了，等同于逃课，天天排练新歌，自己尝试写歌，写完就马上排练，尝试编曲，尝试写词（但写得不好）。学校每年都有去外面比赛的机会，我们乐队在第一次器乐大赛上拿了第一名，有幸被外国老师看到，他说给我们机会去瑞典学习当高中交换生，我开始以为是骗小孩的，后来没想到这个机会是真的。从瑞典回来后，我对音乐的看法又完全改变了，在国外的路上随处可见有人拉小提琴，弹吉他唱歌，他们不是为卖唱或别的，就是纯粹喜欢音乐，享受音乐。从瑞典回来后我就决定要走音乐生的路，从零基础开始，每天练琴7小时，坚持3小时练题强化训练，现在回头想想，感谢当时一腔热血的自己，因为喜欢所以选择，义无反顾地走上了音乐这条路，也就有了后来的音乐人生。

教师是一个非常重要的职业，因为简单的一句话、一个音符甚至一个演示，就可能影响一个学生的未来。上了大学后，我就立志当一名教师，培育出更多热爱音乐的人，于是决定去考教师资格证，表演专业当时不可以直接拿证，就算综合素质那一关再难考，我也坚持不放弃，直到考到为止。我想把我所学到的音乐分享给我的孩子们，教会他们欣赏音乐、玩音乐、做音乐，而不是练音乐。音乐本身是一门艺术，艺术是拿来欣赏的。我希望把我的音乐分享给孩子们，分享给大家。

我做教育，是先从高考做起的。我第一年刚考到星海音乐学院，对考试的制度还有考题都还记得很清楚，上了大一我就有了第一个学生，我高中的师弟，以前学过民谣吉他，询问他最初想学音乐时的想法，他的回答是看了我们高中的乐队毕业典礼，爱上了乐队，爱上了玩音乐，没想到这个孩子的音乐抉择竟和我如此相似。于是他也开始自己组建乐队，每天排练，但是我不允许他逃课，毕竟文化分不能低。我利用寒暑假和周末的时间辅导他，把我大学学到东西也一起教他，我大三的时候他高考，这一路走下来他很辛苦，但这个孩子一直都说："我喜欢，我不累。"我感到很欣慰，这个孩子像当年的我，每天都在做着自己热爱的事情，努力是不会被辜负的，他最终被深圳大学金钟音乐学院流行器乐专业录取了。

自从带师弟考进大学后，我当老师的欲望更加强烈，特别想试试在学校当老师。我运气非常好，一毕业就应聘到了深圳的一所私立学校，当时差点进不去，因为教师证还没拿到手，在审核过程中。刚毕业，我充满着激情进入学校，上第一堂音乐课时特别紧张，毕竟第一次走上讲台面对着这么多的学生，上一节课下课铃声还没响，我就早早地在教室门外等着，假装看外面的风景，装高冷，实际上内心在想着待会儿要怎么上课，怎么开头才能让学生听得进我的课。我准备了好多的想法，然而计划赶不上变化，在刚上课自我介绍的时候，孩子们就让我唱首歌给他们听，我边唱歌边弹琴，发现孩子们乖乖地坐着，很专注地在听我唱歌，唱完之后还鼓掌。当时孩子们就是我的观众，我在孩子们鼓掌的那一瞬间，就已经不紧张了，大胆地开始上起第一堂音乐课。作为教师，需要备好一堂课，课要上得自然，有激情。

上一个人的器乐课与上一个班的器乐课差别非常大：一个人，你只需要轻声讲；一个班，你大声讲下面同学也未必听得见，因为大家都拿着器乐在那弹奏，管好了一边，另一边又在弹。但我最喜欢上的就是器乐课，当孩子们拿着乐器很整齐地弹唱出一首自己喜欢的歌曲时，我就会很开心。我还很喜欢跟着孩子们一起合奏音乐。孩子们对热门的歌曲比我反应快多了，他们经常提问："老师你听过《沙漠骆驼》吗？你听过《少年》吗？"我都是回答："啥，什么歌曲，没听过。"课后我会专门去学唱这些歌曲，为的是能跟得上孩子们年轻的节奏，然后在器乐课上教他们弹唱这些他们喜欢的歌曲。因为是自己耳熟能详的歌曲，孩子们学起来既轻松又积极。孩子们在练自己喜欢的歌曲的时候，会抓紧一切时间，下课在弹，放学回家把作业完成了也会抽空练习，为的就是能和班里的同学一起合奏歌曲。今年第二学期，我带孩子们参加了器乐大赛，每个班挑选了几个孩子，排《少年》这首歌，难度不是很大，但因为时间短（只有10天），孩子们还要学习，我想着要不排5天差不多得了，他们的回答却是："老师，我们可以天天中午排，我们要排完跟你一起唱歌。"这群孩子的激情瞬间让我的干劲也起来了，即使中午不午休也要排好，一定不能辜负这群孩子的热爱。我说："好，我们一起努力。"歌曲很快就排完了，他们不仅排了《少年》这首歌，还跟我多学了一首歌。有个孩子很聪明，自己拿着乐器乱弹都能弹出一首歌的前奏，我觉得特别有意思，就带着其他孩子和他一起合奏，没想到格外好听，这些都是孩子们的想法。出去录视频时，我发现孩子们状态非常好，他们真的就是在玩音乐，录完视频还和我说："老师，我们去街边弹给路人听吧。"我真的太喜欢这群孩子了。在这次排练中，孩子们教会了我很多，我们这算是互相学习，互相进步了，一起玩音乐，再累都值得。

我今后还会和孩子们一起玩音乐、创作音乐、爱音乐，这是我给大家分享的！

做一名合格的「音乐人」

给自卑的孩子创造一片发光的星空

聂佳琦

自卑的学生往往对自己缺少自信，或对于自己的某个地方感到不满意。作为一名教育工作者，要更多地关心、赏识他们，把注意力放在他们的优点和特长上，使之一步步放开自己的心胸，感受大家对他们的善意。

由于学校电脑机房的数量有限，信息技术课一般分为上机课和理论课。五年级的信息技术课程则被安排为单周上机课，双周理论课。今年带的五年级学生中有一个矮小瘦弱的孩子——谢嘉豪引起了我的注意。上理论课的时候，大家都进行着热烈的分组讨论，只有他一个人孤零零地坐在角落里，矮小的他与五年级的高个孩子格格不入，乍一看，还以为他是哪个学生的弟弟呢。等到小组分享交流成果的时候，他低着头，一副垂头丧气的样子。奇怪的是，在机房上课时，我特地留意了他的上课状态，机房里的他居然与教室里的他判若两人。在机房，他目不转睛地盯着电脑屏幕，神采奕奕地完成我布置的编程作业，时不时有同学过去参考他的做法。这个孩子迥然不同的上课状态彻底激起了我的好奇心。

循例，展示编程作品前，我问了几个有关本节课编程的相关逻辑问题，不料考倒了一大片孩子，大家抓耳挠腮，四目相对，没有一个人能回答上来。这时，坐在角落的谢嘉豪胆怯地举起了瘦弱的手，低着头不敢看任何人。我立刻点名让他站起来回答，"老……老……老师，它们应该是并列的逻辑关系"。谢嘉豪用蚊子般小的声音结结巴巴地回答。答案是正确的，全班同学情不自禁地鼓起了掌。这个瘦小的孩子实在是给了我大大的惊喜，于是我大力表扬了谢嘉豪在编程方面惊人的潜力，希望他继续保持学习编程的热情。只见他脸红了，不好意思地挠了挠头。我还特地挑了谢嘉豪的编程作品进行全班展示，指出了他多处值得同学们学习的优点。

我想，这么好的苗子，这么好的天赋，怎么能浪费掉呢？一个念头迸发了：把他收到自己的机器人编程社团里，好好培养培养，说不定能帮助他树立信心，克服自卑。

于是，我找到他的班主任了解情况，并请求她配合我鼓励谢嘉豪加入我的社团。在多方努力和鼓励下，谢嘉豪同意加入我的社团。刚开始，在社团的训练中，谢嘉豪还不能融入大家，总是独来独往，闷声地坐在电脑前练习编程。为了让谢嘉豪融入社团，我想出了一个法子，帮助他建立自信。这天下课前，我告诉大家，过两天准备在社团内开展两人小组机器人编程比赛，第一的小组有机会参观3D打印机。孩子们的热情一下子被点燃了，欢呼雀跃起来，商量着跟谁组队。小组比赛逼着谢嘉豪去结交朋友，组建小组。小组比赛开始了，谢嘉豪他们小组三下五除二就完成了编程作品，近乎完美，没有一点漏洞。成员们纷纷投来了羡慕崇拜的眼光，谢嘉豪的脸上终于露出了灿烂的笑容，还有一些自信。我的小计划成功了一半了。接下来，毫无疑问，谢嘉豪小组获得了参观3D打印机的机会。等谢嘉豪小组参观回来之后，社团的成员纷纷上前询问他们关于3D打印机的事情，一群人围着谢嘉豪他们问个不停，时而惊呼，时而鼓掌，时而大笑……真好，我也在心里欢呼，这回既帮助谢嘉豪树立了自信，又促进了团队的融合。我留意到谢嘉豪自从参加社团以来，确实改变了不少，在班里自信了许多，能够开朗地与同学们交往，并积极地与同学讨论问题了。我偷偷地通过班主任了解到，谢嘉豪在学习方面也取得了一定的进步，已经跃进了班级前十名。

中段考过后，孩子们积极准备光明区筹办的机器人编程大赛，个个都进入了紧张的备战状态。作为他们的社团老师，我感到非常欣慰，心想这些孩子如此努力，一定能为学校争光，夺取荣誉。比赛那天，谢嘉豪因为状态不佳，频频失误，导致整组的分数偏低，最后无缘决赛。回来后，孩子们都很懊恼，有的孩子要求加时训练，尤其是谢嘉豪，总是最后一个离开训练室。这天，大家都训练完了收拾东西准备回家，谢嘉豪却双手抱头，皱着眉头，蜷缩在电脑前，一动不动，好像在冥思苦想什么大难题似的。我走过去，坐

给自卑的孩子创造一片发光的星空

在他身边，轻轻地拍了拍他的肩膀："怎么啦，是什么大难题能够难倒我们的编程小天才呀？"谢嘉豪吸了吸鼻子，抬起头来，结结巴巴地说："老师……对不起，那天比赛是我没发挥好，您……骂我吧……"我被眼前这个可爱的孩子逗笑了，摆了摆手说："原来你在为这个事情懊恼，我为什么要骂你呀，骂你又不能解决问题。况且，人生没有什么事情是一帆风顺的，只要你努力了，享受过程，结果自然会来。"谢嘉豪似懂非懂地点了点头。之后的社团训练，谢嘉豪都非常认真。就这样，谢嘉豪在绚烂的兴趣星空下，一点一滴地进步。

终于，功夫不负有心人，谢嘉豪所在的小组夺得了光明区承办的中小学活力机器人编程大赛的小学组一等奖。这激动人心的好消息、这耀眼傲人的成绩，成了孩子们自信的源泉，特别是大大地鼓舞了从前一向自卑的谢嘉豪。一股笃定的力量在谢嘉豪心里生根发芽。

此后，区里、市里大大小小的比赛不但有谢嘉豪的影子，而且他总会取得骄人的成绩，他成了许多老师赞不绝口的学霸榜样。

想激起自卑学生心中潜藏的自信，彻底转化他们的自卑心理，不是简单地说一两句"你能行""你可以""你最棒"就行的，而是需要一些技巧，创造一些机会，挖掘学生的优势，利用兴趣爱好、特长来唤醒自卑学生的自信心。参与社团训练和比赛，激发了谢嘉豪潜藏的优势特长，让原本不起眼、不合群、自卑的谢嘉豪变得开朗、自信、努力。这件事情给了我很大的启发：对于自卑的孩子，老师一定要帮助他们寻找突破口，创造机会，激发孩子潜在的能力，唤醒他们内心深处的自信。给自卑的孩子创造一片星空，他们会为这片星空增添更加灿烂的光辉。

一起做"大写的人"

赖诗韵

"**人**"之一字，一撇一捺，怕是个三岁小儿也会写。但是如何写好这一撇一捺，在书法家眼里，则很考验功夫：撇短了，"人"不正；捺不到位，可能连"人"字都不是了。学生正如教师笔下一个个大写的"人"。教师要通过德智体美劳全面发展的教育把学生培养成一个个社会需要的人。其中，最重要的便是德育。德育包括基本文明习惯和行为规范教育、基础道德品质教育、爱国主义教育和理想信念教育等。

于我而言，我希望我笔下的"人"凭借这"一撇""一捺"屹立于社会——"一撇"，即有理想信念，坐得端行得正；"一捺"，即有能力选择自己喜欢的未来。不仅如此，"少年强则国强""少年雄于地球，则国雄于地球"，我亦希望在我的教育下，学生有朝一日使我泱泱华夏屹立于世界之巅。这是我作为一名人民教师的理想。流沙河在《理想》中写道："平凡的人因有理想而伟大；有理想者就是一个'大写的人'。"我希冀着终有一天达成自己的理想，也希冀着我的学生早日找到自己的理想，或者至少也要先找到一个目标。身为教师，这应该是最幸福的事了——陪着学生成长，也和他们一起努力追梦，一起做"大写的人"。

在日常的教学过程中，尤其是在班会课上，我总是会和学生一起探讨理想的树立。尽管我的学生年龄尚小，生活体验也较少，对于未来还没有明确的认识，但是我希望在各项专题的班会课活动中，在课内外阅读中，在观察生活中，使他们对多种职业有所认识，并且让他们逐渐形成正确的世界观、人生观、价值观。比如，在最近一次的班会课上，我和学生一起分享共和国勋章获得者的光荣事迹，希望以此让学生看到：我们不仅仅要认真地从事一份职业，更重要的是坚持。把一件平凡的事坚持下去，干透了，就不平凡了。把一个领域干透了，一般也可以把这个领域研究透了，成为这个领域的人才。如果一个人把一种职业做到这种程度，那么这个人对这个领域的贡献自然不小，这实际上也是在为国家做贡献，正如"杂交水稻之父"袁隆平院士，又如把一生奉献给核潜艇的黄旭华院士。干一行，爱一行，研究一行，不仅是我，我希望我的学生也有这样的一个理想目标，并且现在为未来的奋斗打下良好的基础。

我在追求自己理想的过程中或多或少也能给他们带来一种潜移默化的影响。然而我发现，我们班有这样一名男生，他家里经济条件十分不错，父母很重视对他的教育，他平时在学校也不会调皮捣蛋，但他对大多数事物都不感兴趣，对很多事情都持一种消极的态度：学习上没什么目标，上课端坐却在走神，作业经常不完成，不管父母、老师多严厉地批评教育，依然如故；在生活上也是这样，父母买给他的精美文具或是其他小物件经常因为不留心收拾而弄丢了，弄丢了也就算了，父母接着买就用，不买也无所谓，也不会像其他孩子一样经常闹着要什么，在学校也不爱表达。他的母亲经常找我聊天，说这个孩子这样下去肯定不行，但是要怎么办家长也无计可施。

在之后的教学中我特别关注这个孩子，但是我发现不管是私下和孩子聊天还是在课堂上努力地想要和这个孩子互动，这个孩子的反应都比较冷淡。课后我找他聊天的时候，试图让他意识到学习的重要性，我对他循循善诱："你觉得我们现在为什么要学习呀？"他摇头。意料之中。我又问："学习是为了以后能做自己喜欢的职业，做自己喜欢的事情呀！你有没有什么想做的事情呀？"他还是摇头。"那你有什么特别喜欢的东西吗？或者有什么特别的兴趣爱好吗？"这时他略微羞涩地看了我一眼，想了一下，却还是摇了摇头。我猜想这个孩子应该有自己喜欢的事物，只是羞于告诉我。后来我询问家长，家长才用恨铁不成钢的语气告诉我，他特别喜欢恐龙，一看起和恐龙相关的东西就十分入迷，甚至达到玩物丧志的地步。家长觉得喜欢恐龙才使他无心学习，所以还特别告诉我最近一段时间都在限制他看与恐龙相关的书籍，并且把他的恐龙模型锁了起来。有喜欢的事物对于这个孩子来说不是一件坏事，如果能把自己的兴趣爱好变成自己的人生目标，未尝不可。但是每次我试图和他聊关于兴趣爱好的事情时他都会把话题岔开。

在很偶然的一次阅读分享课上，我忽然发现这个孩子活泼了起来，不断地在和周围的同学说着些什么，而周围的同学也都听得津津有味。凑过去默默听了一会儿我发现，他果然特别喜欢恐龙，一说起恐龙，他就滔滔不绝。

要想提高智育得先从德育入手。于是，我先让他树立起生活、学习的目标。而理想目标的树立，可以从他的兴趣爱好入手。那么就得先转变他父母的看法。我先和他的父母认真地聊了关于他爱好的事。既然他喜欢恐龙，那么我就建议他父母在暑假期间带他去恐龙博物馆或者图书馆、展览馆，进一步认识恐龙，一步步来。同时我给他买了一些与恐龙相关的书籍，让他进一步阅读，让他对恐龙的认识不再囿于图片资料，从而让他意识到，对恐龙的研究其实是一门学问，只有现在好好学习，把基础打好，以后才可以从事自己喜欢的与恐龙研究相关的专业。

之后的学期他确实有了很大的改变，上课积极发言了，作业基本上也都能按时上交了。我好奇于他的转变，询问他假期发生了什么有趣的事，他坚定又兴奋地和我说："老师，我这个暑假去了恐龙博物馆，看到了真实的、完整的恐龙骨架。我以后想当一个恐龙学家！或者当一个古生物学家！"我故意问了一句："所以呢？我们要怎么做以后才能做一个恐龙学家呢？""好好学习！考上大学的恐龙专业！"

我惊讶于一个孩子对于自己喜欢的事物的执着及热忱竟然有如此大的魔力，大到能改变一个人的性格，也惊讶于理想目标原来可以给一个学生带来如此的动力。当然，身为他的老师，看到他的转变，我也是极其有成就感的。

理想是罗盘，给船舶导引方向；理想是船舶，载着你出海远行。理想是能给人指引方向的，从他身上我看到了理想的力量。

由此我更加明确了自己的职业理想：要帮助学生找到自己的理想目标，因材施教，让学生不仅有理想，还要拥有追逐理想的能力，让理想照进现实，让他们做有理想的"大写的人"！在这条路上，我也和学生一起努力着！

自信源于信任

张文瑶

由于疫情，我们进行了长达半个学期的线上教学，线上教学需要家长及时监督，对学生自主学习的能力也有一定的要求。回到学校课堂后，有些学生在线上课堂中藏起来的问题就暴露了出来。

回归课堂不久我就进行了单元测试，在批改试卷的过程中，我发现一个女生的考试成绩很不理想，只有32分。她平时在班级中安静内向，上课的时候也从来不参与任何互动，偶尔被我点到回答问题也只是抿着嘴摇头。当天晚上我先与她的家长沟通了解了她近期的情况，接下来的几天在上课时重点观察她的一举一动，课间找其谈话。我总结出的她学习困难原因如下：

（1）基础知识不牢固。乘法口诀表没有背熟。

（2）上课走神。课堂上虽然不讲话，但会坐着发呆，说明没有办法长时间集中注意力。

（3）信心不足，学习意愿不强烈。她是个内向的学生，平时遇到问题并没有主动找老师或者同学解决，久而久之，问题越积越多。又由于成绩不理想对数学的信心下降，继而更不愿意认真思考，解决数学问题。

（4）家长监管不及时。我了解到，她的家长由于工作没法经常在家照顾她，线上教学期间她家没有人监督她学习，这导致她本学期的基础知识都没有掌握好。

找到影响她数学学习的原因后我立即对她进行了辅导，但在开始的时候就遇到了问题。我的计划是每周抽两三个课间从基础题目开始为她补习，但讲了两三遍她还是没有理解，并且几乎不主动说话，这让我有些急躁，说的话也变得有点严厉。她的眼圈马上就红了，看着她的眼泪滑过脸颊，我有一丝懊恼。对于一个内向害羞的学生，我不应该用那么强势的态度去说教，这样只会起反作用。我缓和了语气，说："老师知道你也想要学好数学，我也相信你可以做到，你觉得自己可以做到吗？"她点了点头。于是我和她拉钩定了几条约定：

（1）遇到不会的题目主动来办公室。

（2）讲完题目如果没有听懂要及时反映。

在接下来的学习中，只要她做对一个步骤，我都会给予表扬。反复讲解题目时我也转换了心态，肯定她每一次的进步。经过几次学习，她明显没有之前那么紧张了，对知识的吸收也变快了。第二次单元测试前，我嘱咐她尽力答题，先把会的题目都写完。成绩出来后她进步了30多分，我单独给了她一些小礼物，并鼓励她再接再厉，她也向我表达了对进步的信心。

辅导一阵子后，我增加了辅导计划的内容：

（1）成立互助小组。在辅导过程中做错的题目让她先找互助小组的同学解答，仍不明白再来找老师。我以这种方法来增加她与其他同学的互动，通过生生交流提升她的学科兴趣。

（2）课上有意识地请她回答问题，通过表扬增加她的学科自信心。

经过一段时间的辅导，她对数学学习的自信明显上升，愿意在课上主动举手回答问题，成绩也在一点点进步，并且主动在测试后问错题，请我检查她的订正情况。她偶尔还愿意和我分享一些小事，我很高兴她愿意信任我，也希望在之后和她成为朋友。

经由这次辅导我有所感悟：

（1）相互信任能创造和谐的师生关系。传统的教学强调以教师的"教"为主，形成了以教师为本位的教学关系，学生服从于教师，缺乏学习的主动性和创造性。在这种教学环境下，教师容易放弃、排挤学困生。学生年级越高，师生关系会越紧张，彼此之间很难产生信任。

信任是交流的基础。学生年龄小，需要来自教师的肯定和关心。在教学过程中，教师要为学生创造和睦的环境，学生才会信任教师；教师应以学生为主体，了解学生的个人情况，从学生的角度出发看待他遇到的问题。教师在处理问题时应充分理解学生，及时鼓励、关心学生，消除学生与教师的隔

自信源于信任

阔。教师要给予学生充分的信任，学生也能理解教师的举措。和谐的师生关系有利于课堂互动，也能激发学生的学习兴趣。低年级学生的学习态度在一定程度上和对老师的喜爱程度相关：如果学生喜欢一位老师，那么他对这个学科的学习态度就会端正很多。

（2）建立自信心有利于学生进步。自信是人们行为的内在动力之一，也是学生成长过程中不可缺少的重要心理品质，对于学生来说，建立自信非常重要。小学阶段是播种自信种子的重要时期，在教学过程中，教师应鼓励学生主动参与，大胆试错，同时用积极正面的评价引导学生探索新知，让学生有积极的情绪体验。经过这次辅导，我明白鼓励的作用比批评要大得多，在接下来的自我提升过程中我也要注重"表扬的艺术"，将对个别学生的鼓励教育延伸到整个课堂教学中，提升学生在课堂上的学习体验，让每一个敢于发言的学生毫无遗憾地坐下，调动班级的积极性，提高学生的课堂自信心，使学生对学习产生自信。对于学困生，教师不仅需要在学科学习中积极鼓励他们，也应善于发现他们的"闪光点"，从多方面帮助他们建立自信，提高他们的学习能力。

在现代教育教学中，教学不再是填鸭式的知识灌输，而是需要培养学生主动参与、积极思考的能力。教师要让每一个学生种下自信的种子，善于发现学生的"闪光点"、掌握鼓励的技巧，让学生学会克服困难，明白学习并不枯燥。学生是学习的主人，教师只是知识的发现者、组织者和引导者，在面对不同学生的问题时，教师应做到因材施教，根据学生的情况给予合适的指导。教师也需要获得学生的信任，师生互动、相辅相成才能让课堂不断改善，越来越好。

在激励和竞争中进步

蔡如彦

"丁零零，丁零零……"一阵急促的手机铃声打破了夜晚的宁静，原来是小邓家长打来的电话。我刚刚按下接通键，耳边就传来了小邓妈妈焦急的声音："蔡老师，孩子又不愿意做作业了，背个单词都要大半天。真是急死我了。"突如其来的求助，让我措手不及。我看了一眼表，已经是晚上11点半了，考虑到孩子明天还要上课，我只好对小邓妈妈说："您先别急，时间已经不早了，先让孩子去休息，明天让他来找我，我跟孩子聊一下，找找原因和办法。"听了我的话，小邓妈妈感激地说："谢谢老师，辛苦您了，那我先让他去休息，老师再见。"挂了电话，我便开始思考起小邓的问题，看来这注定是一个不眠之夜。

小邓在我看来是一个特别容易分心的孩子。在课堂上，他从来不举手回答问题或参与活动，要么沉浸在自己的小世界里自娱自乐，要么跟旁边的小伙伴说话玩闹。老师口头提醒之后，小邓也只能管住自己一小会儿。小邓做作业时更容易分心，喜欢摸东摸西搞小动作，自然很难完成作业。他的英语基础薄弱，导致他的英语成绩不理想。久而久之，他就对英语学习失去了兴趣，不愿意主动参与课堂活动。

第二天，我打开小邓的作业本，果不其然，一片空白。我顿时火大，马上把他叫到办公室。

"你的作业怎么是空白的？"直接批评容易引起小邓的反感，我决定还是先了解孩子的想法。

"昨天英语要背的课文太长了，我背不下来，没有时间做作业了。"

小邓低着头小声说。小邓的回答使我陷入了沉思：昨晚要背的课文确实比较长，对于小邓来说，想要一晚上背出来，确实是有难度的。

于是，我对他说："既然你觉得这篇课文难背，那我们就分成两段来背，一天背一段。这样好不好呀？"

听到这句话，小邓猛地抬起了头，语气中难掩激动："真的吗？那当然好！"可是，随即他又把头微微地侧向一边，显得有些难过，"那我还能拿到背书小印章吗？"我知道他在意小印章，因为集齐一定数量的印章可以换老师的精美小礼物。

"当然能啦。"

"耶！"小邓激动地跳了起来。

于是，我跟他就这么定好了。我给他布置了单独作业，使他的作业难度略低于全班水平。同时，我承诺小邓，只要他按时完成了作业，那就有老师的小印章作为奖励。为了激发小邓的学习兴趣，我还特意在全班同学面前表扬了他的进步。

果然立竿见影，小邓的课堂表现有了很大的进步。上课时能看到他高高举起的手，他也会主动找老师问问题，表达自己的想法。看着小邓的进步，我的内心充满了成就感，看来使后进生提高并没有传说中那么难。

但是好景不长，不到两周，小邓就旧"病"复发：上课无精打采，作业拖拉，连单独辅导也极不情愿。有一天，他悄悄找到我，支支吾吾地说："老师，我不想要单独作业，也不想要个别辅导。"

怎么会这样？听到小邓的话，我倍感失望。小邓受到表扬而露出的笑脸还浮现在我的脑海中，拿到我的小印章后喊出的那声"耶！"还回荡在我的耳边。结果，坚持不到两周，他就这样放弃了。我失望之余也感到好奇，究竟是什么原因导致小邓退缩呢？于是，我俯下身去，轻声地问他："为什么呢？是作业太难了吗？"

他摇摇头，小声嘟囔："就只有我一个人需要单独辅导，有的同学笑话我。"

确实，学习不仅需要家校的齐抓共管，也需要同龄人的陪伴。于是，在下一次的个别辅导中，我给小邓准备了一个惊喜。

到了个别辅导的时间，小邓照例一脸不情愿地走进我的办公室，但当他看见一个小伙伴也在接受辅导时，他的目光猛地亮了起来，"哇，你也在这里呀！"他兴奋地喊了出来。这下，他总能好好学习了吧，我得意地想着。可是完全没想到，这两个孩子却在辅导时间玩闹，完全没有把心思放到学习上，交代的学习任务根本没有办法完成。

究竟该怎么办呢？我望着在一旁玩闹的孩子，忽然计上心头。我把两个孩子叫到跟前，问他们："老师交代的学习任务完成了没有呀？"

之前还有说有笑的两个孩子顿时蔫了，你看看我，我看看你，说不出话来。

我接着说："想要老师的小印章吗？"

两个孩子连连点头。我心中一喜，鱼儿上钩了。

我赶紧说："那你们就赶紧去完成我的任务，先完成的就有印章奖励。后完成的就要加任务哦。"

话音刚落，两个孩子就马上拿起书，认认真真地背起来。在竞争机制的作用下，他们的效率大大提升了。两个孩子都积极地投身到完成学习任务当中，玩闹、分心的现象大大减少了。

经过一段时间坚持不懈地辅导，小邓的旧"病"好了不少，学英语的兴趣上来了，上课抢着参加活动，作业在学校能基本完成，英语成绩也提高了许多。前几天，他妈妈打电话和我说起孩子的英语学习，言语中充满高兴和感激。

教育是互相成全的，回顾我对小邓的教育，就是我和他不断成长的过程。小邓学会了更多的英语知识与能力，体会到了学习的成就感，而我则磨炼了自己的教育教学技能，体会到了身为人师的快乐，这就是教学相长吧。

每个人都渴望成功，渴望自己的努力受到别人的承认和表扬，心智尚未成熟的孩子更需要师长的激励和表扬。一句言语的激励，也能让孩子树立上进心，如果能抓住孩子的心理，再给点恰当的物质奖励，孩子成就感会更强，上进心会更持久。单单靠语言和物质上的激励是不够的，引入恰到好处的竞争机制，往往能起事半功倍的作用，因为争强好胜是孩子的天性。激励和竞争犹如两股东风，推动孩子在学海中一路航行，到达理想的彼岸。

音乐点亮孩子的智慧与心灵

明 亮

苏霍姆林斯基曾说过："在影响年轻人心灵的手段中，音乐占据着重要地位，音乐是思维有力的源泉；没有音乐教育，就不可能有合乎要求的智力发展。"每当站在三尺讲台上，作为一位音乐教师的使命感，会让我认真地对待每一个学生、每一堂课。因为我深知音乐在美育教育中占有的重要地位，它更是启迪孩童智慧与美好心灵的纯净源泉。

开阔孩子们的音乐视野

记得初次走入中大附的教室，孩子们用充满期待、好奇和有一丝畏惧的眼神看着我，后来才知道，他们第一次有一位男音乐老师。在我的音乐课堂上，孩子们饱含着对音乐的热情和求知欲，每次上课前的准备时段，总有几个孩子跑过来问我："老师，你今天又带了什么乐器呀？"我总是笑着说："你猜？"然后我把装着乐器的包包给他看。在音乐课堂上，我总会根据课堂内容选择合适的乐器让孩子对音乐有进一步的了解，我在课堂上带过吉他、尤克里里、口风琴、箱鼓、Midi键盘等乐器，孩子们每次看到课堂上又出现了新的乐器，总会很兴奋地学习音乐。不仅如此，我还会结合最前沿、最具音乐创造力的视频，加深孩子们对音乐的理解，让孩子们感受到音乐艺术的美，能在日常生活中感受到音乐的乐趣。

我的办公室总是围满了来找我玩乐器的孩子，他们下课后一有时间就来找我学习箱鼓或尤克里里，也喜欢在办公室和我聊天，我也倾听他们给我讲述的他们的音乐故事，我收获颇丰，我们教学相长。

学校是他们的舞台

中大附有各式各样的活动，也有展示的舞台。学习乐器的过程就是不断发现问题、不断思考问题的过程；而演出和参加活动，就是一次检验，也是一次考验。在这个过程中，孩子们思考问题的能力逐渐提高，并逐渐在舞台上独当一面，这源于我平时的课堂训练。

我所开设的拓展课程——现代乐队合奏与欣赏（箱鼓专题），便是旨在让孩子们协同合作，学习音乐，并激励孩子上台表演音乐才能的拓展课。孩子们在我的课上了解了音乐的基本要素——旋律、节奏、和声，丰富了对乐器、音色的理解。我第一个教会他们的便是身体节奏。刚开学的时候，学校的箱鼓乐器还在运送途中，我就让孩子们用自己的身体作为乐器：踩脚的声音为"咚"，拍手的声音为"啪"。就这样，孩子们以身体作为乐器轻松地融入了音乐，为歌曲拍打节奏。我挑选出来节奏感好的几个学生，让他们上手打箱鼓，他们不亦乐乎地跟着歌曲拍打音乐节奏。

很快，孩子们有了表演的机会。开学的半个月后，迎来了教师节，我带领四个四年级的学生表演拍打箱鼓，取得了很好的效果，孩子们也十分享受这个过程。至此，孩子们便开启了表演之旅，各种活动中都有他们的身影。运动会上，六（5）班的东方同学作为我的得意门生，在舞台上十分稳健地打出了 *We will rock you* 这首著名运动歌曲；艺术节上，四年级的两个学生在舞台上倾情表演……孩子们在舞台上得到了锻炼，启发了智慧，增强了自信心，磨练了性格，变得纯粹而又纯净。

音乐点亮孩子的智慧与心灵

音乐构建着孩子的心灵世界，建立了最纯粹的审美力量；在孩子学习音乐的点点滴滴中，我能感受到他们真诚的目光。

"兴于诗，立于礼，成于乐。"这一观点正是基于音乐对人的德行的培育不是靠外在的强制，而是以音乐之美感化人的心灵，使"仁"成为内在情感的自觉要求。音乐是人类的本能，人类开心了会大笑唱歌，难过了会哭泣大叫，这些就是最早的音乐。适合儿童的人性化的音乐教育，需要回溯人的本能，回到出发点，去寻找和体验音乐最初的趣味。每个孩子的身体里面都藏着音乐的种子，要帮助他们去寻找，去发现。

音乐欣赏适合所有的儿童，是一切音乐教育的起点。欣赏音乐可以让儿童获得精神和情绪的安宁，使儿童的注意力更加集中，想象力更加丰富。神经生物学家们观察到，当人们听到欢快的音乐时，脑电图的灰色部分会出现更多的化学荷尔蒙水平线，就像吃巧克力时产生的效果一样。不同的声音形式进入我们的大脑，并且刺激着特定的区域使我们感到放松或愤怒、幸福或悲哀的神经。好的音乐，可以唤醒孩子心中本就有的真美善的种子，荡涤掉孩子心灵中粗暴、无秩序的因子。

钢琴家李斯特说过："音乐是不加任何外力，直接沁人心脾的最纯的感情的火焰，它是从口吸入的空气，它是生命的心管中流通着的心液。"我相信，在音乐的浸润下，孩子们的心灵会愈发地纯净，从而开启充满智慧的美好的一生。

幸福的教育者

杨佳宝

"**如**果有来生，要做一棵树，站成永恒，没有悲欢的姿势。一半在尘土里安详，一半在尘土里飞扬，一半洒落阴凉，一半沐浴阳光。"三毛《说给自己听》中的这段文字描绘了幸福的教育者的高姿态，这是教育者应有的价值。

黄昏的余晖穿过课室窗户跌跌撞撞地洒在她的脸上，正如此时她稚嫩的哽咽："Miss Yang，你能不能不走？"她稚嫩的手拽着我的衣角，眼泪夺眶而出。

她一直是所有老师都放心的、最乖巧、最文静的"尖子生"，有着一手甚至比很多老师都工整的"印刷体"，只要有100分的试卷，一定少不了她的名字。特别的是，她有着低年段学生少有的自我约束能力，课堂上总能看见她端正的坐姿，高度集中的小眼睛。我自二年级作为英语老师接手这个班以来，从未见过她在课堂上与其他同学闲聊。可以说，她比大部分高中生都要自律。

一开始，我也很喜欢这样不需要老师操心的孩子，她有文静的性格、优异的成绩、可爱的外表，在课堂上不会干扰课堂秩序，下课后不会和同学闹矛盾、打小报告，一年来甚至没有主动来过一次办公室。可是渐渐地，我发现，原来她在课间休息时间也极少和同学交流。二年级的她额头上竟然冒出了星星点点的"青春痘"，她可爱的脸上好像总是缺少这个年纪该有的童真笑颜。我才终于醒悟，立该分出一些本该属于她的注意力到她身上。

为了在不影响她情绪的情况下更全面地了解她，我联系了以前教她的全科老师。各科老师对她一致好评，都说她很优秀，很少操心她。看来，大家都和过去的我一样，把大部分时间都花在了班级中其他更需要盯着的孩子身上。在走访心理咨询室时，我在心愿墙上看到了熟悉的"印刷体"，她的心愿便利贴上工工整整地写着"我一定要考上重点大学"，右下角还有我给她取的英文名Janey。转眼再看看其他的心愿便利贴："我希望不用写作业""我希望快点放暑假""我想要吃不完的薯条"……Janey想要考上重点大学的心愿在这一面二年级孩子的心愿墙上显得非常独特。一时间，我不知道应该高兴还是伤心，高兴是她小小年纪竟然就已经有了明确且坚定的目标，伤心的是年纪小小的她竟然已经背负着这样的压力……

我又联系了她的家长了解情况。原来，她有一个在读初二的亲生姐姐和一个小一岁的亲生弟弟。在家里，她不仅是会帮姐姐分忧的听话妹妹，还是会照顾弟弟的懂事姐姐。可能是姐姐的学习压力无形中影响了她，也可能是家庭氛围推动了她，她过分自律，鲜有笑容。学习成绩固然重要，但是一个值得回忆的快乐童年才更是一个完整的人必不可少的经历。美好的童年只有一次，并且伴随一生、影响一生，是课本上学不来、成绩给不了的。我希望她的脸上浮现该有的笑容，希望她有个快乐的童年，希望她有个美好而不后悔的人生。

于是，趁着大课间跑操时，我悄悄找到她，和她说："Janey，you are the best! Best means最好的，最棒的。不论你的成绩如何，你在Miss Yang心中都是独一无二的，最好的。"我又问她："为什么这么想要考上重点大学呢？"她说因为她想要爸爸妈妈开心，爸爸妈妈说她考上重点大学，他们就会很开心。

果然，解铃还须系铃人。我又试图开解她："爸爸妈妈为什么想要你考上重点大学呢？是想要你有好的工作，能够开开心心地过一生。但是如果你考上了重点大学却没有把握住该有的快乐，那你的爸爸妈妈还会高兴吗？"她似懂非懂地点点头。"Miss Yang和你的爸爸妈妈一样，希望你天天开心。在课堂上多举手发言，认真上课，课后该放松时也可以开开心心地玩，多和同学交朋友，和Miss Yang说说话，聊聊天，有个快乐的童年，好吗？"这一次，我相信她一定听懂了，因为她脸上露出了少有的羞涩笑容。

一转眼回到一年后的这个黄昏，她的手拉着我的衣角，泪珠还挂在脸上。"Miss Yang，你下学期真的不教我们了吗？"她塞给我一张小纸条，说："我还想和你聊聊天。"我笑着摸摸她的头，说："我们还可以微信聊天的，以后我也会回来看你的哦！"回到办公室后，我看到纸条上她写的最难忘的一件事竟然是一年前的那次谈心。我没想到，简单的一次谈心，她真的一直放在心上。我才知道，一些小举动真的可以影响一个孩子很久很久……

小时候，总有人问我长大想做什么。我没有Janey这么明确的目标，我只知道我最不想当一名教师。我以前总觉得教师好辛苦，教师每天要很早很早起床，每天要被很多学生气，每天要改很多很多作业。

长大后，我竟然成了一名教师。但是陪着这些孩子走过这两年，看着他们一点点长高，心智一点点成熟，我深刻地感觉到：教师好辛苦，但是真的好幸福！教师的一点一滴都能够影响一个孩子。看着一个个孩子成长，这样的幸福感是其他的职业较难体会到的。教师这个职业能够获得千万人的信任，拥有千百人爱戴，是因为教师能够真正体验到人生历程中最宝贵的真情。短短两年的教学生活，已然让我逐渐体会到了作为一名教师的幸福。幸福的教师才是教育的幸运。

习近平说："一个人遇到好老师是人生的幸运，一所学校拥有好老师是学校的光荣，一个民族源源不断地涌现出一批又一批好老师则是民族的希望。"现在，我很自豪地说我很幸运能够成为一名人民教师，很幸运能够成为学生人生中的小幸运。能够当一名人民教师是我最大的幸福。不忘初心，牢记使命，面向未来，我定以赤子之心，温暖人心，成为更多孩子人生中的小幸运，迎接更多人生中的小幸福。

幸福的教育者

去了解，零距离

杨清霞

教育，这首先是关怀备至地，深思熟虑地，小心翼翼地触及年轻的心灵，在这里谁有细致和耐心，谁就能获得成功。

——苏霍姆林斯基

回首这四年的班主任生涯，我总在思考同一个问题——怎么镇住这群"熊孩子"？为了震慑学生，我总是面无表情，很凶、很冷漠，还设置了一系列惩罚措施吓唬他们。前三年他们果然很"听话"，可是到了四年级，他们似乎忽然不受控制了，我的"河东狮吼"不管用了，班上的问题层出不穷，学习成绩更是一落千丈，班上的学风、班风也很浮躁。我很慌，甚至觉得自己对他们还是太温柔了，于是我变得更凶，可是仍然不见成效。到底为什么我的学生不"听话"了？直到听到来自学生的反问，我才幡然醒悟。

一无所知，光年距离

小霖是班上一个寡言少语、乖巧懂事的小男生，有一段时间，他的学习成绩突飞猛进，年级里要选拔"每月之星"，于是我第一个就想到了他。那天，我在全班面前大力表扬了他，还专门给他颁奖拍照。在我看来，这是每个孩子都梦寐以求的，心里肯定是乐开花的，但让我万万没想到的是，小霖上台领奖的时候竟是一脸的不情愿，拍照的时候也是一张苦瓜脸，班上的孩子和我都变着花样逗他笑，可他一点儿也不领情。当时的我，觉得这是公然在班上传播负能量，于是下课把他喊到了办公室。小霖依旧一脸不高兴地站在办公室里，无论我问什么，他都拒绝回答。

一知半解，咫尺天涯

四年级的孩子有了一定的独立意识，会出现一个小叛逆期，而眼前的小霖脾气倔，自尊心很强，有点儿耍酷。我非常了解这个小男孩的内心想法，但经过多次的询问，他依然保持沉默，我开始失去耐心，于是，直截了当地说："评上'每月之星'是老师对你的肯定，这是一件值得高兴的事，高兴就笑，没必要装出一副苦瓜脸。"小霖依旧不说话，但是眼眶开始湿润，似乎有话要说，可是倔强的他又憋回去了。我以为这是被我说中了，但事实证明我错了。

心心相印，零距离

当我再一次问小霖为什么拍照不笑的时候，他突然猝不及防地反问我一句："为什么不一次性说完？"紧接着他的眼泪止不住哗哗地往下流。我听完一愣，忽然想起周末的事情，瞬间明白了其中的缘由。上周五，学校给"每月之星"拍照，照片里的其他学生都笑得阳光灿烂，唯有小霖一脸不情愿，身体扭捏，我当时虽然觉得奇怪，但没有多想，也没多问。周末的时候，由于照片不合格，小霖爸爸逼着他在公园里重拍，第一遍上衣不合格，第二遍没穿整套校服，第三遍没戴红领巾，前前后后拍了好多次才完成。原来他始终耿耿于怀："为什么老师不能一次性把所有拍照要求说清楚？为什么要这样对我？"委屈的泪水终于忍不住流了下来，他不是耍酷，也不是脾气倔，更不是处于叛逆期，而是感觉自己不被尊重。我顿时觉得有点儿愧疚，马上真诚地向小霖道歉，感受到自己被尊重和被理解，他才好了一点儿。

这是四年来我第一次感觉真正走进学生心里，第一次耐心倾听学生的真实想法。以前我总是武断地判定学生的对与错、好与坏，而没有去思考学生行为背后真正的原因，感觉从未真正了解学生，走进学生的内心。如果发现小霖拍照扭捏时多关心一句，如果当他爸爸说他不喜欢拍照时多思考一下，如果多点儿耐心去沟通和了解，也许就会知道学生心里真正的想法。这也是班上孩子们越来越不"听话"的原因。我看到的只是孩子们浮躁的表象，却未曾去了解表象后隐藏的想法。就像赞可夫说的：没有教师对儿童的爱的阳光，学生就会混成模糊不清的一团。不曾了解，亦不曾理解，更不曾走进学生心灵；学生不认可、不信任，也就不"听话"。所以，班主任工作是一门艺术，工作的对象是人，是有思想、有情感、有个性的活生生的人，我们要充满耐心和细心，积极沟通，了解孩子每一个行为背后的原因，触及孩子的心灵。只有这样，教育才能产生绚烂的火花。

教师只有心中充满爱，才能与学生保持零距离，多一分了解，多一分关爱，静待花开！

每个孩子都是一棵成长中的树苗

刘华君

翻开孩子们的群相册，不禁感叹时间过得真快，如今三年级的他们已经更加独立自信了。而当初刚踏进校园的他们还是懵懂天真、虎头虎脑的一年级新生……

相同的起点

还记得樊泽彪刚来报到那会儿，来到我办公室，对我办公桌上所有的东西都充满了好奇，一会儿问妈妈："这是什么？"一会儿又问："那是什么？"短短几分钟问了好多问题，他妈妈忍不住制止他："这是老师办公室，要懂礼貌。"我心里想，这个小男孩真可爱，长得跟个"小老虎"似的，还是个话痨，刚报到这天心情激动，还不知道坐在他面前的这位可是他一年级的班主任。

是啊，刚进一年级的他们对新学校、新老师、新同学都充满了好奇和期待。看，开学第一天，孩子们多高兴，穿着新衣服，背着新书包，迫不及待地走进校园，走进他们的教室—— 一年级（4）班，这里将是他们学习和生活一年的地方。开学后，孩子们要熟悉新的校园环境，认识新同学、新老师，适应新的上课方式，成为一名一年级小学生对他们来说既新鲜又充满了挑战。

开学后没有爸爸妈妈可以依赖，孩子们变得更加"独立"了。在学校，孩子们认真听老师上课并学习知识，大家一起唱歌谣并互相认识，学会排队洗手、排队上体育课等，这一切都是靠他们自己去学习、适应的。他们懵懵懂懂的小脑袋开始意识到：我现在是一名一年级的小学生了，不是家里的"小霸王"或"小公主"了，我生活在一（4）班的集体中，这里有同学、老师，还有新的学习内容，我们每个人在班级里都承担着自己的一份责任和任务。大概是受集体的影响，报到那天的"话痨"樊泽彪也变得安静了许多，跟着周围的同学一起上课、一起吃饭、一起午休，在学校一切都有规可循。

这是他们一年级的模样，每个孩子的校园生活都是崭新的，充满期待和无限可能。

差异的显现

从幼儿园的孩童到一名一年级的小学生是孩子们成长过程中身份的一次转变，他们的心理也跟着发生了转变。比起幼儿园，一年级的学习任务更重了，对孩子们的学习能力提出了更高的要求；在学校和老师、同学相处对孩子们的人际交往能力也提出了一定的要求。这时候活泼外向的孩子往往更能适应学校的学习生活，敏感内向的孩子如果不能在某些方面发挥特长，树立自信，往往会适应得比较慢，长此以往，有些缺乏自信的孩子更容易倾向于"活在自己的世界里"。

我记得班里有个安静的小男孩，如果当时我不是班主任可能很长一段时间都记不住他的名字，因为他既不是班里的调皮大王，也不是班里学习成绩优异的学生，每次上课他都安安静静地坐在那里听老师讲课。就是这个小男孩在一年级的时候就喜欢到教室门口孩子们活动的场地抓蜗牛，抓到以后放在自己课桌的抽屉里，下课后再拿出来玩。当我发现这个现象的时候并没有过多地在意，只觉得一年级孩子喜欢抓蜗牛来玩也是正常的。

然而，让我觉得不可思议的是，到三年级下学期的一天中午，原本应该在教室午休的他不见了踪影，班主任吴老师（我不再担任他的班主任）急坏了，找了他一中午也没找到，最后他出现了却躲在男厕所不敢出来。班主任问了同学才知道，原来他还经常到一年级孩子玩耍的地方去抓蜗牛，那天中午的消失也是因为去抓蜗牛了。

回想这个孩子的成长历程，一年级的时候大家都在相同的起点上，他的学习成绩也还在班级中等水平，到了三年级，他的成绩下滑到中等以下的水平，人也变得有点儿孤僻和内向，喜欢看书，喜欢沉浸在自己的世界里，有时上课也自顾自地玩，似乎周围的世界并没有和他发生联系。

教育的反思

我深深地反省：是什么让这个孩子从一年级到三年级发生了这样的变化呢？

翻开我和这个孩子父母的聊天记录可以看到：我多次向孩子妈妈反映孩子迟到的现象，但直到现在孩子仍然经常迟到；上网课期间孩子经常缺席，反映后家长反馈是去上厕所了或是刚好签到的时候离开了；跟家长反映孩子的学习情况，妈妈也表现出她的有心无力，因为她要一边上班一边带孩子，孩子爸爸经常在外地工作。从这些信息交流中，我能感觉到孩子妈妈一个人带孩子的辛苦无奈和爸爸教育角色的常年缺失使这个家庭的教育氛围淡薄，从而导致对孩子的管理不力。

这种情况一直维持到二年级下学期，那时孩子开始上课走神、屡次迟到和成绩下滑。在替孩子感到惋惜的同时我替家长感到难过，如果家长一开始就重视孩子学习习惯的养成，那么孩子就不会一而再再而三地迟到；如果家长在一开始发现孩子缺少同龄玩伴时就能关注他的思维动态，如果家长在发现孩子成绩下滑时能够主动帮孩子找出原因并克服困难，那么困难反而是孩子进步的推动力。家长是孩子的第一任老师，孩子的情感、态度和认识观都会受到父母潜移默化的影响。

除了家庭教育的角色缺失，学校教育又存在哪些不足呢？

每个孩子都是一个丰富的个体，有培养学习品质、文化修养和道德情操的需要，我们的课程标准也对每个阶段的孩子提出了不一样的要求，但同时我们要注意到每个孩子都是一个独特的个体，每个孩子的成长发展都有其独特性和差异性。举个例子，同样是三年级的孩子，一个孩子能很好地记忆和理解老师所讲的知识并且能够得到较高的分数，而另一个孩子却容易遗忘且很难理解老师所讲的知识，考试也得不到理想的分数。那是不是说明这个孩子在学习上就不能获得成功了呢？当然不是。记得一位名师曾分享过她在她管理的班级中实施分层教学，考试的试卷也分为A、B、C三种类型，不同层

每个孩子都是一棵成长中的树苗

次的学生考不同的试卷，如果在B类型的考卷里拿到优秀的成绩便可申请考A类型的试卷。这种方式能够大大地调动孩子学习的积极性，孩子们也会惊喜于自己在适合自己的考卷中所取得的进步和成功。正如这个小男孩，如果总拿班上优秀孩子的标准来衡量他，他会有满满的挫败感，时间久了会丧失对学习的信心，但如果和水平相当的孩子一起学习、一起进步，在适合自己的领地里他就能体验到学习的乐趣和成功的喜悦，从而保护了他的自尊心和自信心，促进他的人际交往，并能引领他克服困难，最终成长为一名优秀的学生。

这也给了我们一些启示：每个孩子都是一棵成长中的独特的树苗，需要适合他们成长的土壤，需要园丁的精心照料，才能苗壮成长。

我时常想，班里像这个小男孩一样的孩子不止一个，这对我们的启示是：我们不能拿同一个标准、同一套方法去要求和管理所有的孩子，每一棵树苗对生长的条件需求都是不一样的，每个孩子的成长都有其自身的特定性和阶段性；每个孩子都是一棵成长中的树苗，我们给他们提供土壤和适宜的生长环境，他们自会寻找自己成长的方向。回归教育的初衷，是让每个孩子健康发展，培养他们健全的人格、高尚的情操和丰富的情感，为日后发展的无限可能奠基。就像一年级刚开学时的他们是天真活泼的，我们作为教育者要做的不就是保护孩子那份难得的纯真和喜悦吗？在这个标准面前，其他的一切标准都是次要的，因为每个孩子内心的渴望和生长的力量是我们无法估量的。

因此，我的脑海里时常想起刚走进校园的他们，那时他们的笑容无比灿烂、内心无比纯真……

"铁憨憨"变形记

梁楚贤

在一年一度的合唱比赛中，小坤笔直地站在第一排，抬着圆乎乎的小脑袋，卖力地演唱《少年中国说》，稚嫩的脸庞透着自信的光芒，我感到甚是骄傲：以前的"铁憨憨"终于成长为自信的小小少年了！诚如苏霍姆林斯基所说："善于鼓舞学生，是教育中最宝贵的经验。"过往的两年仿佛慢镜头浮现在我的眼前。

"老师，小坤上课的时候又在地上爬了！"随着班长的一声报告，我收到了开学的第一份"惊喜"，戏剧般地拉开了班主任教学生涯的序幕。

我在接手四（1）班前，早已耳闻小坤的大名：他调皮捣蛋，上课经常扰乱纪律，让各科老师都唯恐避之不及，只有把他放在最后一排，才勉强可以维持班级秩序。我带着好奇的心情踏进了班级的教室，我说："小坤是哪位？"只见一个黑色的身影"嗖"的一下站了起来，好奇地看着我。我仔细端详了一下，他有一颗圆圆的脑袋，用一双不大不小的眼睛不安地看着我，胖乎乎的小手紧紧地攥着，紧皱着的眉头透露出一种莫名的紧张，但是很快就表现出一种无所谓的态度。此时，我却笑着说道："小坤同学，初次见面，以后多多指教。"他愣了一下，从此，我们便开始了"相爱相杀"的校园生活。

"梁老师，小坤又在课上捣乱了！"数学老师一下课就气冲冲地说。这样的场景已经无数次上演，我安抚好数学老师，待第二节课铃声一响，便急匆匆地赶到教室，眼前的一幕再一次让我火冒三丈：讲台上英语老师正兴致勃勃地讲着秋天美丽的景色，同学们也听得津津有味。可小坤呢？优哉游哉地趴在桌子上，轻轻地抖着双腿，两眼望着地板出神呢！不一会儿，英语老师发现了他，脚步顿时停了下来，用严厉的目光盯着他，他竟然丝毫没有发现。他的同桌赶紧拍了拍他的手，他这才回过神，却依然一动不动，还向老师抛出了一个恶狠狠的眼神，分明在说：少管我！

我顿时火冒三丈，把他叫到办公室，劈头盖脸地问道："小坤，刚刚英语课是怎么回事？"他始终一声不吭。无论我怎么盘问，他都憋红了脸，依然一言不发。他的眼神透露着不满，很明显，他对我是极其抗拒的。经过我多次严厉的批评，他的行为习惯依然没有改善。之后的一段时间，我在几乎付出了自己所有的精力之后，发现他的表现依然远远低于我的期待值，心中感到无比沮丧。

直到那一天，我给孩子们颁发词语听写大赛的奖励。一看到礼品，孩子们就特别兴奋，叽叽喳喳地讨论了起来。突然一阵大风刮了过来，一扇门"砰"的一声关上了，孩子们"哇"的一声纷纷往声音处看去，只有一个孩子默默地走过去，娴熟地把门闩固定住，又回到了自己的位置。我的眼睛亮了起来，示意了一下他们，场面就安静下来了。我说："在你们都'哇'的时候，小坤同学却走过去关了门。有时候，多做比多说是不是重要得多呢？"于是，在全班的羡慕以及注视下，小坤得到了一个额外的奖励，他的眼睛放着光，腼腆地笑了起来，回到位置后，他居然把腰板挺直了，坐得端端正正。

我心里咯噔一下，那一刻，某些东西在我心中瓦解了又仿佛生成了。课后，我开始反思：一味地苛责和批评，却缺乏对孩子个性最基本的了解，甚至忽视了孩子那双渴望被关注的眼睛，是不是已经给孩子贴上了一个固有的标签："铁憨憨"就是问题学生。而我一次又一次严厉的批评又成了固化标签的强胶水。教育的初心是什么？我陷入了沉思……

我决定再次深入了解孩子的情况，后来经过家访，我了解到小坤在刚出生时，肺部进了少量羊水，大脑的缺氧造成他现在有时候行为习惯会不受控制，父母却由于忙于生计和照顾二胎，缺乏对于小坤的关心。他们对孩子也是半放弃的状态，每次小坤不听话就是"棍棒教育"。得知这个情况，我心情久久不能平复，原来孩子在家也一直没有得到足够的肯定和鼓励，而家长的粗暴教育又让孩子心生不满，导致了他运用不恰当的方式处理自己的情绪，以引起老师的关注。家庭教育的缺失使得他的性格自卑、敏感、叛逆又渴望关爱，我决定改变对小坤的教育方式。

我将小坤的位置进行了适当的调整，安排小坤和他崇拜的同学一起坐，希望同桌的行为习惯可以潜移默化地影响他。我也和其他的科任老师沟通，和他们达成一致：多给予他鼓励。课堂上较为容易的问题，我会有意点名让他回答，增强他的自信心。他不爱干净，有时候在地上爬，我就给他安排一个"清洁小卫士"的工作，让他每天检查同学们的校服是否干净，培养他的班级责任感。课后，我和家长们在户外组织了"好灵童"演讲比赛，鼓励小坤积极参与，有点小结巴的他也能完整地把一篇故事复述出来，他实现了第一次自我突破。在他生日时，我悄悄在他书包里放了一块小蛋糕，第二天，他来到学校时，眼睛亮晶晶的，笑容也多了一丝甜意。渐渐地，他的行为习惯有所进步，老师们看在眼里，学期末他还得到了"进步之星"的荣誉。

期末考试后，小坤扭扭捏捏地塞给我一盒润喉糖，上面还附着一张粉色卡片。我打开卡片，上面画了各种各样可爱的动物图案，还贴上了精致的花纸，纸的周围绑上了绸带，正中间歪歪斜斜地写着："梁老师，这是送给您的小礼物！"原来，我喉咙不舒服，小坤一直记在心头。看着他用心制作的卡片，我心中百感交集。虽然小坤现在偶尔还是会犯错，但是他还是在磕磕碰碰中前行，只要老师以爱赋能、惜其进步，他就总能慢慢进步并茁壮成长！

李镇西先生在《反思"教师是人类灵魂的工程师"》中说道："教育是师生心灵和谐共振、互相感染、互相影响、互相欣赏的精神创造过程。它是心灵对心灵的感受，心灵对心灵的理解，心灵对心灵的耕耘，心灵对心灵的创造。让我们的教育有更多的民主，更多的平等，更多的科学，更多的个性！"孩子的成长有着自然规律，是从手、心、头，即从意志到情感到思考渐进发展的。孩子在自然和谐、人情温暖的环境中成长，自然会成为一个明德知礼，阳光向上的孩子。

于漪先生说："人是要有灵魂的，作为一名老师，更要有'教师魂'。"言行守正乃教师之本；欣赏关爱乃教师之德，德是一份坚持初心的无悔。诚如海德格尔所说："人要诗意地栖居在大地上。"愿老师以坚定而温柔的陪伴，让孩子们成为温暖而可爱的人。

教师要有一颗敏感的心

吴娜玲

深夜，我的QQ响起，怀着好奇，我点开："吴老师，我们班有一个同学，她经常不带水来喝，专喝另外一个同学的水，还把嘴巴对着水杯喝，咋办？"

我心里咯噔一下：不是经常教育孩子们要注重卫生吗？怎么还不长记性？难道……六年级学生开始出现男女早恋的现象了？

怀着满腹疑虑，我点开备忘录，发消息的是班内平时不太突出、沉默文静的小怡。她从未主动在班级表现，学习态度认真，成绩中上，给老师的印象是自觉自律的乖乖女。这次，她怎么主动给我打起小报告来了呢？

"老师，在吗？"又一条信息闪烁，拉回了我的思绪。

我没有将疑虑一股脑抛开来，而是及时肯定了她："小怡，你善于发现，说明你很关心我们班集体，两个朋友这样喝水，说明这两个朋友关系很好！"

"老师，这就是我和小妍经常发生的事儿。"

还好，不是男女早恋，只是发生在两个小女孩身上，我顿时松了口气！原来她不是在投诉别人，而是在试探我的口风。我猜想这个孩子一定遇到迷茫的事情了。

果不其然，小怡瞬间打开了话匣子："老师，我觉得很恶心，我俩只是朋友，又不是家人。别的同学也觉得恶心，我们班小灵也问过她妈妈，她妈妈说这样很不好！所以我现在很讨厌小妍。"

我想，孩子有情绪很正常，那就好言相劝吧，我马上回复她道："那就跟她说清楚，不然她一个人还蒙在鼓里呢！"

"老师，我做不到，我受不了她那大小姐脾气，现在不和她一起玩儿了，想起以前她和我这样喝水，我就觉得恶心。"说完，还加上几个翻白眼的表情。隔着屏幕，我仿佛看见了小怡鄙夷的眼神。

"原来，你现在还在生闷气啊？那你猜猜她会生闷气吗？你猜猜她为什么会有一副大小姐脾气？"信息发完，没等到回复，对方头像已变成灰色状态。

原以为这场风波已平息，我也渐渐快把这件事忘了，不料——

"老师，大事不好了！小怡哭着跑出教室门了！"班里小密探扯开嗓子，撒开腿往办公室跑来。他气喘吁吁，把一张作文纸铺开在我桌上，"绝交书"三个大字赫然跳入我眼球！难道那晚与小怡谈心的效果付诸东流了？

一个巴掌拍不响，原来这次是小妍主动提出的！看来，仅仅有小怡对小妍的一方忍让，不足以让她俩董得友情的意义，难怪小妍会不珍惜，无情地立了"绝交书"！

怎么办呢？如果此刻仅仅做小妍的思想工作，势必拆了东墙补西墙。我思忖良久，自己作为一班之主，不能在班级内宣扬说教，否则大家肯定不服气；如果采取无为措施，这两个女孩子的友谊估计要戛然而止了。

看来，我只能采取按兵不动的措施，暗地里寻求最佳机会，实施"声东击西"计谋了……

踏破铁鞋无觅处，机会来了！那天，班里两个男生好朋友小韦和小崔正在共读一本书，恰巧小妍和小怡也在位置上坐着。我故意扯高了嗓子，声情并茂朗诵起古文《伯牙鼓琴》："伯牙鼓琴，钟子期听……"，学生看我咿咿呀呀，被我吸引过来，连忙询问古文的意思。

我顺势将俞伯牙和钟子期感人至深的故事娓娓道来："这个故事主要讲琴师伯牙与樵夫钟子期，因为鼓琴听琴所以产生了深厚的友情，只要伯牙弹琴时心中所想的，钟子期都能从琴声中听出来。神奇吧？"我故意卖关子，继续讲道："更神奇的是，钟子期死后，伯牙伤心欲绝，便将自己最中意的琴摔破，将琴弦挑断，还立下一生誓言，终身不再弹琴。"

"老师，为什么伯牙要破琴绝弦？"小韦紧锁眉头。

没等我开口，小崔赶紧接话："因为那么好的朋友去世了，世上再也找不着这样的知音了，伯牙伤心欲绝。"

"哦，我明白了！"这两个一起看书的小男孩又坐在了同一张凳子上，似乎他俩更珍惜彼此的友谊了。此时，我再看看小怡和小妍，她俩听得最为入神，现在还若有所思吧？

我继续趁热打铁，从手机里翻出昨晚找出的闺蜜合照。一张是12年前的小学毕业照，我和闺蜜并排站在一起，笑容灿烂如花；另一张是去年我和她一起聚会的照片，我们坐在桌前，头靠着头。

"你们看，老师是幸运的，我和小学闺蜜一起长大，一起离家求学，彼此鼓励，彼此照应……"聚在身边的孩子都投来羡慕的眼神。

第二天早上，我一进办公室，就发现桌上放着几张零零碎碎的纸张，我好奇地打开，是她俩的绝交书！昨天还完好无缺，今天支离破碎。上课前，我瞥见走廊那头，小怡和小妍手拉手走进课室。看到这一幕，我不禁鼻子一酸，差点哭出来，我让孩子懂得朋友的可贵，孩子让我想起20多年的发小，远在外省的她，过得还好吗？

我想：结局就该如此吧！然而，并没有——

"这是我俩第三次闹别扭了，跟以往不同，我俩没再提及绝交书。相反，我给她写了一封信，'彼此不能嫌弃对方，不能抛开对方，不能不理对方，我们要有福同享、有难同当……'当她看到后竟一秒变脸，老师说得没错，只要给彼此一点时间和空间，我俩还是好闺蜜。果然，一下课，她主动跑来和我说话，她们和好的这一刻，我感觉天都亮了！"

看着孩子稚嫩的作文笔迹，我仿佛看到了她俩一起嬉笑的画面！我很欣慰，两个小女孩懂得了朋友的意义所在——能够一起面对困难，一起承担责任。我想，友谊真是一种玄妙的东西，朋友之间可以因一件小事闹得不可开交，也可以因一个小举动感动得涕泗横流。

"大人都忘了，他们也曾经是小孩，他们的口袋里，曾经藏有各种怪兽，他们的脑袋里，曾经浮现奇幻彩虹。"是啊，每天跟小孩打交道的教师更应该提醒自己：我时常怀着一颗敏感的心去敬畏教育了吗？我时常俯下身子与学生对话，产生共情了吗？我时常询问孩子，去治愈孩子情绪，让孩子愿意倾吐秘密了吗？

正面管教，让教育充满正能量

李嘉鑫

"**教**师的最大幸福，在于能与孩子进行情与情的交流，心与心的碰撞。"当我看到这句话时，深以为然，这或许也是教师与其他职业最大的不同点——在和孩子的长期相处中，我们能够得到孩子更多的信任，我们也为孩子的点滴进步而感到高兴。

回忆过去，初出茅庐的我，面对一群调皮的孩子时束手无措，到现在能够镇定自若、有条不紊地开展班级工作，原来我作为一名教师已经有两个半年头了。

还记得刚开始，我在向之前的班主任请教，"前辈"在介绍新班情况时，专门提醒我里面有几个"刺儿头"，千万不可以对他们掉以轻心。我那个时候就很纳闷到底是怎样的孩子，需要如此"严阵以待"，心中既紧张又好奇。

真正开学了我才知道，情况可比我想象中还要糟糕。当我看到教室里的几个八九岁的小孩还会在地上爬来爬去，对老师没有半点畏惧，那一刻我的心底生出一股寒气，这是什么样的学生。我恨不得立马离开这里，奔向"诗和远方"。

但是我知道，逃避现实除了增加内心的悲伤和自顾自怜之外，没有半点帮助，于是我积极向同事们请教学习，向书本求教。我看了很多书，如《班主任兵法》《班主任工作漫谈》《第56号教室的奇迹》《不跪着教书》《不做教书匠》《给年轻教师的建议》《正面管教》……在阅读的时候，我也思考：故事中的老师们是那么的阳光自信，不会像我一样歇斯底里，原来教师对学生的爱尽管是不可或缺的，但是仅仅有爱，却是苍白无力的，还需要许多技巧和方法，而这些技巧和方法能够让教师进入孩子心灵达到事半功倍的效果。

在这些书中，《正面管教》在技巧方面对我的帮助最大。我仔细揣摩里面的方法，希望自己像书里写的一样，通过正面管教的方式，与学生和平沟通交流。于是，我重新调整自己，重新审视自己，调整自己的一些行为方式，慢慢地，学生对待我的态度也发生了改变，他们变得更愿意和我交流，更愿意和我倾诉了，有时候，我的话甚至被他们"奉为圭臬"。

其中，有一个小女孩给我的印象最深刻，她的变化也是最大的，在这里称呼她为小娟吧。

小娟是一个"难缠"的学生，很多教过她的老师都对她万分头疼，从某种程度上来说，她是我们理解意义上的"怪小孩"。她的第一怪是她爱怪笑，总喜欢"嘎嘎"地笑，弄得人心烦意乱，而且一笑止不住，课堂教学经常被她打断。她的第二怪是她的脾气特别"怪"，她跟女生吵架，也跟男生打架，一言不合就可以跟人骂起来、打起来。很多时候，老师刚批评完她，结果她扭头就忘。我也找她家长谈了很多次，她的家长也是无可奈何。她这样的"小油条"对于我这样的"初出茅庐"者来说，用一句话形容，简直是"秀才遇到兵，有理说不清"！真是一种折磨，每次当我要放弃认输的时候，好像又仿佛听见她母亲在我面前说的话："娟，都跟你说了在学校要听老师话，怎么就是不听话。老师最辛苦了！""老师，我没什么文化，教不了她！让你费心了！"这几句话翻来覆去在我脑海里回荡，最后我还是"重整旗鼓"。

后来我跟她接触时，采取的就是正面管教的方法：没事夸夸。我见她换了新发夹，"拼命"夸奖她的发夹太好看了，夸她真有眼光；见她画得画不错，夸她以后说不定是个画家；听她小曲哼得不错，撺掇她上台表演；见她表现好了，有时会奖励糖给她。在精神鼓励和物质奖励的"双管齐下"之下，慢慢地，她也变了，从一个脏兮兮的小孩变成一个干净的小孩，不仅扎起了马尾辫，说话也文明礼貌了，年级的其他老师也惊讶于她的变化，当面夸她"变可爱了"。她有些不太好意思，也不说话，蹦蹦跳跳得意地回去了。慢慢地，我们的关系越来越好，她也越来越懂事，越能听进老师的话了。

从某种意义上来说，小娟的变化是最让我惊喜和意外的，因为她的改变告诉了我教育的作用，教育也真约是有效的；这个调皮捣蛋的孩子的改变让我看到了教育的力量。而其他看似"顽劣"的孩子也有着不同程度的改变。

而这些经历都在告诉我：每个孩子都是一颗种子，只不过每个人的花期不同。有时候，当我们已经竭尽全力后，只需要静待花开。我很喜欢陶行知先生的一句话："人生为一大事而来，为一大事而去。"教育，无疑就是一件大事。当我遇到困境时，时常默念这句话，便觉充满力量。

我也越来越明白，教育不是一件简单的事。要成为一个优秀的教育者，我们需要的知识很多，不仅需要专业学科、教育学、心理学的一些知识，还需要懂得天文地理，知晓古今中外，最好成为"百科全书式"的老师。教育好一个孩子，需要动用我们的全部知识和智慧。所以我对于每一个兢兢业业、爱生如子的老师都怀着极高的敬意，我尊敬我的那些师长、那些奋斗的同事，他们如同一个个英雄，又好似一个个战士，他们走在幽深的夜中，走在充满荆棘的路上，在披荆斩棘中，充满着对理想的向往，追逐着黎明。

不忘初心，方得始终，我相信教育的力量。而作为一名老师，我也希望自己对学生的教育是充满正能量的，是正面的，希望自己在努力追光的过程中也成为光。

一次牵着蜗牛散步的慢养之旅

杨泽萱

上帝给了我一个任务，叫我牵着蜗牛去散步，于是我成了一名普通学校里的特教老师。岁月倥偬，晃眼已是2021年，回想这半年多的教师之旅，虽遇客观荆棘但仍踔厉奋发，也曾主观冒失却也致知力行；虽能看见我的"小蜗牛们"摇摇前进的步姿，但总也未见个个日就月将，在些许欣慰之余也颇觉遗憾。

"小蜗牛"们的到来

2020年9月，莘莘学子齐聚学堂，扬帆再起航，开启一段新的征程，校园又重新响起欢声笑语，但在他们中有一批这样的孩子显得些许与众不同——他们有的上课注意力不集中、多动、插话，有的上课会突然离开座位，有的口齿不清、敏感易怒，甚至有的常常沉溺于自己的世界……他们是普通班级里的"落后生"，是一只只常常停滞不前的"小蜗牛"。为了不影响课堂的正常秩序和教学的有序进展，为了更好地帮助他们进步和适应课堂，于是便有了融合班的存在。"小蜗牛"们会在校内的资源教室接受训练，由特教老师帮助他们开发潜能和补偿缺陷，从而使他们正常地适应普通班级的生活。

"小蜗牛"们的喧嚣日常

"杨老师！刚刚体育课他用小钉子去戳墙。""杨老师，今天午休他躺在地上看书！""杨老师，今天他上课的时候又在画画！""杨老师，杨老师……"我在资源教室里总能听见孩子们在互相告状，除此之外还能在班主任和科任老师那里收到他们上课的反馈——黄同学上体育课躲到角落和同学互吐口水，许同学今天上课又被缴了两张画，龙同学今天又把吃过的餐盒塞进课桌里了……诸如此类的事例不胜枚举。总之，这群"小蜗牛"不仅蜗行牛步，而且可能并不是沿着同一个方向前进，有的人甚至在往回走，他们世界里的鸟叫、虫鸣，我并没有感知到，迎面而来的只有这个行业的窘迫困顿和举步维艰。无数次的循循善诱、谆谆教诲可能都换不回孩子们的一次进步。看着他们不以为意、自得其乐的模样，我心里百感交集。

"小蜗牛"们给的惊喜

第一学期快结束的时候，看着许同学近乎空白的语文试卷，诚然，我是不惊讶的，却也仍难掩失望。临近期末，我特意将他们的训练内容衔接了教材，可依然一无所获，正当怅然若失之际，他的英语老师却告诉我这次他进步很大，特别是听力完成得很好！这便在我的意料之外了，我匆匆去问他，得到的回应却是一个略带羞涩的傻笑。

回到办公室，我开始反思："他们真的有那么差吗？""他们真的是屡教不改吗？"我慢慢地回想起一学期的相处时光，突然发现我遗漏了些许林中虫鸣、草间微风。有一次课堂上，因为许同学几次都没有完成任务，取得好成绩的周同学便忍俊不禁，感到被嘲笑的许同学在课堂上情绪崩溃，很委屈地哭了。正当我想要调解之时，被吓到的周同学朝着许同学鞠了一个标准的90度的躬，很诚恳地说出了"对不起"。当时赶任务进度的我只是颇感欣慰，转头又为他们的注意问题、多动问题而焦虑了。如今想来，这何尝不是一种进步呢？

苏霍姆林斯基曾言："教育是关怀备至地、深思熟虑地、小心翼翼地触及年轻的心灵。"叶圣陶也认为"教育是农业，而不是工业"，因为农业所应对的都是鲜活的生命体，而教育所应对的同样是鲜活的生命体，而且是天地间生命体的最高级别。对生命的尊重，对学生个性差异的尊重，是我们教育价值观多样化时代的要求和特点。而面对这样一群基础薄弱、意识滞后的

一次牵着蜗牛散步的慢养之旅

特殊学生，更需要教师多一分耐心和包容。

特殊教育是一种温暖，是一种力量，也是一种情怀，更是一种影响，是相较于普通教育而言更慢的一种艺术。是的，这一场慢养之旅的前路依然艰苦，这群"小蜗牛"可能在学业成就上依然不能更上一层楼，但是他们和普通学生一样，有着他们的鸟语花香和满天星斗。

扬帆起航　五二最强

胡萌萌

教育就是一棵树摇动另一棵树，一朵云推动另一朵云，一个灵魂唤醒另一个灵魂。在我即将成为一名老师的时候，我的导师丰建文老师语重心长地告诫我："身为人师重要的不是教给学生多少知识，而是要让学生有阳光的心态、健康的体魄，最重要的是成为一个善良的人。"这句真诚朴实的话语深深地刻在我的心里，成为我教育教学的座右铭。

2018年9月1日，我正式成为一名小学数学老师，带着忐忑的心情，开始了自己的教学生涯。我担任五（1）、五（2）班的数学教学工作，作为一名新手，面对陌生的学生，全然不知道每个孩子的情况，我很茫然，不知道该如何下手。为了更快地了解班级情况，我先是和前数学老师取得联系，了解两个班级101名学生的性格特点，掌握他们每个人的数学学习情况，然后主动与学生交流，听取他们对数学课的反馈。第一年，我作为五（2）班的副班主任，从来没有把自己只定位于数学老师，我会主动和班主任一起商量班级管理事项，分担班级事务，为自己以后成为一名班主任做好准备。

五年级下学期的时候，五（2）班一名平时表现很好的同学突然变得叛逆了：她不听老师讲课，任凭班主任和家长怎样苦口婆心地劝说都没有一点用。上课时，她一直趴着不听课，下课的时候，不和同学交流，并且极其容易被同学惹怒，不满意就发飙扔书，这些不同寻常的举动让我印象深刻。虽然我只是她的数学老师，但是我觉得有责任去开导她。所以，我把她约到学校的操场上，询问她家里是不是有什么事。她摇摇头。我又问她是不是因为弟弟出生了，父母对她的关心不够。她还是摇摇头。不管我怎么说，她都是摇头不说话。看到这样的情形，我就把自己在小学期间的事情说给她听，告诉她，老师也有迷茫不知道该怎么办的时候，告诉她我是怎样走出那段时光的。可能是觉得我和她有类似的经历，她哭着开口说，因为不想听语文课，所以就故意表现得很叛逆。听完她的话，我没有去指出她的不对，我告诉她："每个老师都有自己的讲课风格，老师要教50多个人，不能按照每一个人的喜好去上课，而作为学生，是一个独立的个体，要多体谅老师，对老师要心存感恩，调整自己的听课习惯，紧跟老师的步伐。你肯定会很快适应的，不信，你可以试试看，老师会帮助你的。"接下来的日子，我会经常下课找她聊天，聊一聊她的学习和生活中的事情，为了让她和同学有更多的交流，我安排她课下帮助同学辅导数学。慢慢地，这名同学开始回到原来的轨道上来了，见了每位老师都会露出笑脸，上课也愿意积极回答问题了，现在的她越发自信、阳光、开朗了，她会主动帮老师排忧解难，成了老师得力的小助手。这件事让我明白了"亲其师，信其道"，因为这名同学平时比较信任我，所以她愿意听取我的劝告，这也让我明白，身为一名教师，言传身教的力量是很大的。

第二年，由于学校工作安排，五（2）班的班主任要调去外校工作，得知消息后，我主动向学校领导申请当班主任。一方面，我很想继续教他们；另一方面，我知道五（2）班的学生是很有潜力，是懂得感恩的，所以很想改变五（2）班的现状。五（2）班一直是很多老师口中"最差""最乱"的班，在过去的一年时间里我也是深有体会的：上课的时候要花很多力气管纪律，下课的时候要花很多时间补学习，等等。但是我知道，五（2）班学生的叛逆是有原因的：一直换班主任和科任老师，他们要不停地适应不同老师的教学方法，等到好不容易适应了，又换了新的老师，所以班级风气很不稳定。终于，我当上了五（2）班的班主任，既开心又担心，开心的是自己可以继续教他们了，担心的是自己能不能带领五（2）班有所进步。

正式成为班主任的第一天，我就很严肃地告诫五（2）班的学生："我们要想改变别人对自己的看法，就必须自己下定决心改变，别的班能做到的，我们也能做到。"我已经教了他们一年，所以他们对于我是比较敬畏的，刚开始的一段时间，他们表现得都比较好，但是小孩子做任何事都是不容易坚持的，慢慢地，一些不好的习惯又开始出现了，如在其他课上不听老师的课，说话，和老师顶嘴，等等，所以很多老师都会找我投诉。那段时间，我对于班级的管理很头痛，时常感到力不从心。为了改变现状，我重新选举了班干部，建立了更细致的奖惩机制，并取"扬帆起航　五二最强"当作班级宣言。我把班级宣言贴到教室里最显眼的位置，但是刚开始的时候，大部分学生看到这个口号是不屑的，觉得这个口号太夸张了，觉得五（2）班是不可能做到的。可能听了太多的否定，他们对任何事情都是自我放弃、自我否定的状态。为了激励他们，我决定先从文明班级开始，并和他们约定这个学期如果拿到10次文明班级，我就奖励每个人一份礼物。大部分学生泄气地说："我们不可能拿到这么多次文明班级的，因为以前一个学期最多就拿到4次，10次太多了。"听完他们的话，我笑了笑说："不试一下，怎么知道不行呢？"为了带动他们，早读的时候，我会很早到教室检查卫生，地上的一片纸都不放过，午休的时候会提前到班里管纪律。在平时的教学中，我和其他科任老师一起制定评价机制，对于表现好的同学进行加分奖励，周五的时候会根据每个人的得分，选出可以登上光荣榜的同学，对他们进行表彰并颁发奖品。在我们的共同努力下，五（2）班拿到了新学期第一次文明班级，在升旗仪式上，当学校中队辅导员念到五（2）班的时候，他们很惊喜，表示不敢相信自己的班级可以拿到文明班级的第一名，我看到了他们在激动地鼓掌，脸上挂满了骄傲。有了第一次的激励，大部分同学慢慢动了起来，他们会主动提出来参与班级黑板报的设计，主动承担班级图书角的建设，等等。在第一学期结束的时候，五（2）班总共拿到了11次文明班级，拿到了班级文化一等奖，等等。这些变化，其他老师也看在了眼里，慢慢地，五（2）班不再是"最差""最乱"的代名词了，在抽考和平时的考试中，五（2）班的数学成绩也能保持前列了，有的时候能考到第一。五（2）班虽然不是最强的，纪律不是最好的，有些孩子依旧调皮，但是他们已经挑战了自己，成了更好的自己。

　　"扬帆起航　五二最强"将会是我教学生涯中美好的记忆。虽然管理班级的大部分时间是辛苦的，但是看到我的学生洋溢着幸福的笑脸，不再否定自我，勇于挑战自我的时候，我感觉自己是最幸福的，因为这就是我工作的意义所在。

扬帆起航　五二最强

让孩子永远生活在希望中

林 昕

"仁——如春风沐桃李，爱满天下铸栋梁"，这是多么美的一句话，激励着我从小立志成为一名人民教师，尽心陪伴孩子们学习成长。在四年英语师范本科专业学习中，我注重专业理论联系教学实践，逐步历练提升了师范生技能；在新西兰留学读研学习时，多元化的学习环境促进了我的英语综合能力显著提高，我也注意观察国内外英语教学的差异和优势。回国后踏入教育行业，我对英语教学的了解更深了一层，对教育事业更是保持着初心和热爱。这一步步的探索和实践就是我实现教育梦想的旅程。

教育需要与时俱进。2020年，我有幸进入中山大学深圳附属学校这个优秀的大家庭，在更高的平台上学习，更有机会接触到教育界顶尖的领导和名师。我承担了五、六年级两个班的教学任务，同时兼任五（5）班的班主任。初次踏上班主任岗位，有忐忑不安之感在所难免。

在班主任工作方面，我接手的是一个重新组合的新班级，需要让个性不同的孩子适应新环境。班主任是个复合性角色，当孩子们需要关心爱护时，班主任应该是一位慈母，给予他们细心的体贴和温暖；当发现孩子们的缺点时，班主任应该是一位严师，严肃地指出学生的不足，并帮助他们改正。为了更好地胜任这个新角色，我虚心向"实战"经验丰富的班主任"取经"，促膝长谈，了解每个学生的特点。开学前，就有一个学生引起了我的注意——小Y。小Y是一个让以前的班主任无比头疼的女生，她从不写作业，也不注意个人卫生，粗话颇多，甚至有时候会动手打人，不良习惯可见一斑。但是，她也会莫名其妙地躲在角落里哭，仿佛被全世界孤立。我心想，我一定要好好关爱这个孩子，让她重回正轨。

新学期开始，小Y就找各种借口不写作业，从"忘了带本子"到"妈妈没给手机没看到老师留的作业"，后来直接说："我就是不想写。"我一直鼓励她："你的字写得真好看，老师每次查到你的作业都感到心情愉悦。希望可以多看一些你写的作业。"这种委婉而激励的话语，大概也只能让她写两三天作业，但是我已经看到她的表现由劣转优。人的优秀不在于优于别人，而在于优于过去的自己，所以我决定对她继续采取鼓励式教育。

黑格尔说："不应该使孩子们的注意力长久地集中在一些过失上，对此，尽可能委婉地提醒一下就够了。最重要的是要在学生身上激发出对自身力量和自身荣誉的信念。"针对小孩子犯的错，应多采取延迟批评，多表彰正面事例，加强榜样力量，这样既给予学生愉快的情绪体验，又给予其改正的机会，之后老师只要加以正面引导，解决问题就会事半功倍。

我相信，每个孩子都有潜力，要多帮助他们树立起克服困难的信心和勇气，让他们永远生活在希望之中。小Y自然也有她与众不同的长处，因此我在平时多留意了她的成长，经常抓住她的优点，放大给她看："小Y，你看你长得多高，都快要比老师高了，你又喜欢打篮球，以后肯定是个女篮球队队长！"为了让她更直观地认识到自己的优点，我还引导班里几位比较有爱心的同学，平时多陪伴在她旁边，多给她一些赞许和正能量，相信小Y也能感受到集体的关怀，渐渐变成更好的自己。

当然，小Y的成长并不容易，她还是经常会因为一些小事的刺激而情绪失控。孩子的内心是那样的脆弱，一点点外界的刺激，如同学起的外号，都可以使她泣不成声。我想起以前读小学的时候，我内心也极为注重同学们对自己的看法。将心比心，为了小Y，我经常找"欺负"她的同学做思想工作，一开始收效甚微，虽然他们表面上道歉，但内心还是觉得恶作剧有趣。这使我意识到，我要多"蹲下来"，以孩子的视角观察事物，用孩子圈流通盛行的话语和他们交流。比如，跟恶作剧的同学，用孩童的语言，引导他们换到小Y的角色，感受她此刻内心受到的打击；用举例子、讲故事的方法，生动形象地描述恶作剧行为对一个幼小心灵造成伤害后，她可能要用一生来治愈，填补心灵的缺口。我循循善诱地感化孩子们的心灵，让孩子们抱有同情心和世界和平相处。小Y和同学们的关系日渐和谐，对学校生活多了一分希冀，更乐

让孩子永远生活在希望中

意到学校学习，更期待融入班集体了。

经过了一学期的努力，小Y的总体情况相比开学前期有了好转，见到我会很有礼貌地表达自己内心的想法与需求，还会主动帮助他人，为班集体做一些力所能及的事，她渐渐得到了同学们的认可。但是，教育不是一蹴而就的，而是一个漫长的过程，我们的故事还在继续。

我相信，感人心者，莫先乎情。只要我努力做到于细微处见真情，真诚地关心孩子，耐心地帮助孩子，他们都会感知到师爱，把我的爱化成他们成长的力量，健康快乐地向阳成长。

中大附是一个优秀的平台，教师在这里可以同时探知精英教育和基层教育两种模式的不同。因此，我将更加珍惜这来之不易的学习成长良机，继续怀着热爱教育的情怀，不断向身边优秀的教师学习，从优质的教师刊物中汲取精华，坚持用爱心、耐心、责任心真诚地关爱每一个学生，营造和谐的师生氛围，让学生真正爱上学习进而快乐学习。相信在大家庭的带领和关怀下，我会在追求教育梦想的道路上，行稳致远。

陪伴·唤醒·生长

李祝敏

以沙龙的形式与六年级的孩子讨论青春期的话题，是我发现的打开青春初期孩子心房的最佳方式。每次下课，孩子们总是追着我表达他们的观点。这节心理课的课题是"'叛逆'是好事"，课堂上孩子们唇枪舌剑，下课了还在走廊上辩驳一番，心怡（化名）一直静静地站在旁边但又似乎对同学辩驳的内容不感兴趣。上课铃声响了，其他同学都回去上课，我也准备回心理咨询室，她把我叫住，说："李老师，我可以跟你聊聊天吗？"我的专业敏感让我意识到她犹豫了很久且一直在等待一个合适的机会。"怎么啦，我愿意听你说。"我轻轻拍了一下她的肩膀。"父母总是吵架的事情让我……"尽管她强忍着，眼泪还是夺眶而出。与下一节课的科任老师打完招呼，我们聊天的地方转移到了心理咨询室。

心怡告诉我，她的爸妈最近经常吵架。上周，妈妈带着妹妹回老家了，不打算回来了。爸爸上班比较远，在单位附近租了房子，只有她跟奶奶在学校周边住。在她2岁不到的时候妈妈曾抛弃她回老家，一直到她6岁的时候才回到她身边。妈妈不在的时候，她常觉得自己是没有妈妈的人，那种被抛弃感如同尖刀在剜她的血肉，让她特别恐惧和无助。她记忆最为深刻的是读幼儿园大班的一个下午，电闪雷鸣，雨下得特别大，全班同学都被爸妈接走了，只有她还在等奶奶来接。老师下意识地问她："你妈妈怎么还不来接你？"她瞬间号啕大哭。这一幕常常出现在她的噩梦里。40分钟的哭诉，心怡的每句话都在描述着自己是随时会被父母抛弃的孩子，是不值得爱的孩子。她讨厌这一切。那些问及妈妈的话语对她不是关心而是最尖锐的伤害。

课堂上同学们声讨父母的话语在她看来只不过是轻描淡写。

心怡的自我认同都是消极负面的，她的问题明显来源于家庭，尤其是妈妈的抛弃。正常来说，我下一步的措施应该是找家长，让心怡的妈妈尽快回来，指导家长的家庭教育，劝说其父母改变沟通方式，并努力为心怡营造一个温暖安全的家庭氛围；然后告诉心怡我与她爸妈沟通的结果，让她放心，安心学习。不，我没有这样做。心理学界有句话叫"注意力即事实"，生活中的事实都是人主观构建的，这些事实不过是人们注意力聚焦的部分，是个人在一定情景下偏好的部分。如果你没办法理解这样的假设，那你很难看到事实的全景。

第二次咨询如约而至。那天我们以父母吵架的话题切入。当问及每次父母吵架的时候心怡会做些什么时，她说每次父母吵架，她就会把妹妹抱到房间里关起门，拿妈妈的手机玩或自己想办法逗妹妹玩。她说爸妈吵架时自己内心很害怕，妹妹还小，肯定会更害怕。"你是一个了不起的姐姐，你很勇敢，很会照顾和保护妹妹。"当我说出这句话的时候，心怡抿着嘴唇深呼吸了一下，我从她的表情看出，这种认可对她来说是未曾有过的。她说总感觉与妈妈有距离，心情不好的时候心怡不会跟妈妈诉说，只会跟奶奶倾诉。"奶奶爱你吗？""奶奶很疼我，很多东西她都舍不得吃，留给我。""心怡，你不是一个没人爱的孩子，你看奶奶多疼你。"心怡由衷地点了点头。我让心怡描述她跟奶奶在家的日常。心怡告诉我，放学回家后，她会跟奶奶一起择菜、洗菜、做饭，还会聊学校发生的一些事。她的嘴角不由得扬起幸福的笑容。话题是从吵架展开，结局却是让心怡看到一个坚强、勇敢、有担当、懂得照顾人、备受关爱的自己。这些答案如同明灯随着我们之间的互动，逐盏在她的心房点亮。

心怡的问题在于核心家庭，去触碰心怡的核心家庭是咨询的关键环节。第三次来到咨询室，心怡开朗多了，她告诉我前一天晚上她遇到补习班的老师了，跟补习班老师聊了上初中的话题。她很喜欢那位从二年级就开始给她补习的老师。我并没有顺着她的话语，只故意装作惊讶地问道："二年级到六年级这么长时间都上补习班，那得花多少钱？谁给你报的补习班？""我妈呀。""哇，你妈妈挺舍得为你花钱的。""我妈妈让我好好学习，如果不想在深圳读初中，就回湖北黄冈老家读。老家县城有一家中学，初中高中可以一起读，那所学校每年都有好几个考上清华北大的学生。""你妈妈很有远见，你读书的事情她应该费了很多心思。""是的！""那你决定了在哪里读初中了吗？"心怡跟我聊了她的想法，如果在深圳读，就可以经常跟爸爸奶奶在一起，如果回老家就可以跟妈妈妹妹在一起，还可以读到很好的高中。她说的每个称呼都非常温暖，可见她的家人在她心中是多么重要。很多这个阶段的学生只会想到自己，对于她那么懂得照顾家人的品质，我给予了高度的肯定。

心怡还说爸妈吵架是因为妈妈经常不做家务，但妈妈会照顾妹妹，做生意赚钱，她也很辛苦。随着咨询的推进，我让心怡逐渐认识到：妈妈并不是十恶不赦的妈妈，家庭也不是糟糕至极的家庭。人创造了故事，故事反过来塑造着人，人往往喜欢用自己的经历给自己贴上各种标签。我用"叙事疗法"重构故事的方式，让心怡看到自身的资源和力量，拨开负面情绪的迷雾看到家庭的温暖。在问到与父母沟通的问题时，心怡决定回家后主动打电话给爸爸妈妈，向爸爸妈妈表达自己对他们的爱，同时商量去哪里就读初中的问题。

那一天，我在区未成年心理辅导站值班，非常意外地接到心怡妈妈的电话。"真的很愧疚，没想到心怡小时候留在深圳对她创伤这么大，后来我也一直努力在补偿她。她去心理咨询室跟老师聊了什么都告诉我了，非常感谢老师对她的引导！"心怡第一次与她爸妈正面沟通，表达她的感受和想法，消除了她一直认为的"距离感"，这是一个多么大的跨越啊！这些并不是我授意的，我只是一个陪伴者、发现者，让她意识到自己有能量、有能力去解决自己的问题，孩子自己才是解决问题的专家。

父母争吵、幼年创伤、最爱的奶奶与妈妈的婆媳矛盾，每个家庭问题都沉重如磐石。这不是个例，很多孩子的心理困扰恰恰来源于此类家庭磐石的重压。山崖的绿植能钻出磐石向阳生长，为何人不可以？那才是坚韧生命最优美的姿势。心怡个案的成功让我开始摒弃总想帮助孩子一起挪动甚至搬走磐石的执念。我们无法预想孩子未来生命的形态，只有陪伴孩子处理情绪和冲击，让孩子生长出应对未来各种境遇仍能独善其身的能力才是心理咨询的终极目标。

陪伴·唤醒·生长

教育需要一点"福至心灵"

张成娣

那是不寻常的一天。

那天早上，一切如常，我原本以为这不过又是一个寻常的上课的日子。然而，临近中午时，一个学生慌忙地到办公室找（2）班的班主任。不到一分钟的时间，（2）班班主任就匆忙地向教室走去。我以为是（2）班的小梁同学又出状况了，这是时不时便会上演的情况，我也就有点不以为意。第四节下课后，正是午饭时间，（2）班班主任叫了个学生过来让我去看班。我到达"战场"后才知道是怎么一回事———一个很聪明、成绩也不错的孩子闹着要跳楼！我吓了一跳。班主任正在最后一列的座位上对那个孩子进行安抚。

我环视全班，却发现了另一个孩子的奇怪举动。他将一个小袋子高举着，从他的座位（第一列第一个位置）沿着第一列和第二列的通道走到最后，接着趴下来匍匐爬回自己的位置，又站起来躺下去匍匐爬到最后，这次还转了个弯，沿着教室最后一排，从椅子下匍匐穿行而过，到达了最后一列。我目瞪口呆，同时发现他的目的是吸引正在最后一列安抚学生的班主任的注意力。我问旁边的同学："这是怎么回事？"站在我旁边的三两个学生争着回答说："班干部没收了他的剑，而且把剑扔进了垃圾桶。"我问："什么剑？玩具店卖的那种？"旁边热心的同学从垃圾桶里把所谓的"剑"拿出来给我看。哦，原来是自己用纸做的，我午休的时候就看见过他一个中午都在那鼓捣。近期班里涌现了各种各样用纸做的玩具，因此班主任严令禁止：如果有同学再玩，班干部看到后可以直接没收。

我让其他同学都在座位上用餐，准备着手解决这件事情。刚好，这个孩子又回到了自己的位置，他从桌上拿了一把剪刀，头也不回地往没收他"剑"的班干部的位置（最后一列最后一个位置）走，我担心他一气之下会做出什么伤害同学的举动，赶紧跟上。这是一个很聪明、很有天赋但是性格有点古怪的孩子。他会在老师批评他或者和他讲道理的时候笑，越批评越讲道理越笑，而且笑得有点古怪。这其实是我第一次看到他那么生气，我跟在他身后，试图安抚他，但是没用。他到了那个同学的位置，开始蹲在地上，从口袋里拿出最开始举在手上的袋子和胶水。他把袋子打开，用剪刀把里边的纸剪成一片片小小的纸屑，拿胶水贴在座位周围的地上。我尝试讲道理，他沉默不语，贴了一会儿之后，许是觉得无趣，又走回座位拿起装满水的水杯，再次返回"作战现场"。我下意识地觉得他是要拿这个水杯去砸人，赶紧阻止，但也不敢生硬地抢夺，担心刺激他。最终，他放弃了用水杯砸人的想法，转而将水泼在桌子上。我来来回回地跟着他走，对于怎么解决这个问题毫无头绪，只能跟着他防止他做出过激的举动。走了几回后，我发现他可能是在发泄自己的情绪，每做一件事，情绪就会缓和一些。于是，我也放下心来，站在讲台上看班，也关注他的一举一动。他又走过去了，这回是翻抽屉，大概是想找作业本来撕，未果，找到了一包抽纸，于是便开始把纸抽出来，扔到地上。扔了一会儿，他觉得没意思又回自己的座位去了，又拿起了水杯。

我觉得不能这么下去了，于是走到他面前，拉起他的手，要和他到教室外边谈。他挣扎了一下，我当时不知道为什么，就觉得可以强硬一些，就略强势地把他拉了出来，他也就不挣扎了，跟着我出来，走到教室外边走廊的一根柱子边，面向柱子背对着我。我开始和他讲道理，时不时也问他几个问题，但是他始终沉默不语。我也就停了下来。沉默了一会儿之后，我突然福至心灵，问他那把剑是怎么做的。

"就是用纸做的。"他居然愿意回答我的问题了！这是个机会！我仿佛看到了希望。

"那为什么剑柄可以做得这么硬，纸不是软的吗？难道你用了卡纸？"我乘胜追击。

"没有，就是一般的作业纸，多弄几层，然后……"他认真地给我讲解怎么做。

"那你有没有想过做个剑鞘呢？"

"没有。"

"我觉得有剑鞘更酷一点。而且你之前做的时候有没有想过另外的做法呢？也许可以有更好的做法呢？"

"没有。"这时他的眼睛里已经出现了跃跃欲试的光芒了。

"那等会儿咱们可以再做一个更好的，好不好？"

"好。"

呼！终于把他劝服了。其他同学都吃完饭了，我让他先吃饭，他不吃，就想做他的新剑，我也不强求了。

坐在讲台上，我想的是终于把这件事情解决了。但接下来的几天，我才发现我那天的"福至心灵"带来的影响不仅于此。又是我看午休的中午，他又在做玩具，还和邻座的同学时不时地交流，发出了声音。我看向他，示意他午休要保持安静，本以为和以前一样做的是无用功。出乎我意料的是，他感觉到了我的视线，与我对视，停止了交谈。我在他的脸上读到了一丝不好意思和害羞。那一刻，我的内心是感动和高兴的。有了这个契机，我之后也时不时地走到他座位边看他做练习的情况或者和他开玩笑，他都很好地接受了，还朝我露出了腼腆的笑容。一切都在昭示着：我们的关系变好了！

这件事给我留下了很深刻的印象。后来，我想，教育智慧真的很重要：它能够把一件事情巧妙地解决并带来师生关系的进步。但是，教育智慧不是说有就有的，它需要不断地观察、积累和学习才能在特定的时候、特定的情况下化成"福至心灵"，给我们带来惊喜。

教育，从"心"出发

唐璐璐

记得刚参加工作时，我把自己放在高高在上的教育者的位置，和学生之间是号令者与应和者的关系。虽然效率高，但时间久了，学生成了只会听命令不会思考的人，遇事不会转弯，不会动脑，让我后悔不迭。不仅如此，站在"高位"久了，我和学生之间也产生了距离感，孩子不敢亲近我，好多困惑、难题都不敢和我说，因此学习成绩越来越差……后来在相关的心理讲座中，我明白了：在教学过程中，教师有责任和义务参与学生心理指导，把学生当作知心朋友，加强与学生的沟通，多理解学生，让学生喜欢自己的课，对学习有兴趣，从而提高学业成绩；教师拉近与学生的距离，也增强了学生的归属感和自信心，又能培养学生的人际交往能力，这将有利于完善学生情绪状态和人格及身心的健康发展。因此，我开始改变自己的教育方式。

一、情感牌要远胜于愤怒牌

在最近的一次期中考试中，我和孩子们简单讲了一下考试情况。在以往的情况下，一般我都是特别生气地指出哪些题是书上有的，哪些题是曾经做过的……往往结果是我在上面越说越气，孩子们在下面垂头丧气，整节课下来，我脾气是发完了，然而他们听进去多少，谁也不知道。后来，因为参加了心理培训，我开始观察起孩子们的表现，发现孩子们在知道成绩的一刹那情绪就开始有点严肃与低落，难得他们对成绩关注起来了，我便改变了讲题的计划，开始和他们分析起最近的学习情况。

我们班的孩子其实有时心有点大，当老师讲题讲到愤怒时，他们都是一脸漠然和懵懂。但是今天我特别提到昨晚和英语老师半夜的电话，以及其他老师的失落时，孩子们的表情忽然变了。有时，也许真的要走进他们的心，让他们体会到你对他们的好，才会让他们愿意去学习，不然，他们对待学习就是为了完成老师的任务，也就是大家常说的为老师学。据今天英语老师说，有很多人下课悄悄问候她，整个下午的课堂，只要她出现，只要她讲课，班上的学生都是安安静静的，出奇的认真。

二、让后进生走出自我限定或别人限定的框架

1. 有选择地挑选他班事例做榜样，鼓励孩子

我们班的孩子比较复杂：除了外来务工子女，还有留守儿童，剩下的便是越南华侨子女。部分家长学历不高，教育方法简单，除了打骂，就是一味地纵容。这些家长说出来的话出奇的统一："老师，我们家的孩子就是这么笨的。""老师，他爸（妈）成绩也是这样的，所以他也是读不了书的。""老师，她比较笨，我只希望她健健康康的。"……每次听到这些家长的话，我就明白为什么孩子们特别难进步了：我们班部分孩子完全被家长的话给限定住了，把自己绑在一个"我就是考60分的料""我最多考70分顶天"的框架里。这不就是心理学上的"心理暗示"吗？不管有没有能力，在家长年复一年，日复一日地打击下，孩子们只能认为自己"就是这样的"。我曾经苦口婆心地、无数次地想为孩子们建立起信心（学习差的主要原因是不努力，智力不是主要原因），但是往往收效甚微。本次期中考正好有一次契机——隔壁同年段的班级，去年有学生七八个不及格，今年只有一个学生不及格，其余的学生都上了七八十分。我把他们的成绩发到班上，并邀请了他们和我们班的同学分享自己的学习方法。通过眼前的事实，我班学生深刻地明白人是有无限可能的。看着他们终于有些动容的眼睛，我和他们分享了我入职时记忆深刻的一句话："朝着太阳跑，哪怕你摔下来，也是摔在月亮上。"我还告诉他们："你们的目标如果只是星星，那你只能到达星星或者比星星更近的地方。"在接下来的学习中，当他们遇到难以克服的困难时，我总是看着他们的眼睛，不断确认："真的吗？能不能再努力一点点，成功也许就在眼前……"

2. 利用本班资源，启发孩子

看着孩子们若有所思的脸，我再接再厉，把目标放在了班上的两名同学——小标和小祺身上。有人问："哪个同学比较'聪明'？"孩子们统一指向了小标。而我摇头，表示"我看到的不是这样"。为了不伤害孩子们的自尊心，我特地向他们强调，你们看到的是你们自认为的事，而我也不知道你们说的是对的，还是我的结论是对的，因为我反驳你们这个结论，也只是因为我看到的一件事，你们想听吗？孩子们都很有兴趣。于是我提到了一件事：同样一篇课文，上周，他们认为记忆力弱的小祺一节课就背出来了，而"聪明"的小标直到现在都背不出来……

还没等我说完，他们便自己总结出了结论，那就是：学习的好坏不是看谁笨谁聪明，要看有没有用心。我就势提出："是呀，老师们的教学是一样的，但是为什么有的人能吸收，有的人却总说不懂，不会？"孩子们都不说话了。小祺特别开心，像是被证明了什么；小标低着头，一副不好意思的样子……

通过我不断地努力以及见缝插针的鼓励，孩子们"不如人"的自卑心态有了改变。也许，他们的努力不能立竿见影，但是考试时，他们已经不会留下空白，而是学会了尽量去思考，尽量去努力，哪怕错了，也不丢人。

这几件事让我明白了一个道理：通过了解孩子们的心理，争取与他们的心灵亲近的方式解决问题会产生良好的效果。反省自己以前以强硬的手段管理班级只会让孩子左耳进右耳出，不仅打击他们的自尊，让他们越来越退步，还有可能给内心脆弱的孩子造成阴影。这也激励了我以后更加深入地去挖掘更多的科学地和孩子们相处的方式，而方式千千万，绕不过从"心"出发——一颗爱着他们的心，一颗为他们着想的心。

抓契机，展开适当的性教育

田文秀

起，于某节课

故事始于期末综合复习。我带着全班同学归类复习古诗："关于秋天的古诗有哪些？""停车坐爱枫林晚，霜叶红于二月花。"积极思考的同学举手回答。这句话触动了阿杰同学的某根神经。他不怀好意地反复叨念着"停车坐爱枫林晚"，重音强调着某两个字，还嬉皮笑脸地往周围的同学脸上扫视，希望能引起懂得内涵的同学的共鸣。我横扫了他一眼，示意他不要打断老师的课堂节奏，他才收声，却依旧低下头，满脸带着莫名的笑，不停地玩味着这句话。

承，真心认同

午餐过后，我挎着他的手腕，把他拉到了回字走廊一端的空中花园，那里没有人。

"我能偷偷问一下你，你发育了吗？"

"还没有。"

"那你懂的还挺多的！你的性知识从哪里获取的？爸爸妈妈很开明，提前给你普及了相关知识吗？"

"不，不是的。不知怎的，我就知道了这些。"

"性教育就得趁前进行，你懂得的知识比别人多，悟性挺高的。"他以为我要批评他，没想到得到的是我的肯定，提防之心也松懈了，绷着的神经也松弛了，我感觉他的胳膊弯儿都变得柔软多了。

我想继续跟他套近乎："你还懂得些什么？能不能把知道的、能说的，说给我这个妈妈老师听一听？"他不好意思地抿着嘴，不说话。看我诚意很足，他回复我了："反正，该懂得的都懂了。"

班级里有个好事的同学好奇我俩手挽手聊天的方式，跟踪到空中花园的花坛偷听。见此情景，我挽着阿杰，继续向东面走廊走去，故意避开那些好事者。他很得意，有跟老师手挽手散步的殊荣，还居然被同学看见了，他觉得很有面子。所以他愿意敞开心扉跟我聊天了。

转，善提要求

"性教育得提前进行，教育部都有规定的。你提前学习了这些知识，挺棒的。不过，班里有很多人还很单纯，你要是借这样的机会扰乱课堂，那就不好了。"

"老师，我知道错了！下次不会这样了。"

"你的脑瓜转得还挺快，知道老师想要说什么。"

"嘿嘿，我是你的知——音——，是你肚子里的蛔虫。"

刚刚学过知音文化，这小子居然用到此情此景上了，令我哭笑不得。

"好吧，如果再碰上这样的机会，你怎么控制你自己，做到不影响全班？我想听细节。"

"不影响全班，不影响全班……"他喃喃着，"我如果忍不住可以偷偷地笑一下。"

"低调处理，我同意，还有什么办法？"

"我可以把觉得好笑的句子写到作业本上。""我提醒自己不要注意这些，认真听讲。"

"……"

"办法不错，就这么干。我们的前提是不要影响别人，还得提醒自己赶快收心，集中精力学习。"

"Yes Madem！"这个调皮鬼转向我，敬了一个标准的军礼。

"今后有什么困惑，可以继续找我哦。"

"Yes Madem！"这次他没有跟我嬉皮笑脸，而是很认真地回复了我。他欢快地奔回教室，背影写满大大的开心。

合，疏导引流

课堂上孩子故意提起关于"性"的话题，只是表明他的性知识在萌芽，他的好奇之门被打开，并不是我们想象的邪恶、不可救药。我们应顺势疏导，让孩子明白这些事没什么好奇怪的，他就不再胡闹了。

我们在课堂教学中如果碰到类似情况，不要当作洪水猛兽，而应抓好契机，以尊重为桨，以信任为帆，给孩子安全的港湾，让他安心地航行。我相信，船不会偏航，会顺着正确的航向劲帆远航。

幸福同路人

张 曼

"老师，看我的画。"下课刚到教室门口，就听到了学生的呼叫，我停下脚步，回头便看见小林同学兴奋又有点小得意，手里高高举起一张皱巴巴的半截数学作业纸。一看到脏脏的数学作业纸，我眉头微皱，心里就冒出一团小火，因为上课时我多次强调，画画要用图画本或干净的纸张，这样能充分展示画面效果，也是对作品的一种尊重。但同时，另一个声音告诉我：应保护学生的学习热情。转念间，我舒展眉头，微笑着接过作品，轻轻地压平纸张。画面上是一辆电动车，虽然造型不太准确，线条也有些凌乱，但画面内容比较多，细节也挺丰富的，可以看出是一幅很用心的作品。我知道对于小林同学来说画出这张作品挺不容易的。平时练习作业他都是潦草画几笔就画不下去了。

"很棒的电动车哦！这么丰富的细节都表现出来了，进步很大哦！"我边说边竖起大拇指。

"我看看，我看看。"周围的同学都探过头来。小林同学不好意思地笑笑，用手抓抓头说："这是我妈妈新买的电动车。老师，你不是说画画可以把生活中有趣、美好的东西留下来吗？我就想到了把它画下来。"原来是这样，看来老师上课讲过的东西，很多同学都听进去了！这让我感到十分欣喜。我对他说："你的想法太棒了！能主动把生活中美好的东西用绘画的方式记录下来跟大家一起分享，让作品更生动了，也更有意义了，我要为你的这次绘画行为再点一个赞！"

"画得真好！""真生动！"周围的同学也围在我身边纷纷夸起了小林！我也不失时机地跟同学们聊了起来："你们也可以向小林学习，把你们觉得有趣的、有意义的、美好的事物记录保存下来！不过，小林，老师想给你提个建议，下次你能把你的作品画在图画本上吗？或是找张干净的纸来画。画完，还可以把妈妈买新电动车这件事记录下来，写上日期！这么有意义的作品可得好好保存起来！"

"嗯，下次我一定注意。"

我把小林同学叫到教室外，递给他一个速写本，说："以后的趣事都画在这个本上，画了你喜欢的作品就拿给我欣赏哦！"

"好的，谢谢老师！"

从那以后，小林同学时不时会拿出自己的得意作品，他画的画面越来越丰富，不仅线条流畅了，画面还增加了色块，有时还搭配上了文字，成了一张张完整的图画日记。

慢慢地，二（2）班的下课间隙总有学生拿出自己的画作跟我分享。

优秀的行为是会传染的，渐渐地，我在课间总会被二年级孩子们举着的作品环绕，那是一种幸福的包围，友善有爱的心是会传染的。

我每次看到学生兴高采烈地举着自己的作品向我招手，然后拿着自己的作品，蹦蹦跳跳地回到座位上，一股幸福之感就会油然升起。孩子们在这个过程中收获的是对生活的体会和感受，和经过自己一番努力之后获得的成就感，并且他们还愿意主动把自己的收获和感受与老师、同学分享，这不仅给孩子们带来了幸福感，也给作为美术老师的我带来了自豪感，而这也成为我职业生涯中源源不断的动力。

教师的工作具有重复性，日复一日、年复一年干着同样的工作，时间长了，工作的压力、生活的不如意，往往让不少人出现这样的状况：从教之初豪情满怀，希望桃李满天下，慢慢地，理想没了，激情退了，牢骚多了，得过且过；原先活泼可爱的学生也变得讨厌了，稍不如意就想讽刺几句，或者上完课就走人，对学生能不管则不管。的确，每个老师都是平凡的个体，也会有喜怒哀乐，而如何保持一颗初心，保持一颗敏感有爱的心也是我们经常需要思考的问题。我们每天与学生接触，要以一颗细腻的心应对学生，仔细观察，认真倾听，用心感受，把自己和学生融为一体，用至善、至真、至美的情感去呵护学生成长，对教学中的点滴小事，有所感悟，有所体会，寻找幸福的源点，同时不断给自己进行专业知识"充电"，从而不断完善自己的工作，完善自己的人格，和学生共同进步、成长、发展，和孩子成为幸福的同路人。

我与英语"秘书长"的故事

叶丽纹

当听到要担任（4）班的英语教师时我脑袋一片空白，久闻（4）班有几个非常难搞的学生，用以前科任老师的话来说，那简直是"牛魔王"转世。怎么办？那么多老师都没搞定他们，我也不可能搞得定呀。想到这些，我失眠了好几个晚上。

一、知己知彼，百战不殆

开学前几天我向原班主任和科任老师打听班级情况，对全班学生的情况进行了大致了解，对班里几个小"魔王"的纪律、学习、兴趣爱好以及与同学们相处的情况都进行了详细的了解。特别是小涵同学，该生聪明但蛮不讲理，课堂上大声跟同学斗嘴，不管有没有理从来不认输，对于老师的批评从来不服，老师跟他讲道理，他也能说出一大堆道理来，口才相当好，听说曾经还跟老师打过架。经过了解，我发现这个小涵同学的组织能力、表现能力都较强，班上的不良现象十有八九都与他有关，妥妥一个小"头目"。俗话说"擒贼先擒王"，对于这个小"魔王"我应该怎么办？想了几个晚上，我决定先把小涵搞定。

二、皮格马利翁效应

学生报到这天，别的同学在班上搞卫生，我去班上把小涵请到办公室并请他坐下。他非常紧张地说："老师，您怎么知道我的名字？"我说："当然知道啦，听说你的成绩很好，上课非常积极，又乐于帮助别人。"他脸红红地笑了笑。他说："我的英语不是很好。""那你想不想把英语成绩也提上去，做年级的学霸呀？'他用疑惑的眼神看着我。"听说你的电脑也很不错，以后你来做我的秘书长吧，帮老师把全班同学的英语成绩提上来，怎么样？""当然没问题，但我可以吗？"我拍拍他的肩膀说："当然可以。"小涵笑眯眯地回课室了。

要让他工作开展得顺利，要先树立他在同学面前的威信。开学第一天，我在班上公布了小涵的职位和工作，并希望全班同学听从小涵秘书长的工作安排。我看到这时的小涵坐得笔直，自信心满满。我把英语U盘当着全班同学的面给了小涵并吩咐他小心保管，安排他播放英语光碟，组织同学们早读和课前两分钟读书。经过一个月的训练，他从被动变成主动，通过班级的早读和课前准备也形成了良好的读书习惯。

"亲其师，信其道。"还记得有一次数学课，数学老师说小涵没打报告就出课室了，我赶紧到厕所去找他，结果发现他边哭边洗裤子，等他洗得差不多了，我叫他出来问原因。原来是他的瓶盖没拧好把豆浆洒出来弄脏了裤子，他举手报告，老师没注意到，爱干净的他就自己出来了。我跟他说："老师正在认真地讲课，没注意到你举手，你可以稍等一下再报告。打断老师讲课影响全班同学听课你说应不应该？""不应该，我没注意这些。""而且你上课期间离开课室，老师很担心你。""对不起，叶老师。""你应该跟数学老师说对不起。"

我经常找他谈话聊天，如在去吃午饭的路上或课间休息，对他的一些不良行为在聊天中提出改进措施，教给他一些为人处世的方法、原则。跟小涵斗智斗勇的趣事还有很多很多，经过一年的转化，小涵的自律性和自觉性都有了很大的提高。我相信这就是教育的魅力。"一把钥匙开一把锁"，每个学生的情况都是不一样的，教师在教育教学过程中要有学生立场，对学生用心用情，平时多关心关注学生，充分开发和利用学生资源并在教育教学上充分利用，对问题学生花更多的精力和时间，多几分宽容和耐心，正确引导他们，就会如苏霍姆林斯基所说的以"爱生情"那样，赢得学生的向师心。

教育叙事：我和"小发明家"们的故事

王珊珊

小时候，你的梦想是什么？"长大后我想当一名科学家""长大后我想遨游太空""长大后我想当一名人民教师"……怀揣着自己的梦想，四年前，我如愿成了一名人民教师，那我的科学家梦呢？我的太空梦呢？似乎已被抛之脑后了。直到有幸听到了覃宝学老师的讲座"轻松发明课"，我才意识到，其实实现科学家的梦想并没有那么难，学习发明方法，懂得观察生活，敢于提出创意想法，小发明也就"应运而生"了，你就是"小小发明家"。

望着科技节收上来的一堆"垃圾回收品"，我想，是不是可以和孩子们一起学习，把"垃圾回收品"转化为"小发明"呢？怀着科学梦，带着一些不确定性和未知，我和孩子们一起出发，在追寻科学梦的路上再往前迈一步。我组建了"小小发明家"社团，期望孩子们在社团里提出自己的创意，尝试创作属于自己小发明。

孩子们的奇思妙想

轻松发明课上，覃老师给孩子们介绍了发明方法——主体附加组合法，简单地说，就是在主体上附加一个东西，产生一个新的发明。也就是说，在原有的物品或技术思想上，增加新的物品或技术思想，从而获得功能更强、性能更好的新的产品……我突然听到龙昊同学提问："老师，我可以给救生圈增加遥控功能吗？"

"如何实现救生圈的遥控功能呢？"

"老师，那能不能在救生圈上面增加遥控车呢？"龙昊同学提问，"我在游玩和观看电视节目的时候，总会看到在一些船上有救生圈，救援人员在实施水上救援时，会把救生圈抛向落水者，但是落水者会出现接不到救生圈的情况，而且在环境昏暗的情况下，落水者更难看到救生圈的位置，可能会导致救援失败。我就在想，能不能直接把救生圈遥控送给落水者，这样就能增加救援成功的可能性。"这个想法不错，我发现龙昊已经能够结合生活中的例子，运用发明方法提出自己的想法创意了。"这个想法非常有创意，但是如何增加遥控功能呢？请在创意卡上写出你的想法，并画出初步的结构示意图。"

根据设想，龙昊同学和小伙伴开始了第一次尝试，从家里带来遥控车，用绳子连接救生圈，尝试在水里实现救生圈的遥控功能。没有游泳池，就在大盆子里尝试；遥控技术不行，就多试几次。经过一次次的努力，他们实现了这个效果。这是他们第一次完成简单的小发明，这个救生圈被他们称为"会跑的救生圈"。

拥有自己的第一件发明作品的龙昊小组充满了成就感，他们发现原来发明可以这么贴近生活，原来发明真的可以改变生活。如果能把自己的这件发明作品推荐给更多人使用，那就更好了。但慢慢地，龙昊小组发现，"会跑的救生圈"并不完善，还有很多问题存在。比如，遥控车和救生圈的绳子连接不牢固，两者会脱落，就无法实现遥控功能；遥控车的电池在水里浸泡会损坏，遥控车也有损耗；两件物品连在一起，太繁杂，使用不方便。他们来寻求我的帮助指导。这次，我看到他们眼睛里透露出的不一样，他们每个人都在为这件事、这个发明出谋划策，全身心投入。我也被他们的热情打动了，因此我打算让他们成立小课题项目组，把这件小发明继续做下去，做出更好的救生圈，给生活提供便利。小课题研究期间，我们邀请覃宝学老师给孩子们做指导，推荐动手达人陆老师给孩子们提供技术支持，龙昊小组的成员也在不断增加，张新锐就是其中一员。

他说："遥控汽车和救生圈结合，这两者容易脱离，无法真正实现遥控效果，那能不能直接在救生圈上安装遥控感应器、马达等，直接达到遥控救生圈的效果呢？"这个想法一提出来，学生如醍醐灌顶。对呀，让救生圈实现遥控就行了。于是，我和孩子们开始上网搜索资料，找到了实现遥控所需的零配件，思考如何在救生圈上搭建电路，使用什么材料覆盖在救生圈表面上以防电池沾水等问题。经过半年时间不断地填写创意卡、勾画结构图、动手搭建，我们的"新型遥控救生圈"诞生了。

闪闪发光的"小发明家"

"新型遥控救生圈"制作完成，这个满载着孩子们创意的小发明和大家见面了，特别是龙昊和张新锐同学，"新型遥控救生圈"无疑是他们智慧的结晶。他们希望把这个"小发明"和大家分享，于是他们练习讲解作品。两个害羞的小男孩也慢慢开始走向舞台，从给社团的小伙伴介绍作品到走向全国创造力发明展的舞台给专家介绍自己的作品，他们都在慢慢进步，慢慢变得更加自信、更加闪光。幸运的是，"新型遥控救生圈"获得了广东省创客大赛小学组特等奖、第十五届中国青少年创造力大赛（钟南山创新奖）全国总决赛金奖、第十五届中国少年科学院"小院士"课题研究成果展示交流活动课题获一等奖，他们的首个小发明得到了大家的赞誉与认可，同时张新锐获得了"中国少年科学院小院士"的称号，这给了他们很大鼓舞，相信以后他们会继续朝着自己的科学家梦前进努力。

当然，除了龙昊和张新锐团队的"新型遥控救生圈"被大家看到，"小小发明家"社团慢慢涌现了一批又一批优秀的小发明以及小发明家。对于六年级的学生祝维琪，我鼓励他从生活中发现问题，于是他观察到乡村道路狭窄但无法预知。我紧抓学生这一观察和思考作为引导他的起点，启发他探索需要具体解决什么样的问题，能不能先用已知的生活经验或科学知识进行推断和尝试提供解决的办法，但我不会告诉他具体怎么做。我鼓励他查找书籍，回顾已有的物理知识和经验，与父母和老师进行讨论，最终，引导他制订发明"狭窄乡村道路提前告知器"的计划。在此之后，我在祝维琪的创作发明实际操作过程中，指点他暂时无法解决的难点的突破方法，再引导他举一反三，最终实现了这项创作发明。我就是要激发孩子们的创新思维，立足孩子的发展眼光，让他们在生活中进行创造。

每件小发明背后凝聚的都是"小发明家们"的智慧结晶，都源于他们善于观察生活、想要改变生活的心。相信怀揣着一颗热爱生活的心，我们都能感受到发明带来的快乐及成就感。这让我更加坚信，开展"小小发明家"社团活动很值得！

让铃声成为美妙的旋律

何 雁

李镇西老师曾说：缺少了诗意和美感的涌动，孩子就不可能得到充分的智力发展。作为一个音乐专业的德育老师，我深以为然，颇受启发。这些年来的音乐教学实践证明，诗意和美感的涌动并不全是与生俱来的，后天的陶冶与净化非常重要，而这种陶冶与净化的教育也就是所谓的"美育"。宫商角徵羽，感心动乐，古人曾提出"美善合一"的音乐育人理念。优美的音乐可以通过生动、直观的感情途径去感染人，也可以将这种审美情感转化为理性认识，产生一种积极向上的精神力量，使人的思想道德、情感得到净化和升华。这与中山大学深圳附属学校立德树人的根本任务不谋而合，对其具有重要的促进作用。

2021年新学年伊始，罗灿校长就指示我，要打破常规，改革传统校园上下课铃声，将上下课铃声改为世界名曲与中国民乐，每周进行曲目更换。我接到罗校长指示后，从一开始好奇愕神，到恍然大悟，再到欣喜不已，深感铃声改革必将有力地推动我校学生的诗意和美感的培养。在人们的常识中，学校的铃声再普通不过了，传统教育模式一直忽略了铃声对学生美育培养的作用，回想起我上学的时候，那单调又刺耳的铃声对小学生来说毫无美感可言，但是这一切在中山大学深圳附属学校发生了变化！

事不宜迟，说干就干。我积极利用周末时间，认真查找、鉴别、裁剪、编辑，成功选取了20首符合美感教育的不同的世界名曲与中国经典民乐。想到每一个孩子每天都沉浸在美的熏陶中，我仿佛不会疲惫，有着满满的成就感。

为了让铃声成为美妙的旋律，实现校领导要求的教育目标，我对铃声播放和宣传进行了一番设计和布局。总共分三部分：单周播放世界名曲，双周播放中国民乐，升旗时分享音乐里的故事，力求达到最好的美育效果。

　　恰逢单周，当天早上学校第一次播放世界名曲作为铃声时，我正好上完一堂课，教室音响设备里传来了19世纪奥地利著名音乐家小约翰·施特劳斯的不朽名作《春之声圆舞曲》。曲子充满活力，散发着青春的气息，立刻打动了孩子们。他们惊喜非常，有的在座位上静静欣赏聆听，有的跟着旋律小声哼唱起来，有的在向同桌倾诉自己的惊喜，也有的不敢相信自己的耳朵，甚至以为是播放错了。看着立竿见影的效果，还有那一张张陶醉又开心的可爱的小脸，我再次赞叹罗校长的教学思想是多么正确。我问道："亲爱的同学们，你们喜欢这样的铃声吗？"孩子们异口同声地大声回答："喜欢！"。还有不少同学兴奋地说："老师，希望以后一直都是这么好听的铃声。"

　　转逢双周，铃声换播中国民族音乐。这些音乐中包含传统的民乐合奏、各民族民歌、各种器乐独奏，还有广为流传的中国名曲，如《牧童短笛》《茉莉花》《南泥湾》等，多是同学们耳熟能详的曲目，课间还能听到孩子们情不自禁地跟着铃声轻声唱了起来，音乐声伴随着清脆的童声合唱成了校园里一道新的亮丽风景线。通过聆听民族音乐，孩子们更了解民族音乐、了解中国传统文化了，领略到了中华优秀传统文化的博大精深。

　　当然，除了聆听欣赏世界名曲和中国民族音乐外，还有一个环节，那就是分享名曲简介，品味音乐故事。老师们为这些优美动听的音乐作品写上小简介，融入音乐小知识，大队委在升旗仪式上对铃声做简短推介，让孩子们不但能够欣赏音乐之美，还能了解音乐的创作背景，让孩子们对名曲经典了解得更立体。在听简介时，孩子们瞪大了好奇的眼睛，认真倾听老师们讲述的音乐的故事。例如，大队委在升旗时讲解名曲《南泥湾》背后的故事：抗日战争时期，毛主席号召"自己动手，丰衣足食"，创建抗日根据地，将边区军民大生产写进了歌词，谱曲后有了这样一首口口相传的民歌。孩子们听得红了眼眶，纷纷表示要更加珍惜现在的和平生活，努力学习，报效祖国。

　　自从动听的铃声在学校课间飘荡，老师们就经常可以听到学生课后这样的谈论："听音乐能陶冶情操，还能了解更多的音乐文化，我爱我们学校的下课铃！""我爱的不仅仅是下课铃这种形式，更爱这时而汹涌、时而平缓的曲调，它缓解了我们一天学习的疲劳。"

寓教于乐、育美于乐。铃声是校园文化的一部分，作为一名德育老师，协助配合校领导探索美育，我一直在路上。我们通过"听"——聆听课间音乐，通过"学"——课上学习知识，通过"比"——举行知识竞赛，通过"测"——期末聆听测评等方式，促使学生重视铃声课程，加深对曲目的理解，让课间铃声滋润孩子成长。就像蔡元培先生所说：美育者，与智育相辅而行，以图德育之完成者也。经过这次铃声改革，我们有理由相信，在罗校长的带领下，我们必将成功培养出德智体美劳全面发展的新时代学生。

千万别忽视了学生的可塑性

练小梅

"**有**什么了不起的……"眼白翻到天上，嘴里不停嘟囔着，本子一甩，大摇大摆地走到了自己座位。坐下后，他一只手搭在椅背上，跷着二郎腿，像个痞子一样身体半斜着朝向隔壁组，轻佻地说："我最讨厌谢老师了，跟个神经病一样……"他就是我们班最有想法、最有个性的孩子——关文豪。

这个孩子向来喜欢攀比，穿来学校的鞋子不是时下最流行的AJ，就是名牌运动鞋，还得意扬扬地向同学们炫耀。骄傲自大、欺凌一度成为他身上的"黑色标签"。而他最出格的行为是不把老师放在眼里，四处说他不喜欢的老师的坏话。同学们不理解关文豪，逐渐远离他，不与他做朋友，因此他的成绩一落千丈。有一次，关文豪居然跑到我这里来"撒野"，直截了当地问我："老师，你知道我最讨厌谁吗？"我瞪了他一眼不说话。"谢老板，我们班主任。"然后他就大笑着跑开了。

平时在背后说说也就罢了，居然敢跑到我面前来说谢老师的坏话。看来关文豪目中无老师的行为越来越严重了。作为他的语文老师，我意识到立德树人的重要性，决定帮一把班主任谢老师。接下来的一段时间，我仔细观察了关文豪的言行举止。

关文豪喜欢的女孩子成绩非常优异，总是排在班级前三名。这反映了关文豪其实也是个追求积极上进的孩子，只是他自身的潜力还没发挥出来，也没有机会得到同学和老师的认可。我还留意到，每天课堂小测，他都写得特别认真。试卷一发下去，他总是左顾右盼，与同学们比一比成绩，看一看自已在什么水平。瞧他那在乎成绩的样子，和平日与老师作对的"威风"样子判若两人。总而言之，关文豪其实是一个追求上进，渴望得到同学与老师们喜爱的孩子。

经过观察与分析，我决定先从心理上解决关文豪的问题。

那天讲评小测的卷子，我发现他坐在下面无精打采、愁眉苦脸。课后，我把他叫到办公室，故意板着脸，瞪着他不说话。关文豪见状，慌张得双手无处安放，快速地说着："老师，我刚才课上走神了，不过我是在想自己明明都懂了，为什么一到考试就是考不好……"看见关文豪可爱的样子，我一语不发，抓住他的手让他坐下来。我缓缓拿出他的试卷，真诚地看着他，"来，老师帮你分析分析你的卷子错在哪些地方，哪些错误是粗心大意造成的，哪些知识仍然掌握不到位……"关文豪虽然略带一丝惊讶和羞愧，但是他认真地听着分析。分析完试卷，我还给他指出了第二天小测要考察的复习内容，叮嘱他晚上回家复习。关文豪真诚地点了点头，还小声地说"谢谢老师"。我心里窃喜，这孩子就要"落套"了。

果不其然，关文豪第二天的小测考出了高分。我顺势抓住时机，在全班学生面前大力表扬了关文豪："今天的小测，关文豪取得了很大的进步，大家把掌声送给他。人的潜力是无限的，千万不要小看别人，每个同学都是潜力股。"受到表扬后，关文豪信心大增，接下来整节课都非常认真地听讲。课后，他主动拿试卷到办公室，找我分析他的错题。分析完错题之后，我才语重心长地跟他说："其实，老师的本职工作不是找学生的麻烦，也不是总想着批评学生，更不会针对学生。教导你们向上、向善，认真学习，学有所成，这就是老师的本职工作。"关文豪若有所思，诚恳地点了点头。我想我的第一步计划——赢得关文豪对老师的信任——已初步实现了。

"亲其师，信其道"，当关文豪开始信任我以后，我对他提出了要帮助他补习前面落下的功课的想法，关文豪愉快地答应了。

关文豪的学习积极性提高了，但是他与某些班干部的关系却异常紧张。我留意到，关文豪总是针对纪律委员，常向班主任谢老师投诉纪律委员公报私仇、玩忽职守。由于纪律委员各门学科成绩优异，平时乖巧、有礼貌，老师们都很喜欢纪律委员，特别是班主任谢老师对纪律委员赞赏有加。因此，关文豪的投诉次次无果。这样一来，关文豪不但针对纪律委员，而且更加讨厌班主任谢老师。我猜，这就是他对谢老师的误解之处。

于是，我特地挑了一个午休时间，装作不经意地到课室里"暗访"。我假装与科代表商量事情，实则偷偷"观察"着班级的午休情况。果然，纪律委员偶尔会跟他最好的朋友窃窃私语，小打小闹。我把看到的情况告诉了班主任谢老师，跟谢老师一起商量了对策。在班会课上，谢老师召开了优秀班干部评选会，给予同学们自主选择权，自主商定评选标准，然后投票选出优秀班干部。借此班会课，谢老师肯定了班干部的辛勤付出，重点重申了班干部的职责与义务，也强调了同学们的监督权利。紧接着，谢老师真诚地邀请同学们给班干部们提提建议，让班干部们"照照镜子"，改正自己的作风，提升自己的管理能力，真正地为班集体做贡献。向来对纪律委员有意见的关文豪听到这些，心想报复的机会来了，显示出跃跃欲试的样子。谢老师看出了他的心思，点名让他站起来提建议。关文豪大义凛然、字正腔圆地说："我认为作为一名班干部，要做好自己的本职工作，努力为班集体做贡献，而不是滥用职权，表里不一，对自己的好朋友网开一面。"关文豪越说越没有底气，声音渐渐小了下去，害怕谢老师怪罪自己。不料，谢老师带头鼓掌，当着全班学生的面表扬关文豪："关文豪同学虽然不是班干部，却有一颗为班集体做贡献的心，我们每一名同学都要向他学习，时刻监督班干部职责履行情况。近日，谢老师的确发现有些班干部玩忽职守，包庇自己的好朋友，甚至有时候与自己的好朋友玩闹。我已经掌握了相关的名单证据，希望有这些行为的班干部引以为鉴，改正作风，下不为例！"这次评选优秀班干部的班会课既强调了学生的监督权，又重申了班干部的职责，更重要的是消除了关文豪对班主任谢老师的误解和偏见。我们的第二步拯救措施——消除误解，整顿班风班纪——也顺利实现了。

就这样，在谢老师和我的共同鼓励下，关文豪上课的状态转变很大，每节课都目不转睛、全神贯注地盯着黑板，双手端端正正地放在书桌上，腰杆挺得笔直，仿佛一秒不听就会错过知识点。课后，我经常找他谈心，他便敞开心扉，告诉了我以前与谢老师产生误解的原因以及他已经认识到自己的错误；我帮助他分析错题，有时候他自己也能分析错题给我听了，学习成绩追赶上来了；在良好的班风、学风熏陶下，他还一点一点地改正了自身的缺点。中段考成绩出来了，关文豪成绩进步神速，飞跃到了全班前十名，得到

千万别忽视了学生的可塑性

了同学们的认可，大家也都愿意和他做朋友了。

从心理学的角度看，渴望得到他人的肯定与表扬是人自尊自爱之本。格拉泽曾经说过："人都有爱与被爱两种本能的需要，如果得不到满足，则可能产生焦虑，郁郁寡欢，自暴自弃等情绪反应。"特别是渴望表现自我的学生，他们渴望得到别人的关注和认可，得不到肯定时会做出出格、叛逆的事情。

关文豪原来爱攀比、骄傲自大、欺凌同学、不认真听讲，尤其不把老师放在眼里，喜欢与老师对着干，背后和同学讲老师的坏话。第一步，我通过与他谈心、交心，了解他的想法，打开他的心扉，取得他的信任。通过谈话，我发现他上进，渴望做个品学兼优的孩子。第二步，我在课后帮助他补课，分析错题。我给予他肯定，在班上大肆表扬他取得巨大进步，挽回他在班上的尊严，帮助他恢复信心。第三步，创造机会，消除误会。班主任召开优秀班干部评选会，重视学生的监督权和投票权、建议权等权利，重申班干部履行的职责，整顿好班风班纪，营造一种浓厚的学习氛围。他消除了对班主任的误解，在良好的班风学熏陶下，他改正了缺点，取得了进步。

每个孩子都渴望被看见

黄小丽

资深心理咨询师武志红老师曾经有一句话很打动我：希望你在的生命中，能够找到给你大量互动、大量看见的这样一个人；你也去做能够大量看见别人的这样一个人，让你们互相照亮。愿你拥有被爱照亮的生命。

从心理学的意义上来谈，爱就是"看见"。被"看见"，就是被接纳、被肯定，就是认同存在。

我们需要依附这种感受成长，甚至终其一生都无法摆脱对这种深层渴望的追求。因为它就是伴随我们而来的。当我们呱呱坠地来到这个世界，发出第一声响亮的哭声时，我们就需要被回应。这个回应，让一个婴儿知道，他是重要的，他是被欢迎的，他是有价值的。

大部分人都需要被看见。班级里的中等生也不例外。

毕业活动筹备期间，我在班级"招贤纳士"，问："谁愿意担任本次毕业活动的主持人？"

只见小希和小贤毫不犹豫地举起手，眼睛睁得大大的，痴痴地望着我，似乎在等待我的回应。

"你们确定吗？"两人小鸡啄米似的点头。我惊得下巴都要掉了。这两个孩子平日沉默寡言，成绩一般，能力平平，是班里的"中等生"。他们真的能行吗？我迟疑了几秒，望向昔日给力的班长燕妮，以及有多次登台演讲经验、学校"御用"的发言代表予熙，他们竟不约而同地低下了头，躲避我的目光。

"好的，就把此重任交给这两位勇士了，我相信你们一定可以光荣地完成任务！"我口是心非，心里满满的担忧。

午饭后，看到两个孩子拿着节目单在办公室写主持稿，予熙同学在一旁指导。我内心暗喜，"看见"，原来可以激发孩子心中沉睡已久的潜能。

可是两人毕竟没有经验，40分钟过去了，才琢磨出一段开场白。

我眉头紧锁。毕业活动当天有数十名家长到场，派两名没有任何经验的学生上台，如果表现不佳，家长会对我有什么看法呢？"黄老师不会指导""黄老师没有花心思辅导""黄老师教出来的、选拔出来的学生在台上说话都不利索"……此刻，我的自我感依附在了学生身上，我想让学生来撑我的场面。我看见的，只有自己。

孩子们回去了，我坐在椅子上，他们歉疚低落的神色在我眼前闪现。我平日班级事务繁忙，分身乏术，凡比赛、展示首选"优等生""特长生"。"中等生"，他们没有优异的成绩，没有"优等生"那样耀眼夺目、亮光四射，也不像"顽劣生"那么淘气、顽皮，需要我时时注意"敲打"，总被我有意无意地忽略，成了被"阳光遗忘的角落"。老师的一个微笑、一句表扬对他们来说都变成了奢侈品。几乎没有机会的孩子，他们也有精彩的人生在前面迎接他们。那么，他们最需要的来自老师的东西是什么呢？是不是也是被看见？以他们自己本来的"不优秀"的样子被看见，而不是被期待立即成为黑马、台上的赢家。

下课后，我来到他们身边，摸了摸他们的脑袋，欣赏地看着他们："勇敢地举手尝试，积极地投入准备，你们的表现太让老师惊喜了。我给你们打印了一些参考资料，好好准备，有困难随时找我。"两个孩子顿时欢天喜地，嘴咧得像绽开的荷花似的，久久合不拢。

改稿、辅导、鼓励，孩子的能量又被激活了。"回首朝夕相处的上千个日日夜夜，有太多的人和事值得我们回忆、珍藏。我们相聚在这里，循着六年来的成长足迹，隆重举行六年级的毕业典礼。"毕业活动当天，两个孩子笔挺端正、落落大方的体态，自信深情的主持让同学们刮目相看，他们被更多的人看见了。虽然稿子无法流畅地背出来，偶尔磕磕绊绊、场面把控不够灵活，但是，他们巨大的进步赢得了满堂喝彩。

活动结束后，两个孩子找到了我。"老师，我们表现得好吗？""老师，帮我们拍照了吗？"……我激动地环抱住他们，高呼："精彩极了！"

其实，每个孩子都期待被看见，每颗心灵都等待被照亮。

平日默默无闻的"中等生"都是矿中的钻石，只是还在等待老师去发现、挖掘、开采和打磨。

当我们关注孩子、看到孩子时，就会有一束光照进他们的心里。

当我们给予孩子一分倾听、一分看见时，就会给孩子的内心注入能量。

多一分被看见的感受，孩子的内心就多一分面对将来的坦然。

多一分对孩子欣赏的深情，孩子就多一分绽放自我的精彩。

每个孩子都渴望被看见

教育之"苦"，留白之"甜"

李燕红

1月10日，学期的最后一天。我带着愉悦的心情开始了一天的工作，准备迎接期待已久的寒假。由于第二天是期末考试，这一天的牛奶发放不同。考虑到前一天有同学反映牛奶丢了的事情，当看到平日负责的两个孩子提着沉甸甸的牛奶上来时，操心的我赶忙上前点清楚总数，告知两个孩子："一共26瓶，名单上的13个人，每个人发2瓶哦"。

我心想：两个孩子已经发放牛奶一年多了，规则也强调过，今天发放一定没问题。于是，我放心走回办公室继续工作。我还没来得及坐下来，便听到陈同学急急忙忙跑过来："老师，不好啦。牛奶少了一瓶，得下去找阿姨拿。"我及时制止孩子，总数是对的，牛奶肯定在班里。听到这个事情，我的心情非常沉重，担心的事情再次发生了。这是班级第三次丢牛奶，虽然是小小一瓶牛奶，但是由于处理不及时，破窗效应出现了。

坐到办公室的椅子上，我让自己冷静、放松下来。明天是期末考试，考前进行"大动干戈"的教育，怕影响孩子的考试状态。如何妥善处理这件事成为我头痛的问题。其实，这个班级是我二年级带上来的，今年已是第三个年头了。在三年的相处中，我常常和孩子们讲道理，引导孩子理解、认识错误，班级里充满正义感的孩子也很多，经常犯错误的孩子总能在三言两语的点拨中认识错误，自觉承认错误。抱着乐观的态度，我相信班级55个孩子都是思想健康的孩子，这件事情也可以像往常一样快速解决。

第一节课，我来到教室，利用课前时间跟孩子们说明情况，为了淡化孩子们"偷牛奶""故意多拿牛奶"的想法，我告诉孩子们："刚刚发放牛奶的同学可能大意了，不知哪位同学桌上多出一瓶牛奶，请你中午前把牛奶放回老师的桌上。"我给予孩子长长的一段思考时间，也希望在午休结束后，这件事会有好的结果。

可是，希望落空了。我期待的那瓶"不翼而飞的牛奶"没有出现在办公桌上，这无疑令我失望。转念一想，也许是孩子忘记这件事了，又或者四年级的孩子自尊心强，好面子，即使是做错事情，也很难主动承认。回到班级，我再次强调事情，但是仍然无果。于是我的语气加重了，语重心长地再次跟孩子们讨论这件事，底下的孩子七嘴八舌："老师说过，不是自己的东西不能拿。""如果把别人的牛奶喝了，那不见牛奶的同学应该会很伤心。"孩子们纷纷发表意见，就着孩子们的讨论，我继续强调："老师相信每个孩子都是好孩子，可能一时牛奶发放错了，但咱们心中要有一杆秤，不是自己的东西，要主动还给人家。如果是你当时的想法错了，那现在要抓住老师给的机会马上改正。"在与孩子讲道理的过程中，我留意了每个孩子的眼神和表情。过了一会儿，我约莫知道是哪个孩子犯错了。也许因为不好意思，也许因为紧张，犯错的孩子涨红了脸。我内心感到欣慰，还好都是善良、明事理的孩子。

每一个孩子在成长的过程中都要懂得做人、做事的道理，明辨是非。但成长常常需要付出代价，看着孩子低下的头和涨红的脸，我深深感受到他感悟做人道理的代价，初尝此类，对他来说定是很"苦"的。但是，人们常说，树怕伤根，人怕伤心，保护好孩子的自尊心、自信心仍是我工作的重心。只有维护好孩子的自尊心，引导他正面对待错误，在未来的生活中，他才能无所畏惧，继续带着善良之心向上发展。于是，我平静地和孩子们说："犯错误的同学可能认识到错误了，虽然偶尔会做错事情，但是你知错能改更是难能可贵。如果可以，请你想办法在放学的时候把牛奶放到老师桌上，和老师聊一聊。"

意料之外，下课不久，孩子们兴奋地告诉我"不翼而飞的牛奶"回来了。看着那个孩子低下的头，我很想过去抱抱他。犯错的"恶果"很苦，但背后的道理他应该懂了。我回到办公室，思考许久，待会我跟这个孩子聊些什么呢？再啰唆一堆大道理，抑或是一顿批评，一次处罚？这无疑会加重孩子的心理负担。我转换想法，如果能给孩子一个机会，为班级做一件好事来弥补，比讲道理更有意义、更有价值。刚好今天有个值日的孩子请假，放学前，我提前到班里，问道："今天××请假了，有谁能帮忙扫地吗？"果然，这个孩子的小手很快举起来了，于是，我把这个光荣的任务交给了他。

这一天他值日非常用心，认真细致，很快和同学把教室打扫得非常明亮。眼看着马上就结束值日了，借着和他们聊天的劲儿，我跟这个同学说道："今天谢谢你呀，乐于助人，主动为班级服务，而且扫地扫得非常干净。看你扫地熟练的样子，一定在家帮了妈妈不少忙。"其他孩子也跟着夸奖起来。我催促着他们："今天大家都辛苦啦，扫完地大家赶紧回家哦，老师临时开会，先过去了。"只见那个孩子背过身去，悄悄松了口气，绽放出灿烂的笑容。借口开会先走的我，也松了口气，虽然一整天处理的事情令人抓狂，但所幸结果令人欣慰。站在孩子的角度，这一天是他难过而"难过"的。但我相信以后班级不会再出现"不翼而飞的牛奶"了。

"当学生发现你是在教育他的时候，你的教育是苍白的。"真正的教育追求的是一种无痕的教育。孩子浅尝了教育的"苦"，我们转化思维，适当也让孩子尝尝留白教育的"甜"，教育也能无声胜有声。

把学生的提问当回事

柏姣凤

美国当代数学家哈尔莫斯曾说："问题是数学的心脏。"在数学课堂上，问题的不断产生犹如心脏的律动般有力量。好的问题可以让数学课堂更加厚重、灵动，充满思维的碰撞与峰回路转的荡气回肠。那么，好的问题从哪里来？很多教师有着这样的困惑：学生似乎提不出问题，学生提的问题并不是"真"问题。那么，不妨思考：老师有没有机智地回应学生的问题？

他变沉默了

在莫比乌斯带的研究课上，在学生对莫比乌斯带有了初步的认识后，老师问学生："对于莫比乌斯带，你们还有什么问题？"话音刚落，小阳同学提出了这样一个问题："我想知道莫比乌斯带是不是循环的。"显然，这个问题超出了老师心里预想的问题，所以老师下意识地没有像对待其他学生的问题那样在黑板上记录。此时其他学生开始说："肯定是啊，这还用说。"老师也顺势接了一句："确实是啊。"接着，老师又开始进行下一个问题的讨论。后面的讨论仍然热烈，课堂依旧在继续，但小阳好像变得沉默了。坐在旁边听课的老师发现小阳的变化，所以下课后，找到小阳询问，小阳有些失落地说："我有点遗憾，我提出的问题没有得到老师的回应。"老师与他深入交流后发现，原来小阳想得不简单，他想设计不同的实验来证明莫比乌斯带的循环，还想知道这样的循环能给现实世界带来什么影响。

我们鼓励学生提问，必然要面对如何回应学生的问题，这不仅要求教师具有教学智慧，更要求教师真正具有学生视角。然而在课堂中，我们发现，有时教师急于完成自己的教学任务，忽视甚至拒绝回答学生的问题。此时，教师就容易错失学生当时的思维亮点，也容易错过将课堂真正引入学生内心的机会。所以，无论何时何地，面对每一个学生的问题，尽管不一定知道答案，尽管不一定能马上组织大家着手解决，但教师需要对此保持最大的尊重与耐心，把学生的问题当回事。

老师，我有问题

在一年级下学期"认识平面图形"的学习中，杨老师为学生设计了直观感受平面图形特征的活动——"为立体图形拓脚印"。学生借助手中的长方体、正方体、圆柱、三棱柱学具，在纸上画出立体图形的"脚印"。当同学们正在认真操作的时候，小光同学大声地说："杨老师，我有问题，球有'脚印'吗？球的脚印是什么样的？"他的问题一出，孩子们都大笑起来，在场的个别老师也开始议论起来："这个问题超出了本节课的内容。""这可怎么回应。"小杨老师不慌不忙地说："小光同学的问题很好，你可以拿你的学具球试一试，看看能否找到你想要的答案。"当然，小光通过实践发现球的"脚印"只是一个小点，再次明确立体图形要有平平的面，才能拓出想要的"脚印"。

紧接着老师问："哪位同学也像他一样有问题？"

不少学生举起了手。

师：那么我们可以随时分享看到了什么，想到了什么，有什么发现，有什么感到好奇、想问的。

生1：我发现同一个立体图形上有不同形状的"脚印"。

生2：我还发现不同的立体图形上也可能有相同的"脚印"。

生3：我就是想不明白，三棱柱怎么会长出长方形呢？

师：能提出自己的疑问真了不起。那让我们再拿出三棱柱看看，这是怎么回事呢？

围绕这个问题，学生再一次拿出三棱柱，从不同角度去观察它。观察后，学生感叹道："哦，原来把三棱柱躺着放，从前面、后面、下面看都可以看到长方形的面，从左面、右面会看到三角形的面。"

基于小光同学的一个询问，老师智慧地抓住问题，高水平地回应，进而把课堂推向高潮。"在学习中我们可以随时分享看到了什么，想到了什么，有什么发现，有什么感到好奇、想问的"这个巧妙的回应就这样在一年级小朋友的心里慢慢播下了发现问题、提出问题的种子。"三棱柱怎么会长出长方形呢？"多好的问题，它既是对于立体图形的多角度认识，也发展了学生的空间观念。老师对于学生提出的问题认真倾听、积极回应，并鼓励学生动手操作观察，学生心中的疑问便一下子被解开了。

不会提问，怎么办

四年级下学期，教材在"数据的表示和分析"这一单元之前安排学生先进行一次栽蒜苗的体验活动，目的是使学生经历数据统计的过程，同时为本单元学习统计图积累一些活动经验。当刘老师第一次将"栽蒜苗"的标题板书在黑板上，鼓励学生提出问题时，学生似乎兴趣不大，应付了事地提出了如下问题：蒜苗怎么栽？为什么要栽蒜苗？蒜苗能吃吗？显然，学生找不到提出问题的感觉。怎么办呢？

干脆让学生先栽起来再说吧。没想到，随着学生行动的开展，一个一个问题产生了。"刘老师，刘老师！您说我的蒜苗到底能长多高啊？"那段时间，刘老师每天都会在数学课上专门拿出10分钟左右的时间让学生聊聊和小蒜苗有关的趣事。有的学生说蒜苗刚长了一段时间，就被不知情的爷爷割掉吃了；也有的学生互相交流小蒜苗的生长情况，分享经验。孩子们提问的兴致高涨起来了，很多学生记录下了自己的发现和疑问。在后来的汇总中，学生带着实验后的感受，从不同角度提出了很多有趣的问题：为什么有的蒜苗长不出来？我们自己种的蒜的生长速度代表所有蒜的生长速度吗？大蒜在幼苗期怎样进行光合作用呢？蒜根那么脆弱，怎么能撑起蒜呢？蒜苗每天生长的高度一样吗？如果不一样，那是什么原因？水栽蒜苗能和土栽蒜苗长得一样高吗？蒜苗最高能长多高？

当第一次面对一个陌生的主题或者任务时，如果学生还没有找到很好的提问的感觉，那就需要教师机智地处理遇到的情况。面对这种情况时，教师没有急于进行后面的活动，而是让学生先动起来，亲自做栽种小蒜苗的实验，并和他们每天聊聊小蒜苗的事。当学生来了兴致，有了亲身体验时，自然能够从不同的角度提出很多好问题。这些问题才是有生命的，才是可以生根发芽的。

学生发现问题、提出问题意识的培养不是某一节课或某几节课就可以完成的，应贯穿数学教学的始终。在常态课堂中，教师创设友善宽松的学习气氛，形成鼓励学生提问的课堂文化氛围很重要。即便开始学生提不出问题或提出的问题中有些可能比较稚嫩，但只要学生不断思考，发现、提出问题的种子就会在他们的心里慢慢生根发芽。

爱他，从"心"开始

谢乙秋

2020年的"居家学习"让老师、学生都措手不及。学生作业拖拉、沉迷于手机游戏、作息时间紊乱等问题让老师为学生捏了一把汗。刚复学不久，班上就发生了这样一件事。

听讲失心，他变了

阳光开朗的小A是课堂上的"明星"，平时学习很认真，常常在课堂上与老师精彩互动，赢得满堂掌声和老师的夸奖。

这天的数学课让我很意外。我一边讲练习题，一边用余光扫视全班，发现坐在第七小组的小A正全神贯注地盯着自己的电话手表，沉浸在自己的世界里。于是，我边走边讲，到了他的面前，想悄悄拿下他的电话手表。他急忙把电话手表藏到抽屉里。我温和地说："既然电话手表会影响你专心听课，请你把它交给我暂时保管吧。"他犹豫了好一会儿，最后还是极不情愿地把电话手表交到了我手里。我把它随手放到了讲台上继续上课。不一会儿，我留意到小A流下了眼泪。

"我死了算了！"

下课铃声响起，我发现小A仍然在座位上哭。于是，我叫小A到教室外面聊一聊。没想到，他突然情绪激动地对我吼道："电话手表我不要了，你想拿就拿走算了……"接着号啕大哭起来。我走到他身边，关切地问："你怎么啦？我们聊一聊，可以吗？"他再次冲我喊道："电话手表我不要了，我死了算了……"他突然站起来，想冲向门外，被我强行一把抱住，带回了办公室。他开始歇斯底里地边哭边喊："疫情不让出门，手机不让玩，现在电话手表也不让玩，我还有什么玩的？你们都不理解我，我死了算了！……我知道，妈妈不喜欢我，老师也不喜欢我，你们都不考虑我的感受……我现在学习不好，我，我就是个学渣！"

这次突如其来的疫情把大家都憋坏了。我们大人有较为丰富的生活经验，能及时调整心态，可是孩子毕竟是孩子，还不完全具备这种调节能力。他的爆发也是压抑很久的结果。我静静地听着他哭诉，直到他的情绪慢慢恢复了平静。

交谈倾心，疏导他

"我们遇到问题，首先应该想着去解决问题。假如你走上了不该走的路，难道你的问题就得到解决了吗？"我问道。

他边抽泣边说："我可管不了这么多！"

"做人不能这么自私，对吧？你看，为了让每一个患者活下来，我们的医生'战士'不畏生死去抢救他们，就是为了让他们有一个完整的家，有一个无限美好的未来。你这么做，最受伤的会是谁？"

"妈妈。"他毫不犹豫地回答。

"你想过你如果走上不该走的路，你妈妈会怎么过日子吗？或许因为伤心过度，她无法正常生活；或许因为无法接受你离开的事实，她也想不开，那祸害的不就是你们整个家族吗？"

听到我这么说，他愣了一下，显然这是他想"一死了之"之前压根儿没有考虑的后果。瞬间，他又情绪激动地哭了起来："我好累，我压力好大，没有人能理解我。我不是真的想死，我只是觉得没有人可以分担我的痛苦……"

我让他静静地哭了一会儿。情绪发泄出来以后，沟通就能处于理性的平静时期。我拍拍他的肩，默默给他力量。过了好一会儿，他镇定下来。

我慢慢引导他："你说你爸爸妈妈不让你出门，是为什么呀？""为了保护我的安全，担心我会染上病毒。"他很利索地回答了我。

"你说你爸爸妈妈不让你玩手机，不让你尝试这，不让你尝试那，你试过跟爸妈进行有效的沟通吗？"我特别强调"有效"这个词，让他体会到问题的症结在哪里。

他想了一下，摇了摇头。我继续追问："你只说大家都不理解你，你是否理解了爸爸妈妈的意思呢？有没有站在爸爸妈妈的立场换位思考呢？"

"你如果想表达清楚诉求，是否可以把心里的话说出来给爸爸妈妈听，让他们知道你是怎么想的呢？什么话都憋在心里，那心态当然就不好了！你懂得接下来怎么做了吗？"

他开始跟我互动起来，微微点头，脸上也露出了一丝丝笑意。

多方联心，解疙瘩

为了解决小A目前的困扰，我及时联系她的妈妈，全面了解了他的情况。我从家长口中得知，小A借着上课的理由，网课期间经常手机不离手，除了上网课之外，其余时间和同学、堂哥一起约着打游戏，或者网聊，导致这期间学习基本懈怠了，上课缺乏人监督，有时候听课都不能保证，完成作业更是拖拉。接到老师的投诉以后，亲子间还发生过激烈的冲突和摩擦，家长因为教育方法不当，直接上手打人，导致他极力反抗，在家也有过一次"一死了之"的经历。

得知这些情况以后，我为家长支着儿：

第一，接纳，正确认识孩子的不良情绪。疫情期间出现焦虑等心理很正常，作为成年人的家长都有这样的情况，更何况是一个心智不健全的孩子。家长要认识到孩子的问题，这是所有家庭都可能面对的问题，遇到孩子的问题要排查原因。如果孩子有情绪，家长要给予孩子宣泄情绪的窗口，积极帮助孩子排解，而不是以暴制暴，把孩子逼上绝路。

第二，要求，合理引导孩子制订计划。小A原来一直是表现优秀的孩子，说明他有一定的上进心，只是这段时间无人指导，失去了奋斗方向。家长不妨与孩子一起制订学习计划，每天安排好学习的时间。网课时间听课学习是必要的前提，其余的时间引导他进行有益的课外阅读、居家锻炼等有意义的活动，甚至可以根据孩子的兴趣爱好，激发孩子进一步学习和探究的欲望。

第三，活动，拉近亲子间的心理距离。家长限制孩子使用电子产品时间，让孩子有自律的优秀品质。以亲子挑战赛、亲子共读、每天谈话半小时等没有压力的活动，营造轻松愉悦的家庭氛围，帮助孩子排解不良情绪，强化孩子的心理安全感，使孩子情绪正常化，持续保持良好的状态。

为了使问题彻底得到解决，我又与心理老师进行了横向沟通，全面介绍了小A目前的状态及我的处理方式、家庭亲子状况，并请心理老师介入观察疏导，对他进行长期跟踪。

小A渐渐变了，又变回原来阳光自律、积极向上的状态了。孩子阳光开朗、健康茁壮地成长，关乎每个家庭的希望，关乎民族的未来。爱孩子，从"心"开始，关注他的点滴成长，愿小苗能长成参天树！

两颗糖，一颗心

何显强

每个学生都是一颗希望的种子，我呵护他们的好奇心、纯真和善良，培养他们坚韧的毅力、无尽探求的精神，我追求做一名最真诚的守望者。听到孩子们纯真的读书声，看到孩子们灿烂的笑脸，感受孩子们真诚的问候，发现孩子们点滴的进步，这一切都让我感到当老师是无比幸福的。

H这个孩子太可爱了！上午第一节课下课后，我回办公室时他就一直跟在我后面，双手插在上衣的口袋里，脸上满是腼腆的笑，有些害羞地看着我想说什么，又一时找不到话题。一般来说，我不会随便问孩子今天这节课有没有听懂之类的有关于学习的话，否则，会吓跑孩子的，会让他们找老师玩了一次就不想来第二次了，会让他们不愿意与我走得亲近。于是，我常常会找一些看似无聊却是有心的话题，如昨晚睡得怎样，近期有没有什么高兴的事，现在的中学生喜欢玩什么游戏，哪里有什么特色小吃，等等。语文就是生活，生活即语文。在交流中，语言是要组织起来的，思维也肯定要动起来。这样，语言与思维都得到了锻炼。一个爱动脑、会动脑的人，就是一个优秀的人。

这时，我听到H口袋里传来塑料包装袋摩擦的"沙沙"声，我就问他是什么好东西。"小零食！一颗漂亮的小水果糖和一块精致的巧克力糖。"（也许是考虑到卫生与食品安全，学校有规定，不允许学生带零食来学校。但我觉得，偶尔也要尊重人性，我也常常会带些小零食来学校与孩子们分享，觉得这更有人情味，这才像是家人，才有家人般的感觉，令人轻松愉悦）他有些害羞地双手捧着两颗糖，说："老师，送给你的。"我颇为激动地说谢谢并热情拥抱了H，他这时才断断续续地表达说，这些天一直想送我糖，因为我常常表扬他并多次与他分享了下饭菜……

自从我接手七（4）班的语文课以来，我就一直很关注H这个孩子。他较为内向、胆小，不够自信，加上作业字迹相当潦草、卷面不工整，学习基础弱，成绩自然也是属于落后的，尤其是作业常常不交和上课走神，难免会让有些老师和同学不太待见。但我认为这个孩子有一颗纯洁的、金子般的心，很喜欢他。于是我一直在鼓励他，一直很有耐心地静待花开，我深信他在内心快乐的基础上会悄悄地成长成才！

当然这些小零食照例又会被其他孩子分走。也许是我常常会给孩子们分享小零食或下饭菜，也许我的确是一个很喜欢与孩子相处又富有爱心、童心的老顽童，也许是我认为教育本身就是信任、包容、理解，孩子们常常会从口袋里掏出他们珍藏的自己都舍不得吃的一颗糖或一块饼干之类的小零食给我。只要看看人到中年的我都还没有太走形的身材就知道，我是不爱也很少吃零食的人。但当孩子发自内心地给我一个小零食或一张自制小卡片之类的礼物时，我还是会欣然接受的。小卡片我留着做纪念，小零食照样继续往下分发。不一会儿，我班的郑焯天来找我玩，发现了我桌面上有两颗漂亮的糖，顿时两眼放光！而这"熊孩子"很久都没能背出《古诗四首》，我正愁着如何让他背呢，条件自然是先背完诗就送给他一颗精致的巧克力糖。"水激石则鸣，人激志则宏……"这背书的效果大家肯定是能猜到的。我们脑补这样一个画面：一个平日里"调皮捣蛋"的孩子，老师让他背书时，他半天挤不出一个字，而今老老实实地背，背好后又兴高采烈、蹦蹦跳跳地离开了。教育就是这么简单，这么简单的快乐，简单的幸福，只要你有心就能获得！

"每个孩子都是天使，只要你会蹲下身子走进他的内心！"我忍不住要表扬许华欣同学。许华欣一直是一个很内向的女孩子，几乎没有单独找过我，而我也仅仅是因为作业问题找她，其实我一直思考如何才能让她接受并认可我。正好她这天因为作业问题主动来找我，告诉我作文不知道如何写。我懂得一个内向的孩子来找老师寻求帮助时，肯定是她内心最渴望被关爱的时候，尤其是关于作业问题，对于基础暂时较弱一些的孩子来说，他的内心更渴望被尊重，他需要更大的勇气才敢找老师帮忙。老师不能用"这么简单都不会，你有没有听课？"去批评指责学生，而是应该柔声细语、耐心细致地教他方法，鼓励他并表扬他这种勇气与上进心！今天我很高兴，一者许华欣能主动来找我；二者她能真诚地与我交流她的困惑；三者我觉得她离开时是面带笑容的，并充满信心地表示她能完成这次的作业。这些都是让我很欣慰的事。我希望许华欣能够找到自信，找到前进的方向，早日成为一个品学兼优的孩子。我也期待我们班有更多的孩子，不惧暂时的落后，迎难而上，增强学习的内在动力，为未来、为家国，有行动、有担当！于是，上课期间我在班上表扬了许华欣同学。自然剩下的那一颗糖我就奖给了她。

我希望我的每一个学生将来都能成为"最好的自己"，也许他们目前不够优秀，"屡教不改"，我也真诚地爱他们，在我的字典里永远没有"差生"二字！在教育的原野上，我坚信每一粒种子都能破土发芽，每一株幼苗都能茁壮成长，每一朵鲜花都能自由绽放，每一个果实都能散发芬芳！

一米阳光

于晓丽

相传丽江玉龙雪山终年云雾缭绕，雪山一侧终年不见阳光，只有每年秋分时节会有一米宽的阳光照下来，被这一米阳光照到的人就能拥有幸福和快乐。我愿做平凡世界里给予孩子光明和期望，给孩子带来幸福的那一米阳光。

我所任教的一个班级中有一个做事认真负责的女孩，她是这个班的班长，名叫小何。她又高又瘦，扎着马尾辫，管起事儿来说话声音犹如狮吼。我是这个班级的数学老师，与她相处的点点滴滴让我对这个孩子渐渐有了更深的认识。

这个女孩的数学基础不错，数学成绩在班级位居前十名，所以上课时我会关注她是否认真听课。而且，当课堂上大家讨论问题时，中午大家吃饭、休息时，她都很积极、主动、负责地维持班级各项事务的纪律，让我觉得这位班长是称职的，给我留下了很好的印象。

随着接触时间的增加，我发现她数学课上越来越不认真，作业完成不如以前，上课状态也不佳。我几次找她谈学习，她都说会改正。直到有一次我找她时，她哭着跟我说："老师，我不想当班长了。"当她说这句话时，我内心有一点点喜悦，觉得她愿意跟我交心，讲她目前的困境了。我知道她当班长遇到困惑了。跟其他老师沟通后，我发现她这段时间心思没有完全放在学习上，其他学科也在退步。于是，我跟她聊如何当班长，如何做才能在同学心中树立自己的威信，让同学信服她，等等。事后，我让她找我补这段时间落下的知识点，我不希望这样的孩子在学习上落下。我在办公室给她讲知识点时，发现她理解得很快，掌握得也可以，所以我相信，她如果处理好现在面临的问题，学习成绩一定会有进步的，也一定能很快调整好自己和同学之间的关系。

孩子终究还是孩子，处理问题还是需要指点的。我发现多次谈话似乎对她没有起作用。她的学习成绩直线下降，与同学的关系也越来越差。看到她的样子，我很为她着急。后来，我去跟她的同学聊天，了解到，同学们都对她有意见，认为她作为班长不能以身作则，有作业不完成、上课讲话、跟同学说话大吼大叫等行为。还有她自己都做不到的事情却要求同学们做到，还会在全班同学面前批评做不到的同学，这是同学们最不能接受的。她的不自觉、不自律让很多同学不服气，渐渐地她的班长工作越做越难，经常受到同学的冷落。

记得有一次数学课，我在黑板上写题，她却从后面座位走到前面第二排一位男同学的座位旁，顿时那边的声音就变大了，我转过身来看到他们在说话。

我问："小何，你在做什么？"

小何："老师，他在下面玩小东西。"

我说："你可以回到座位吗？课堂上发生的事情老师来处理，你好好听课，还有课上不要随意走动。"

她似乎认为我在批评她，马上对我说："老师，他玩的东西不给我。"

看来，她对我说的话没有听进去。我用稍带严厉的语气说了她，她气得回到座位上趴在桌子上不听课了。课后，我找她，这可能是我们所有交流中谈话时间最长的一次。那个中午我们聊了很多，她也跟我分享了她的困惑。对她的每一个困惑我都提出了自己的想法和建议，又通过分享自己的经历跟她讲怎样学会做班长，怎样跟同学沟通，建议她学会跟人交流，交流时要注重方式方法，特别是语气，要放低姿态，走进同学的内心，让他们感受到她这个班长是真心真意为班级、为每一个人着想的，这样她与同学的关系就会有变化。

爱的种子已经埋下，静待这颗种子接受阳光、雨露的滋养，早日生根发芽。

有一次午餐午休时，我发现她真的有变化了，跟犯错的同学说话也会注

一米阳光

意语气，不再大吼大叫；对身体不舒服的同学，她能给予关心和帮助；对不午休又说话的同学，能够心平气和地进行沟通；等等。我知道，这个孩子在改变。每个人都希望做好一件事，都希望获得大家的掌声。看到她的改变，我为她感到高兴，及时鼓励她、表扬她，同时告诉她要把一件事做好，改变自己在别人眼中的印象就要坚持去做，如同铁杵磨针一样，只要功夫深，美好的事情会不期而来。之后，她与我的关系也缓和了很多，她在数学课上认真听课，课下来问我问题。我有时利用课间或是午睡前的时间陪她进行小练习，她落下来的课渐渐跟上来了。她也是一个感恩的孩子，知道老师对她的好，所以她有时给我带一些她妈妈做的饼干、大白兔奶糖等。

这个孩子的转变给了我很大的感触，原来每一个学生都需要爱的表扬，都需要别人对他的肯定，都需要别人教他做事，也许一句微不足道的鼓励和帮助就可能融化她那颗焦躁无助的心。教育路上，我们要懂得从孩子的缺点中发现那一点点优点，并用无微不至的师爱呵护他生命中的那一点点光。而那一点点不曾被扑灭的光总有一天会洒向满天的星星、月亮和太阳，照亮整个宇宙。

跟这批孩子已经走过了半个学期，我发现他们是一群需要关爱的孩子，是需要不断培养自信心、毅力的一群孩子。我对这些孩子常说的一句话就是：你们是老师眼中最可爱的孩子。这句平实的话就像一缕阳光，温暖着孩子的心，传递着快乐、慈爱，让孩子感觉到大家庭的关爱，更加热爱班级这个集体，更加充满学习的信心，让他们体味到健康、用心的生活态度。

让我们虔诚地把故事牢记在心，用心思考，用心感悟，让教育智慧升华，练就一双慧眼，发现学生那一点点光。总会有一瞬间，一颗流星、一点流萤，在广袤的夜空，成为亮丽的风景，让我们感受每一个鲜活生命的独一无二。

慢慢会好

彭 伟

2020年9月，我满怀期待地进入了中山大学深圳附属学校，我想把自己5年的教学经验奉献给这所万众瞩目的新学校。不过，学校虽然挂着中山大学的头衔，我的心里却非常清楚，把这儿称为"爱华中学"或者"楼村中学"更贴切一点，因为学校初中部的学生六成以上都来自爱华小学和楼村小学。

开学前我就得知了这一情况：学校安排我来担任七年级（9）班的班主任。说实话，基于我所掌握的消息，我还是比较忐忑的，因为生源并不算好。

从开学后前两周的综合表现来看，我们班的45个学生都不错，虽然他们基础不好（这个我早就预料到了），但他们愿意跟着老师学，这让我对他们的前景充满信心。在这群学生里，陈聪给我的印象最深，我对人如其名这点还是深以为然的，所以这次我事先就认定这个学生是聪明的。而事实也正如我所料，他在数学课上几乎有问必答，而且正确率极高，相比其他学生，他的思考能力毋庸置疑是很高的。不仅我如此认为，其他科任老师也几乎没有不夸他的，而且往往比我的评价还要高，说他聪明过人，是个好苗子。

开学第一天，我给同学们普及关于孙中山先生的历史贡献，陈聪坐在下面专心听着，不时回答我提出的一些问题，疑惑处还会向我发问，这就是我对他的第一印象：聪明、好学。课堂上很活跃，喜欢回答问题，且表达能力很强。

我对自己识人本领十分自信，所以开学的第五天我便打算选出班委。我在黑板上列出了所有班委名称，再逐个提名我认为可以胜任的学生，选好班长、学习委员、语文科代表之后，我打算把陈聪提为数学科代表。但他说："老师，我还是更爱历史，所以我想当历史科代表。"我说："行，那你就是历史科代表了。"开学第二周，有一次我向历史老师周老师打听我们班的情况，他没说别的，就说非常喜欢我选的历史科代表，我非常高兴，心想这个孩子会成为我们班拔尖的学生之一吧！

可能是因为刚到初中，同学们对一切都充满好奇，所以积极性很高。但是人终归很难一直超越自己，这种状态是弗洛伊德学说中的"超我"，而时间长了，好奇心散去，真正的本我就该浮出水面了。

陈聪的本我是这样的：在个人卫生方面，他邋遢、不讲究，随处扔东西，抽屉里的书摆放得毫无章法，书本拿出来时已成"春卷"；处理事情懒散随意且拖拉，就打扫卫生来说，别的同学15分钟做完，他用时要加一倍，而且往往不达标；行为举止异于常人，做操时会扭屁股，像小学二、三年级的学生一般与前后左右的同学打打闹闹；更糟的是在课堂上，他不再认真答题，很多时候别的同学已经答对的问题马上再问他，他都答不上来，我布置的家庭作业他也经常不写。所以，第一次月考他的成绩可想而知了，除了历史之外，其他科目都处于及格边缘。

我想，既然他本可以表现得很好，那就改变一下他，让他好起来。于是我拿出了很大的决心，改变他的行为习惯。我时常让他在课下整理自己的书；打扫卫生不合格，就第二天继续打扫，直至干净，将他擦黑板、打扫地面都限定在固定时长内；课堂上在他不经意间向他提问或让他上黑板板书解题步骤，作业没有完成我就让他爸爸监督。我认为，这一系列举措应该能够让他感受到我是在有意历练他，但事实是他不但没有反思自己的问题，习惯反而越来越差，第二次月考他的平均分已经降到了55分。

恰巧第二次月考之后年级要求家访，我没多想就选择了去他家。他的家庭环境不好，家里住房面积较小，两室一厅，房间和客厅都极小，隔音条件差，客厅的一举一动都会干扰他的学习。另外，房间写字台太小，不适合初中生写作业，写字台上也并未配备台灯。为改善他的家庭学习环境，我要求他的家长给他配一盏台灯，同时将写字桌从小学生使用的小桌换成大桌。

家访时我发现他的妈妈极少发言，偶尔说一两句孩子在家里的表现，却没说如何教育孩子，所以我提议他的妈妈在生活中教育他，让他独立完成一些家务活，对于他不会做的要引导他做会做好！

　　最后我问了他为何不努力学习了，是遇到了什么麻烦吗？他一开始不肯说，想了一分钟才开口，他说班长打他，还有班上另一个同学也打他，他的尊严受到了伤害，说完他去厕所哭了。等他好些了，我把他叫回来，告诉他，尊严可以要回来，以后班上有同学欺负他我会出面帮助，这个不是大的问题，大的问题是怎样找回好的学习状态。我提了最重要的一点，就是先从数学入手，慢慢找回状态，具体措施是我上课提出的每个问题他都要举手，意思就是每个问题都要求他认真思考，不可偷懒，他点头答应了。

　　自家访之后到期末考试，他又慢慢找回了学习的状态，数学课上他几乎每问必举手，虽然有的时候答得不对，但是这已经能够体现他在思考了，我也就放心了。他的习惯依然不好，但也看得出来他在改进，做操的时候，他很少打闹，动作也舒展开了。

　　也许他还会反复，但我不怕，没有一劳永逸的教育。不过，在一次又一次的调整之后，他将不再回到原点，而是随着我的引导和帮助成为更好的自己。期末考试他数学考了66分，题目难度较大，他能如此，已经非常好了。

慢慢会好

用心感受 互信互助

关珏彦

人类之间最珍贵的东西莫过于真挚的感情。如果人与人在交流的过程中能够用心以待，对方肯定会感受到善意，彼此之间肯定会产生真挚的感情。无论是哪方面的情感，我觉得真情实感都是当今社会上最珍贵、最少见的东西。自从我进入中山大学深圳附属学校，亲切的校长、有趣的同事和可爱的学生，让我真切地感受到，原来用心、用爱工作是那么重要、那么温暖、那么有成就感。

不知不觉，进入这所崭新的学校已经半个学期了，在这半个学期里，我建立了学校初中部第一支戏剧合唱团。在建立这支队伍的过程中，我用最快的时间了解了我们中大附的第一批新生。很多人都知道，我们这一批生源并不是很理想，差不多百分之百的学生的文化和德育水平都低于市里的平均水平。但经过这半个学期的相处与了解，我们一起经历了不少有趣难忘的事情，我与学生都有了不一样的成长。

第一次见到孩子们，只见他们大部分人的红领巾皱得像咸菜，有些大个头的孩子还戴着小号的红领巾，衣服领子东倒西歪，校服有皱巴巴的，有不合身的，有带污迹的，有破洞的，等等。列队的时候，学生交头接耳，懒懒散散的。看到这种情况，我马上去找心理老师，了解了一下学生的大致家庭背景。经过一番了解我发现，学生大多数来自周边来深圳打工的外来务工家庭，父母都忙着三餐，对家庭教育和素质教育都不是很重视。听到这些之后，我心里大致上有了个底，但也对他们产生了很大的好奇，非常期待合唱团选新的那一天。

戏剧合唱团选新在开学的一个星期后，报名的人数很多，孩子们都非常踊跃，他们对于"戏剧"这个词感到非常新颖和好奇。选新开始，我十分兴奋与开心，非常期待欣赏他们的自我介绍与才艺展示。然而，整个过程呈现给我的是无限的惊讶与失望。

第一，他们没有充足的准备。到了台上，多数人只有磕磕巴巴的自我介绍和没有练习过的才艺表演。我问其中一个孩子："你为什么没有练习就过来面试呢？"她说："我也不知道，感觉很好玩的样子。"我继续追问："为什么连自我介绍都没有准备好呢？"她看到我脸色不太对，就说："是朋友说好玩，所以我临时跟她过来的。"我表扬了他们上台的勇气，就让他们下台等候。

第二，他们没有表现出对这次选拔的尊重。有些孩子到了台上，嬉皮笑脸，唱歌忘词，跳舞漏拍，产生各种失误都在台上表现出一副满不在乎、得意扬扬的样子。我问孩子："请问你在台上笑什么呢？"他笑着说："没有啊。"我跟他说："你才艺表演有失误哦。"他说："哦，是吗？哈哈哈！"看到他们的态度，我只能压抑着怒火把他们所有的才艺表演都看完。

我从来没有接触过这种素质和水平的学生。这不是名校吗？这些学生从小都是怎么学的美育呢？我以后的日子怎么办？我看着参选名单，心里很想赶紧选出孩子，建立起我的队伍，但真的是一个都选不出来！后来想想，过不了多久就要艺术展演了，还是咬咬牙把他们选出来吧！

我一共选了12个孩子，第一节课我就决心要给他们立规矩。他们进来之后，吵吵闹闹，互相打闹。但我什么都没说，先把10条团规发到每个人的手上，让他们大声朗读出来：

"①必须团结。作为合唱队的一分子不能恶言相向，取笑对方，必须互相帮助，团结友爱。②必须完成老师布置的任务。每个人或每个分组都必须在规定时间内完成，不允许耽误进度。③必须遵守课堂纪律，保持安静，时刻保持注意力高度集中。（因我们上课时间非常短，为了达到最佳的效果，每个人都可以达到目标成绩，我们必须把握每分每秒，务求在短时间内达到高效。）④必须保持低调作风。不要因为自己是艺术团的一分子就觉得自己不一样，在别的同学面前炫耀或者贬低别人，严厉禁止高调作风。但需要内心保持自信，有韧劲。⑤必须保持文化课成绩。如果成绩下滑，马上调

用心感受　互信互助

动到等待名单（不是正式队员）。如有科任老师投诉学风不好，不按时完成作业，以练习唱歌为借口，马上勒令退团。⑥必须学会尊重。无论遇到老师还是同学，都必须保持礼貌、谦让，有素质。⑦必须学会保持正能量，不能遇到困难或者被否定就放弃，要做好吃苦的心理准备，有耐心。如出现浮躁不能吃苦，警告两次，第三次退团。⑧必须每周选一个艺术作品或一首歌欣赏，每周回社团的第一节课要与大家分享。⑨必须跟家长保持良好的沟通，每周需要跟爸爸妈妈分享所学内容。⑩必须准时参加训练，以集体荣誉为个人荣誉，迟到三次，自动退团。如有紧急情况，需向老师说明。"

读完之后还没等孩子反应过来，我就开始说："你们进入合唱团后，必须遵守团规，如不能做到，现在就可以离开了。"同学们马上就坐直了。我继续说："合唱团是一个有意思而又艰苦的地方，如果你们不是真心喜欢音乐，现在也可以走。"教室里的孩子们安安静静地坐在那里，眼睛看着我，有的害怕，像是在说："我印象中的音乐老师不是这样的呀"；有的认真，像是在说："我要端正自己，好好在这里学习"；有的狡猾，像是在说："这么凶，不能给她抓住了，要看起来很听话才行"。但起码他们安静下来了，就这样，我的合唱团组建起来了。

我能感觉到学生都很浮躁，不能好好地静下心来去学习或专注于一件事情。我本来打算慢慢地训练他们，和他们共同成长，但突如其来的比赛打破了我的计划。

在合唱团建立的第二天我就接到市里中小学生戏剧合唱比赛的通知，最重要的是，当时离比赛只剩下不到10天了，中途我还要出去学习3天，练习时间总共加起来只有一个星期。这个比赛让我的压力非常大，社团才刚刚组建起来，孩子们几乎都是没有基础的，要排一个怎样的节目才合适，才不会丢脸呢？面对这个巨大的挑战，我马上收拾心情，告诉了孩子们，要与他们一起迎接挑战！

他们知道这个比赛的第一时间就说："老师！我们是不可能赢的。"听到他们这样说我心里很不好受，马上说："请你们相信我，也相信你们自己。同样地，我也会相信你们。我不需要你们在这么短的时间内取得优秀的成绩，但我需要你们全力以赴，拼尽全身力气去完成我们所有的排练。只要你们在整个过程中互相帮助，团结一致，全力以赴就赢了！不管成绩如何，只要你们做到以上几点，我们就一起喝下午茶。你们有信心吗？"孩子们毫不犹豫地一起回应："有！"

第一天，我召开科组研讨会商量节目框架，编写与拟定剧本。第二天，我安排角色，在这12个学生中，有的男生是从篮球队选拔出来的，没有任何唱歌与跳舞的基础，更不要说演戏了，我只能手把手，一句一句地教。例如，怎么走，什么表情，需要具备什么情感，每一次说的台词的每个字应该怎么发音，字与字之间、句与句之间需要停顿多久，都是我在几天里一字一句地教的。为了不影响学习，我只能用午休前、午饭后的半个小时，以及拓展选修课的半个小时来排练。这7天里的每次排练，同学们都非常配合，以前学过舞蹈或唱歌的同学会帮助零基础的同学练习。对于一所新学校来说，扣掉周末，在7天内既要交完整的节目又要保证质量，是非常困难的事情。但我相信他们，只要他们能够成长，无论什么结果，都是最好的。

终于到了录制当天。因参赛视频不允许剪辑，只能一遍过，再加上摄影师只能给我们一个小时的录制时间，孩子们和我当天四点半就来到学校准备，化好妆，穿好服装，彩排了几遍，确认无误后开始录制。学生前三四遍面对镜头都表现得很紧张，我立即鼓励他们："找到平时练习的感觉就可以了，不要紧张，你们可以的！"终于在重录了7遍后，学生们终于完成了我们的作品。在摄像老师喊"卡，过！"的时候，学生们一起欢呼，互相击掌。我能感受到，这是发自内心的喜悦、发自肺腑的欢笑。通过这次经历，孩子们团结、积极了很多。作为他们的老师，我也很欣慰，这次绝对是他们难忘的经历。也是因为他们的努力，我们最终拿到了一等奖的优秀成绩。

通过这次从选拔到比赛，我充分地感受到，无论接触什么样的学生，都需要与学生建立起互信的关系。只有获得学生的信任，才能与学生建立起沟通关系。即使孩子的素质与专业水平等跟不上，也需要先养成良好的习惯。我要让孩子明白和感受到老师是真心想帮助他们，与他们一起成长的。用心感受，互信互助。只要用真心，孩子们肯定会感受到。只要能团结互助，团队就会取得胜利。

用心感受 互信互助

做幸福的创造者

姚漫霖

不知不觉中，我成为一名人民教师已经5个月了。在这5个月中，我担任了七年级6个班的心理健康老师，给学生上心理课，组织心理筛查回访，做学生和家长的访谈，带学生参加活动，带着期待的心情按照学校的节奏开展起来一项项常规和特色工作。这期间，我也遇到了很多可爱的教育先行者和同行，跟着他们，跟着学生，我学习到了很多教育之道。

苏霍姆林斯基这位伟大的教育家生动地比喻："家庭教育好比植物的根苗，根苗茁壮才能枝繁叶茂，开花结果。良好的学校教育是建立在良好的家庭道德基础上的。"作为一名心理辅导老师我深以为然。我在大二实习阶段接触并对8名问题儿童进行了观察和辅导，比较深刻的体会便是：每一个问题孩子的背后都是一个问题家庭，当家长可以相濡以沫，当好父亲和母亲，有了良好的家庭氛围时，孩子便会明白如何做一个好孩子。让我有更深刻的体会是在康宁医院进修的时候接触到一个提到父亲便会咬牙切齿的青少年。有一次，听说病友的爸爸要来看望病友，他就十分难受，采取了一些极端的行为来缓解自己的不适情绪。他低着头问了妈妈一个让人十分痛心的问题："妈妈，你难受吗？要是太难过了我们俩一起去死吧。"到底是什么让一个青春期的孩子如此痛恨自己的父亲呢？

后来在一次家庭治疗中我恍然大悟。在这次家庭治疗中，没有孩子参与只有夫妻俩，。家庭治疗3个小时，我就听孩子的母亲控诉了孩子的父亲3个小时。母亲从近期父亲对孩子的不关心，到多年来丈夫对自己的冷漠、忽视和背叛，讲得声泪俱下。其中一件件小事、一桩桩大事，桩桩件件都在一点点地压垮眼前的这位母亲：她原本是一位中学骨干教师，在丈夫的要求下辞职在家做全职妈妈，但是在一步步的选择之后，她失去的不仅仅是工作，还有经济收入和亲人的支持，得到的却是孩子的抑郁、丈夫的背叛。她失去了对自己生活的掌控能力，也失去了疼爱自己的能力。

她的控诉越来越激动，嘶吼控诉几乎贯穿整栋楼，在场的我也是边听边替她委屈。而父亲呢，是个嘴笨的人，从在旁边涨红了脸地解释到后来背过身去生闷气，摆出了一副完全逃避的姿势，我也是为父亲的无力辩解和不被聆听感到非常痛苦。看到这一幕，可想而知孩子平时的内心有过多少次挣扎与难受，我深深为这个孩子感到委屈。客观地看，他自身家庭结构中母亲太需要人去疼爱了，这个"呼唤爱"的母亲快支撑不下去了。因此，小小年纪的他，选择了替代父亲在家中的部分角色。每天一放学，他就拿起电话手表给妈妈打电话，给妈妈讲学校里有趣的事情，陪妈妈聊天。但这样长期的对妈妈的担心和在家庭矛盾中生活的状态也压垮了他自己。

试想如果在这个家庭中，妻子可以学会更多地爱自己一些，丈夫可以多懂得一点妻子的抱怨，各自守好自己在家庭中的位置，孩子也就可以真正地去"做个孩子"。

"家庭教育是一门培养人的科学。"我被苏霍姆林斯基的话语深深地打动了，我相信：教孩子如何做一个好丈夫、好妻子、好父亲、好母亲，是为人师之大爱。每一个孩子都应该是一生能被家庭教育治愈的孩子。

师生关系是做好教育的前提，苏霍姆林斯基谈道："自我教育的前提是信任。首先必须建立起深信对方具有良好意愿的师生关系。"如何建立良好的师生关系呢？怎样才能被青少年接纳并喜欢呢？青少年身上有种独特的能力，他们直觉更加敏锐，更加能够明白谁是真正喜欢他们的，谁是真正愿意为他们花费时间的。

我想，"讨喜"的前提就是与学生一起活动，和学生有相同的感受，带领学生一起活动，为他们花费时间，在接触中，就能与学生熟悉起来，看到他们最真实善良的样子。我在与学生的接触中深深感觉到自己在被孩子们爱着、治愈着。在一次全区的心理委员培训的活动中，有一个"五毛一块"的游戏，如果团队的成员没有"抱到团"就要站到"火焰山"上接受惩罚。在发现抱团人数多了的时候，有的同学自己站出去作为那个接受惩罚的"猴子"；有的同学在人不够的时候被拉入团队后来又被重重推开。在感悟分享的时候，有一个其他学校的女生分享自己在被别的团队推开后感受到了被社会排斥的深深恶意，想起了自己曾经遭受校园暴力的日子。这个女生走下台后，我们班一个女生挪到我的面前很不好意思地问我：老师我可以去抱抱那个女孩吗？得到我的同意后，她走到了那个女孩的旁边抱住了她，还给她写了一个满是鼓励的话的便利贴。看到这个举动之后，我们班的其他同学也开始写便利贴递给那个女生，有的跑过去抱住她，有的牵起了她的手，就连刚刚重重推开她的那个同学，也满脸挂着内疚地递了一张小纸条过去。

在这次活动中，学生们展现出了自己的善良与治愈力。借此机会，他们表示自己会让受到排斥和伤害的同学知道有很多人愿意理解和接纳并且帮助他们。我想，我们心理老师也一样，即使不能时时刻刻关注每一个学生的心理状态，但是要让孩子们知道我们永远都在，永远都支持和帮助他们。人性本善，其实孩子本身就具备这些美好的东西，当我们深深体会到孩子的美好时，就会更加热爱他们。从那次活动之后，我感觉到了与这群孩子更多的连接和亲近。

师生关系之道，除了热爱之外还需要很多智慧，需要我们多多学习和探索尝试，以寻找答案。这也为我们心理健康教育课程设计带来了思路，我们的课程设计要基于学生的真正需求，我们要观察学生的行为，分析学生的自我报告数据，倾听学生的日常困惑，立体全面地去建立每个学生的成长档案。我们的课程设计要基于学生独特的个性，我们要培养真正的"人"，让每一个孩子在课堂上感受到存在感和成就感。身为教师，我们要认认真真做幸福的创造者！

与每一个学生的相处，上过的每一节课，每一位前辈的教诲，在这短短的5个月都给我带来了启发和鼓励，虽未一一列举但都铭记于心。非常感激这一段教师经历，让我有了如此的感悟和收获，希望将来我可以成为为学生创造幸福的优秀教师，"让学生因为遇见我而感到无比幸运"，为孩子示以美好，授以希望。

心理老师差点忘了共情

许晓达

"**如**果心理环境无法提供共情的回应，人就不再能从心理上生存，就像人无法生存于没有氧气的环境。"海因茨·科胡特曾谈及共情的重要性。我也将共情奉为我作为心理老师的最基本要求，但却没想到有一天在面对学生时，我差点忘了共情。

读研实习期间，我所面对的群体大多为思想较为成熟、能管控好自己一言一行的成年人，无论是开展团体辅导、咨询，抑或是上心理健康教育课，都进行得比较顺畅，也能获得相应的成就感。相比之下，毕业后的我担任了初中阶段的心理老师，对于青春期孩子的认知仍然停留在发展心理学的理论层面，面对一个个活泼好动、纪律性较差、自我追寻中感触到多半是困惑和迷失的初中生，以往的教学方法完全不适用于他们，我也不懂他们到底在想什么。陌生的群体使我头疼不已。

那是开学的第二课，课程内容讲的是关于初一新生开学适应的人际交往策略。为了让孩子们了解到每个人的性格差异，我采用了"乌鸦与乌龟"这个游戏作为导入，学生根据我的指导语迅速做出反应，通过主动抓手或者主动逃离的表现来区分个体的不同。设计这个活动时，我有十足的把握，因为我曾经在大学生群体里开展过这个游戏，既能调动气氛，又能让学生有所感悟。在我看来，这是个不错的教学导入，因此，我抱着满满的信心给初一新生讲解活动规则。

等进入活动环节时，原本我所预想的活动中出现紧张、热闹和嬉笑声的场景竟并未出现，相反，大部分学生十分抗拒这个游戏，坐在座位上连身体都不愿意转动，手也不愿意按规则搭在他人的手上，经我反复提醒和催促，学生一动不动，脸上也没有什么表情，一时间整个教室中都弥漫着尴尬的气息，简直让人窒息。因为有先前大学生进行这个游戏的效果做对比，所以那会儿我想到的只是初中新生的纪律问题。他们不仅上课爱讲话、搞小动作，还让我难堪，连课程都无法进行下去，所以我有些生气。我对学生说，不想参加这个活动的可以举手，班上有两个同学举起了手，我让他们站起来，并询问他们原因，希望能够了解他们的想法。但他们不愿做正面回答，一个学生面无表情地回复我说："我就是不想参加，没有理由。"另一个学生一言不发，抿着嘴，下巴高高抬起，用充满着不屑和敌对的表情面对着我。学生的反应"成功"地激怒了我，当场我就对学生进行了思想教育，将自以为的做人做事的道理告诉他们："并非世间的所有事情都如自己所愿，既然是学生，你就有义务配合老师上好课，现在作为学生就已如此，那在未来还有多数的事情并不如意，难道你也不去做吗？"

当下的气氛凝固到冰点，我与学生对峙着。这时，有个声音在教室的前排弱弱地响起："老师，我建议让男女生分开来进行这个活动。"这一句话让我感到醍醐灌顶，顿时使我对学生的共情大门敞开，我意识到青春期的孩子不同于成年人，他们正处于性心理发展时期，对于异性的肢体接触十分敏感。我开始组织班上同学换座位，让男女生分开坐到不同的组里，当位置换好后，学生未等我开口，就已经把手都搭到了旁边同学的手上。一场导入活动下来，我能明显感觉到学生的热情高涨，也能对游戏中的不同表现分析得十分到位，超出了我的预期，后续的课程也在学生的参与下顺利进行。

课后，我对自己的所思所为进行了反思：我在设计教学活动时，没有根据当前学生的发展特点和学情来进行设计，没有以学生为主，未能放下自己的成长经历、价值观去理解学生，没有透过学生的眼睛看世界，没有感受他们这个年纪应该存在的心思和敏感，没有给予学生最真挚的理解。共情对学生来说是多么重要，正如亚瑟·乔拉米卡利在《共情的力量》里说的："共情的实质就是把你的生活扩展到别人的生活里，把你的耳朵放到别人的灵魂中，用心去聆听那里最急切的喃喃私语。"而我作为心理老师却没能做到这一点。

反思后我决定找课上两名举手的学生面谈。我先是道歉，然后温柔地用自己所聆听到的他们内心的话进行转述，让他们知道，老师理解他们并非故意破坏课堂纪律，而仅是因为青春期害羞的敏感心思而无意为之。他们虽未做出语言的回应，但轻点了一下头，脸上的敌意荡然无存。我想，我们共同感受到了共情的力量。

后来，那个在课上一言不发，抿着嘴的高傲男孩时常来我办公室找我，还和我分享了与他喜欢的女孩之间那情窦初开的青涩与甜蜜，共情的力量也将我带入其中，与他一起体验青春年华的美好。我想，我们只有厈共情的这一束光，才能找到与学生的共同之处，才能真正走近学生，走近心理健康教育。

亦师亦友，让孩子独立思考

刘 蓝

作为一名信息老师，我有着与众不同的骄傲。或许我不能像班主任老师一样，有充分的时间与每个学生相处，或许我也不能像主科老师那样，叫出每一个学生的名字，但是我有着得天独厚的优势，因为我总是能接触到更多的"花朵"，也能更好地融入孩子们的群体。

在诸多教育工作中，最能和孩子们打成一片的就数参加各种比赛项目了。在这些比赛项目中，我不仅可以和学生一起学习新的知识，辅导学生如何应对比赛，还可以和学生一起寻找与他人的差距，互相学习、提升自我。通过各种各样的比赛，我发现以一个平等的身份接触学生，亲近学生，能更好地成为学生的朋友，进而培养他们独立思考、团结协作的能力。在过去的一个学期里，有多场比赛给我留下了深刻的印象和启发。

第一场比赛是光明区青少年科技创新大赛的现场制作赛。这场比赛从筹备阶段就困难重重，孩子们和我都竭尽全力地努力与付出，克服其间的各种艰难险阻，最终取得了不俗的成绩，也让我懂得了作为一名老师，我们不仅要培养孩子独立思考、坚持不懈的能力与品质，还要相信孩子，并且培养他们的自信心。

赛前，辅导老师讲解了比赛元器件、比赛规则等相关内容。没有经验的我的内心既焦灼又忐忑，生怕不能很好地辅导孩子们参加这次比赛。幸好科创负责人宫老师帮忙向学校申请了比赛元器件的购买费用，同时特别感谢学校领导对我们参加科创类比赛的大力支持。有了领导和同事的鼎力支持，加上区里提供赛前培训，我便可以全力以赴地准备这场比赛。

比赛不仅仅是孩子或是辅导老师单方面的责任，更应该是大家共同努力、共同配合的结果。赛前培训是在一个周末，我提前和孩子家长协商好相关事项，即便是在周六，孩子们也早早地赶到了学校，个别孩子还带上了自己的电脑，兴致勃勃。在培训中，我发现孩子们对于比赛元器件的使用得心应手，偶尔有不解的地方，也勇于向指导老师提出自己的困惑，但是，孩子们在创意想法上却显得有些捉襟见肘，数次向我投来求助的目光。为了培养孩子们独立思考、勇于创新的能力，我旁敲侧击地引导孩子，启发他们的灵感，让他们发挥天马行空的想象力。在回去的路上，我鼓励孩子们，比天空还大的是你们的想象力，你们想要到哪里就做到哪里，但仰望星空的时候，也需要脚踏实地，为自己的想法做好充分的准备，为即将到来的比赛做好周全的练习。此后，我也时常利用拓展课的时间，提前准备好孩子们喜欢的牛奶、点心，和孩子们学在一起、玩儿在一起，融入孩子的群体。与此同时，我鼓励并督促孩子们为即将到来的比赛全力以赴，对他们来说，此刻多加思考与练习，在比赛中才能更为从容不迫。孩子们的想法是天马行空的，我们固然不能扼杀他们天真烂漫的思维，但在一定程度上也需要帮助他们走在正确的路上，所以在平时的练习中，我也为他们的创意灵感提供一些想法和建议。

转瞬就到了比赛的日子，尽管孩子们和我都竭尽所能地为比赛做准备，但在比赛现场依旧是困难重重。经验不足的我们发现，我们带的制作素材在视觉效果上远不如其他学校，孩子们不服输、不放弃，积极地跑到其他学校的废料堆去寻找还能够使用的材料，我也向其他学校的老师寻求多余的材料与工具。功夫不负有心人，在孩子们的努力和坚持下，我们的作品最终给了评委老师耳目一新的印象，获得了大家的一致好评。最后，两组孩子均获得了不错的成绩，其中一组获得了三等奖，另一组则获得了全区唯一的一个一等奖。

通过这场比赛，我认识到了作为一名指导老师，要充分相信孩子，支持孩子的想法，像朋友一样陪伴在孩子身边，给他们鼓励。这样，孩子就更容易放下戒心，放松心情，轻装上阵，在比赛中绽放耀眼的光芒，获得令人意想不到的结果。

第二场比赛是市级的海陆空模型比赛，同样是一个我完全没参与过也没有了解过的比赛项目，但是在先前经验的基础上，我不再那么手足无措了。在这次比赛中我选择相信孩子的能力，通过融入孩子的群体，调动孩子们学习的积极性，引导他们独立思考，锻炼他们的动手能力。从比赛的筹备阶段开始，学校各领导、同事都给予了我们极大的支持与配合，孩子们也攒足了劲儿，在完成日常学习任务之余，积极服从比赛的各项安排。在大家的共同努力下，短短数周时间里，孩子们从按图索骥，逐渐发展成为独立思考、能提出自己独特的想法与改进创意的小能手。最终，孩子们也都获得了不错的成绩。看着他们的成长与进步，我的内心也十分充实与开心。

著名的教育学家陶行知先生曾说过："教师对学生，学生对教师，教师对教师，学生对学生，精神都要融洽，都要知无不言，言无不尽。校园中，人与人的隔阂完全消除，才算是真正精神沟通，才算是真正的人格教育。"亦师亦友的教学模式让我和学生之间有了更多交心的沟通。教师不仅仅是学生学业上的传道、授业、解惑者，更是学生内心世界的倾听者、理解者和交流者。

保持着和学生相同的步调、相近的心境，走进孩子的内心，成为孩子们亦师亦友的好伙伴，才能更好地调动孩子们的独立思考。相信我们的孩子定能走出非同寻常的道路，发出耀眼的光芒。

隐秘的痛苦

周 明

我第一次看到小J这个名字是在学校录取名单上，管学籍的老师特意交代我，学校七年级新生里面有几个中大附属医院子弟，小J名列其中，当时我并没有过多留意。

暑期培训的时候，学校安排我临时负责七年级新生入学摸底测试，在改卷的过程中，小J的名字又出现在阅卷老师的口中了，他是少有的几个数学满分的学生之一，在统分的时候，他的总成绩是年级第一。理所当然，我认为他一定是一个学习能力非常强的学生。

开学后，我做了他的历史老师。他给我的第一印象是高大健壮的身材，非常内敛的神情，见到老师也不太愿意打招呼，甚至刻意躲避，和同学走得也不近，喜欢独来独往，一个人默默地趴在课桌上休息。上课的时候，也感觉他精神不足，总是昏昏沉沉的样子，不但没有积极主动参与课堂互动，连笔记都没有认真做。他的表现让我感到疑惑。这一切，我都看在眼里，并没有说什么，只是去关注他、了解他。

我的历史教学有这样一个习惯：每节新课结束后都要进行听写。万万没想到，他的第一次听写成绩在班里排名倒数，我都怀疑我是不是改错了。第二次听写，他虽然稍有进步，但也只是中等。这时候，我开始诧异了，我还沉浸在他入学成绩年级第一的印象中，在我的认知里，他是中大附属医院子弟，入学成绩又这么好，按理说，学习态度应该非常端正，学习能力应该非常强，可实际上，却出乎我的意料。

带着这些疑惑，我与他的班主任进行了交流。班主任也和我一样，感到非常诧异，她说小J几乎每天都迟到，整天都精神不足的样子，联系家长沟通也没有太大的效果，其他各科成绩也没有那么亮眼，与入学考试成绩出入很大。更令人震惊的是，心理老师反馈，在新生入学心理问题排查中，小J有中度抑郁。我只能安抚班主任，多关注小J，多和家长沟通，反馈孩子在学校的情况，及时进行心理问题建档，并把这个情况简单地和校领导进行了汇报。

在我的历史课堂上，我开始加大对他的关注度，当他趴桌睡觉，精神不足的时候，我总是善意地轻拍他的后背，从来没有批评过他。我不经意地检查和提醒他做笔记画重点，有目的地请他来回答问题，听写稍有进步就对他进行表扬和鼓励。慢慢地，他的历史成绩有了好转，见到我也主动打招呼。随着时间的推移，他和班里的同学也开始走得近一些了。

为了改善他的状态，班主任也做了很多工作，经常和他谈心，还多次请心理老师单独和他交流；多次和家长沟通孩子在学校的情况，要求家长多关心孩子，早上提醒孩子按时到校。有时候小J为了不迟到匆匆赶到学校，却没吃早餐，班主任还给他买早餐。经过各位老师的努力，他的情况在学校有所好转，学习状态和心理状态较为稳定，成绩有所提升，10月月考成绩在年级排名靠前，虽然离入学成绩排名还有一段距离。

11月下旬的某天早上，小J还没有到校，班主任在班里组织学生早读，我正好路过班级，这时候小J到了，他见到班主任眼睛就红了，低声说了一句："老师，我要转学。"班主任再问他，他就不说话了。这时候班主任叫住他，把他带到了一个空教室，然后赶紧叫我过去商量对策。那时候天气已经有点凉了，可小J只穿了一件短袖。为了缓解他的情绪，我并没有追问他突然要转学的原因，而是问他吃了早饭没有，他说没有，于是我让班主任打点早餐过来，然后向其他同学借了一件外套让他穿上。

没过几分钟，小J的妈妈来了，她见我的第一句话就是："学校谁负责转学，怎么办手续，我现在就给小J转学。"听小J妈妈这样说，我感觉情况很严重，肯定发生了什么重大事情。于是，我叫小J妈妈到另外一个空教室进行沟通，当着孩子的面，有些话不方便说。到了空教室，还没开始说话，小J妈妈就开始大哭，过了一会儿才控制住情绪。她说她也没办法，一个人在深圳工作，带孩子，而且孩子太不听话了。小J沉迷网络游戏，本学期以来，拿长辈的手机先后在网络游戏中充值七八千元，以前小学三年级也做过这种事，那时候是充了三千多元。尤其是昨天晚上，因为催促小J早点洗澡，上床睡觉，母子俩大吵一架，还动了手，实在是管不住，只能转学了。

顺着她的话，我问她想转到哪里，她说转回东莞的寄宿制学校，他们是东莞本地人，可以转回去，寄宿的话，也有学校管。于是我问他、小J爸爸在哪里。说到这里，小J妈妈又开始掉眼泪。她说她老公在东莞本地社区工作，很忙，平时很少管孩子，家里还有一个5岁的女儿，主要是爸爸在管，她自己工作也忙，在附属医院做行政工作，加班加点是常有的事，所以孩子从小其实是由爷爷奶奶带大的。在小J8岁的时候，她生二胎，两个孩子顾不过来，就把小J送到了寄宿制小学读了一年，在那所小学，小J通过自己的努力取得了年级第一的成绩，再加上小J向她哀求，不要再去寄宿了，这时候，做妈妈的她心软了，就把小J带到了身边。可是，从那以后，小J就变了，不喜欢和人交流，和妹妹的关系很恶劣，最让家长痛心的是，他开始沉迷于手机游戏，还用长辈的手机大额充值。而小J的爷爷又特别强势，非常在乎孙子的成绩，一旦没考好，就严厉批评，导致小J的心理问题越来越严重。

话已至此，我大概了解了事情的来龙去脉，小J的家庭问题显而易见，强势的长辈，权威不容置疑，过于关注孙子的成绩。父母忙于工作，再加上生二胎，对孩子疏于管教，小J找不到存在感，失落了、痛苦了，无人理解，只好在网络游戏中寻找慰藉，却越陷越深，导致家庭矛盾爆发，而这些痛苦，都是隐秘的，不为外人所知的。

我想小J妈妈也知道问题所在，可是她解决不了，忙碌的工作、事业的追求，让她不可能全身心地陪伴孩子的成长，所以她考虑让孩子转学，去寄宿制学校，寄希望于学校。事实上，以我的经验来看，把一个出了问题的孩子送去寄宿制学校期望问题得到改善，几乎不可能，很大程度上，问题反而会加重。于是我找了个借口，告诉小J妈妈，转学需要通过校领导，请她先回去，明天再来，我先把情况汇报给校领导。

到了第二天，她冷静下来了，主管中学的副校长和她进行了两个多小时的沟通。小J妈妈一开始心有戒备，后来敞开心扉，和校领导交流了很多关于家庭的事情。校领导对于小J原生家庭情况进行剖析，对小J从小以来的家庭教养方式进行梳理，给予了家庭教育方面的多项指导。比如，亲自抚养，尽量减少孩子和爷爷的接触；平衡一胎、二胎之间的关系，让哥哥感受到更多

隐秘的痛苦

的关爱和重视；淡化成绩，更多地关注孩子的成长和心理；对于网络游戏，要慢慢引导，有一个过程，可以先减少时间，培养其他方面的兴趣。

经过学校多方的努力，小J妈妈终于答应暂时不转学，也会试着去改变和孩子的相处方式，多关心和陪伴孩子。后来，小J的情况逐渐稳定下来，在12月的期中考试中，他的历史成绩考了年级第一，进步特别大，有点出乎我的意料。于是，我在班里大力表扬了他。直到期末，小J再也没有提过转学。

修炼自我，用心浇灌

张婉玉

泰戈尔在诗中写道："花的事业是甜蜜的，果的事业是珍贵的，让我干叶的事业吧，因为它总是谦逊地低垂着它的绿荫。"带着对叶的事业的执着追求和向往，我研究生一毕业就坚定地选择了教师这个职业，希望自己能像母亲一样，做一名平凡又幸福的人民教师。

2020年8月13日，那是我人生中最值得纪念的一天，也就是从那一天起，我正式从一名中山大学的学子变成了中山大学深圳附属学校的一名教师。犹记得当时通知我被分配到中大附时激动的心情，当时的我觉得命运是如此眷顾我，让我可以与母校以这样的方式"再续前缘"。中山大学深圳附属学校对于我来说不仅仅是外界所认识的那所深圳最大的九年一贯制学校，更对我有着极为特殊的意义，因为它是我职业生涯开启的地方，在这里我第一次站上三尺讲台，以知识为旌旗，以语言为号角，带领孩子们在学习知识的战场上拼搏；它是我梦想生根发芽的地方，在这里我第一次踏入教育的天地，因成绩的起落而无奈彷徨，因孩童的纯真而热泪盈眶；它还是我人生步入新阶段的地方，在这里我第一次收起稚嫩，学着沉稳，感受到肩上的责任，誓不负那些渴望的目光。

然而世事总是不同于最初美好的想象，现实总是很骨感。开学的第一节课，我带着精心制作的导学课件，信心满满地走进教室，突然发觉从教室门口到讲台的距离如此漫长，因为从我迈进教室第一步开始，就有45双眼睛齐刷刷地看向我，观察着我身上的每一个细节。终于，我僵硬又机械地抵达了讲台，我顿时觉得自己找到了安全的"堡垒"，于是就躲在讲桌后面，开始了我第一次也是最尴尬的一次讲课。那天的课程是对整个初中道德与法治内容以及这门课程的中考地位进行介绍，我自以为是地声情并茂地讲解着我的课件，然而却并未察觉讲台下坐着的孩子们跟不上我那像做汇报一样的语速，更听不懂我的逻辑，只是礼貌性地配合我的表演。"丁零零"，下课铃声终于响起，我如释重负，再一次如履薄冰地走出教室，刚想松一口气，却突然听见教室最前排的一个女孩说道："这节课听得我有被尴尬到！"我心里瞬间绷不住了，灰溜溜地"逃"回到办公室。第一节课结束后，我心里对自己有了深深的怀疑，怀疑自己是不是不适合做一名教师，担心自己永远都要这样怯懦地躲在讲桌后面尴尬地教学。于是我找到科组的小伙伴诉说我的担忧，邀请他们有空时来听一节我的课，给我提出指导意见，顺便也给我"壮壮胆"。再次踏进教室的时候，教室后面齐刷刷地坐着一群"蓝精灵"，我们政史地生以及综合科组的老师来了十几位帮我"镇场子"，每当我紧张时都会看到他们在后面冲我微笑、给我加油。渐渐地，我终于放松下来，放慢语速，边讲边观察孩子们的反应，还适当地停下来和孩子们开了两个小玩笑。"丁零零"，下课铃再次响起，这一次我并没有急着离开教室，而是故意在教室里逗留了一会儿，和孩子们聊了一会儿天。课后，科组里的小伙伴聚在一起帮我评课，给我提出了很多好的建议，尤其指出我应该更主动地走到学生中间，站在学生之中讲课，课上课下多与学生交流，与学生彼此熟悉会更有利于教学的开展。

从那节课开始，我逐渐摸到了一些窍门，深切地体会到教师不只是传授知识的"教书匠"，更应该"教书育人"，而这个"育人"要靠关注学生、用心走进学生、融入学生才能做到。于是我开始转变自己，每次上课前进班级都和学生一起聊天，了解他们现在的兴趣和喜好，在课堂上融入他们熟悉的动漫以及影视元素作为案例，用玩笑和调侃的方式批评那些上课调皮捣蛋的学生，渐渐地，学生开始接受并喜欢上我这个道德与法治老师，会亲切地叫我朋友，有的女孩子有了心事会给我写信诉说。

现在的我终于体会到做一名教师的幸福，也收获了满满的成就感，但是我也始终在思考：作为一名党员教师，作为一名新时代的思想政治理论课的党员教师，我是否在教学过程中努力地践行"立德树人"这个根本任务？对于正处于青春期的初中学生而言，我的教学是否能真正渗透进他们的生活、触动他们的心灵？而我也在一学期的实践中逐渐明白，想要达成这一切我能做的无外乎"修炼自我"和"用心浇灌"这两个方面。

人们常说"要给学生一杯水，教师要有一桶水"，其实在实际教学中"一桶水"远远不够。现代互联网技术十分发达，学生获取知识的渠道今非昔比。身为教师，我们不能因自身是研究生或者博士而自傲，抱着自己已有的"一桶水"无限循环，而是要不断充实自己，在教学中修炼自己，不断成长，将自己的知识变成源源不断的活水。拿道德与法治这门课程来说，这门课程的教材内容联系生活看似简单，然而考试注重知识点的综合运用，对背诵记忆的要求高，使得学生容易感到枯燥。要想解决这些问题就要求道德与法治课程在呈现过程中更加生动、鲜活，抓住学生的手和学生一起走进情境，在有温度的课堂中净化心灵，这对我一个毫无经验的老师而言是十分困难的。幸好在过去的这一个学期的教学中，在结对师父熊飞校长的指引和帮助下，在与科组老师共同备课、磨课、听课、评课的过程中，我不断学习、调整教法，终于在讲到"敬畏生命"这一课时，运用前期搜集和整理的抗击疫情的相关素材和视频资料，给学生展示了一个个抗疫英雄背后的故事，同时为他们讲解了"火线入党""对口支援"等中国特有的场景。看着孩子们无比专注的眼神和闪烁的泪光，我感受到了无比的骄傲和莫大的成就感。

古人云："亲其师，信其道"。作为教师，我们不仅要通过课堂来"言传"，更要在课堂外"身教"，这就要求我们全心全意地关心、爱护学生。如果说"修炼自我"更大程度上是为了实现学生"成才"的目标，那么"用心浇灌"则更多是为了让学生"成人"。我们对待学生首先是要把他们当成孩子，而不是根据成绩将其分为几等，那样不仅抹杀了孩子的天性，也使我们自己陷入了教育的功利主义。在过去的这一个学期中，我与学生达成了"两场合、两角色、两态度"的约定，即课上是老师和学生，强调互相尊重；课下则是朋友，友好、平等相处。尤其是对待班级里的一些学困生，我会经常给予他们表现的机会，及时予以表扬和奖励，还建立了"背书联盟"，通过完成任务对暗号的形式提高孩子们对学习的兴趣，增进彼此的了解。

路漫漫其修远兮，吾将上下而求索，虽然我才刚刚踏上教育之路，但是我愿始终修炼自我，争做一名新时代合格的思政教师，始终以奋斗者的姿态做不负韶华的中大附人！

修炼自我，用心浇灌

细致观察，抓住机遇

刘雨昂

2020年是我教师职业生涯的第一年。8月中旬，我来到了向往已久，且有一丝神秘的中山大学深圳附属学校参加入职培训。在培训中，我深受名师大家事迹的鼓舞和启发，立志成为一名优秀的教师，但缺少实际教学经验的我没有意识到将要面对的一系列挑战。

在这一学期，我负责4个班的历史教学工作和一个班的副班主任工作。刚开始得知这一学期的工作任务时，我非常紧张，一方面是因为这是我第一次正式踏入教师职业生涯的大门；另一方面是因为我觉得班级管理十分复杂，责任重大，对平日做事大大咧咧、粗心大意的自己没有信心。这一学期就在这种紧张、忐忑的心理活动中开始了。这是一个对我来说意义重大的学期，而学期伊始，小涛同学就吸引了我的注意。

小涛同学是我担任副班主任班级的一员，他个子不高，外貌也没什么特别，在新学期入校的自我介绍中表现也不出众，所以一开始我对这个学生印象不深刻，也无法将他与他的名字对应起来。不过，这种状态很快就发生了改变。

正式开学后，班中的学生彼此越来越熟悉，他们逐渐扎堆游戏、闲聊，聊天的话题也越来越广泛。随着他们逐渐熟识，我也对一些很有想法、学习态度比较好的学生印象逐渐深刻。另外，班中还有一类学生也使我印象深刻，他们或是调皮捣蛋，或是学习态度不端正，或是二者兼备。而小涛却不属于这两类。

我对小涛的认识，开始于其他学生的闲聊，在这些调皮学生的对话中，总是涉及一些出格的话题，我在这些话题中总是可以听到小涛的名字，有时他们还在黑板上写"小涛×××"，这里的×××替代了很多戏谑。通过这些行为，我建立了对小涛的第一印象：小涛是一个"调皮学生"。我开始关注他的作业情况，他的作业字迹潦草，甚至有时不交作业，这加深了我对他的第一印象。

我对小涛印象的改变，开始于第二周。进入第二周，我已经能对上大多数学生的面孔和名字，其中也包括经常出现在调皮学生话语中的小涛。我发现小涛并没有像那些学生说的那样"问题等身"，虽然他会违反课堂纪律随意讲话，但他违纪的频率和严重程度远不及其他调皮的学生，并且他态度端正，当老师课上指出他的违纪行为他就会立刻改正，只不过持续时间只有一节课。在我看来，小涛有主动遵守课堂纪律的潜力，我应该引导他自觉地"立规矩"。

课间和午餐的时间，我都会把小涛叫来聊天，小涛玩游戏很出色，所以我也会和他聊一些和游戏有关的话题，拉近和他的距离。很快，小涛会主动来和我聊天，还会和我说一些班里其他同学的情况。由此可见，小涛把我当成了朋友，我也得以半开玩笑似的对小涛提出一些要求，对他的上课纪律和课下作业做出一定的规范。这些规范很基础，如上课看向老师，作业中的大题不管对错都要敢写，等等。小涛很重视与我的友谊，这些要求他稍稍努力就可以完成，我也在他做到这些规范后表扬他、夸奖他、摸摸他的头。小涛很喜欢我摸他的头，每次摸他的头，他的脸上都洋溢着灿烂的笑容，这给了他改正行为习惯的正面反馈。

不过，我在对小涛行为习惯的引导过程中也遇到了一些挫折。国庆假期后，学生开始在午休床上午休，接触这一全新的午休形式，学生既兴奋又好奇，午休纪律一度非常不好。本来应该针落有声的教室，因为午休形式的变化而嘈杂无章，这让我非常生气。小涛也是"声源地"之一，并且对他的多次提醒都没能起效，他依然和周围同学有说有笑。当时的我突然感到一丝悲凉，因为我觉得之前对小涛的引导没起作用，他依然不能自觉地成为秩序的遵守者。第一次午休床的使用可以用"鸡飞狗跳"来形容。

很快，我抓住了改善小涛午休习惯的契机。在一次眼保健操时，我偶然发现了小涛服务班级的渴望，他不是班委，但却能喝止其他同学随意说话。

细致观察，抓住机遇

我发现，小涛的身上有一种责任感。一次午休，我把小涛叫出来谈话，对他"委以重任"，让他担任他们那个床位的监管员，让他把午休时他们床位随意讲话的人记下来，在午休结束后报给我。小涛很喜欢这个工作，之后几天的午休，他都帮我维持纪律。他既阻止了周围同学随意讲话，也在监管别人的过程中顾不上自己讲话，这个"声源地"就这样安静了。

随着午休床使用时间的增加，学生的新鲜感慢慢消退，再加上老师们对秩序的不断维持，午休纪律越来越好。其中小涛更是表现优秀，帮我管住了最爱说话的几个学生，可以说是"厥功至伟"。在这个过程中，小涛也发现了养成良好行为习惯的快乐，成了一名秩序的维护者。但小涛离成为一名传统意义上的"好学生"还有一定的距离。

由于学习自觉性不强，对自身行为习惯也缺乏约束，小涛的学习成绩令人担忧。第一次月考，他的成绩在班中排倒数，各科成绩都不理想。作为一名历史老师，我对他的历史成绩十分关注，我分析了他历次周测和月考的试卷，发现他不仅新知识掌握不好，文字基础更是八分九裂。月考结束后，小涛也来找过我，表达了要学好历史的意愿。我决心帮助小涛提高历史成绩。

小涛的行为习惯已经有了很大改善，这为他学习上的进步提供了可能。我决定从最基础的做起，每个我进班的午餐时间，我都会叫小涛上黑板写几个字，一般都是学过的历史名词。在历史考试中，汉语拼音是不得分的，只有写出正确的历史名词才能得分。每次小涛在黑板上准确地写出了历史名词，我都会表扬他。慢慢地，小涛喜欢上了在黑板上写字，他的历史名词也掌握得越来越准确。很快，较难的历史名词小涛也掌握了。随后，我加大难度，让小涛默写一些简单的大题。在这个过程中，小涛开始接受历史学习，也会主动向我提问。而且，这个学习的过程不占用他回家休息的时间，他没有产生抵触情绪，反而觉得学习历史是轻松的，是举手之劳，这是一个良好的开端。

此后，我不进班的午餐时间，小涛也会主动来我办公室找我背书，他对历史重点大题的掌握已经非常到位，虽然还存在学习较为死板的问题，但与之前的他相比，已经有很大进步了。

在第二次月考和期末考试中，小涛一次比一次考得好，在期末考试中，小涛的历史成绩已经是班级的中游水平，整体排名也有很大进步。他已经是一个具备自主学习能力的学生了。

在对小涛的教育中，我学到了很多东西：做教师，既要有耐心，又要有责任心；在引导学生养成良好习惯的过程中不能急功近利，要根据学生的实际情况来科学地制订计划；此外，要对学生进行细致的观察，这样才能抓住引导学生、转变学生的机遇。这些品质，在成为一名教师之前，我是缺失的。经过一个学期的锻炼、成长，我开始拥有这些品质。在这个过程中，我也体验到了教师的职业幸福感，这种幸福感促使我继续努力，向成为一名合格教师的目标前进。

细致观察，抓住机遇

每个孩子心中都住着一个天使

伍　明

本学期，我中途接手，做了七年级（1）班的班主任。班上的老师都对我说，这个班的学生纪律很差，上课很痛苦，尤其班上有两个最调皮的学生，堪称典型。

其中一个叫H，他的眼睛小小的，看人的目光一点也不友善。他上课不说话，但也从来不听课，他的坐姿也很奇怪，大家都是正对黑板坐，他永远是斜着坐的，脸朝左后方。他不讲卫生，衣服很脏，头发很油腻，身上有一种怪味，像是好多天没洗澡。他脾气暴躁，不能接受别人的批评，谁要是说了他的不是，他就会很愤怒，就像一个随时会爆炸的小炸弹。他好几次和班上的同学因为一些鸡毛蒜皮的小事起冲突，差一点就打起来，幸亏被其他同学拉住了。一次上信息技术课，他违反了纪律，老师批评他，此后他见到信息技术老师就和老师顶杠，故意和老师过不去，说一些不尊重老师的话，甚至对老师竖中指。他还早熟，很想亲近异性，总是喜欢用手去摸女孩子的头发和衣服，或者拍打女生的后背，女同学都很讨厌他。

有这样的学生在班上，我还挺头疼的，是什么原因让一个孩子变成这样呢？我开始多方打听有关这个孩子的一切信息。我慢慢了解到，他是一个长期遭受家庭暴力的孩子，他犯错的时候，父母经常用打骂他的方式来教育他，而且下手很重，经常打得他身上青一块紫一块。小学的时候，他偷了同学的钱，被发现了，回家后他的妈妈对他又是一顿暴打，还把耳朵打出血了，现在还有一道疤。所以他的性格也很暴躁，但凡不顺心，就在教室大发脾气，捶打桌子，甚至控制不住自己的情绪，想打同学。听到他的这些遭遇，我不由对他产生了强烈的同情。孩子会变成这样，其实是因为长期缺乏父母的关爱和耐心，我想应该用我的爱心和耐心去感化他。

另一个叫M，他属于"赖皮蛇"类型的学生，能躺着就绝对不坐着，能歪着就绝对不正着。他衣服从来都穿不好，不拉拉链，经常不穿校服，不按规定着装，班级每周都要因为他的义表被扣分。他走路就像一个小地痞，而且经常跟学校那些不学习的孩子混在一起。他上课坐不住，总要和周围同学讲话，甚至在教室随意走动，上课的老师总是要停下来维持纪律。他累了就在教室趴桌子睡觉，作业基本不做，上课一点也不听，一下课就往厕所跑，上课铃响了第二遍才开始从厕所往教室走，每节课都迟到。老师提醒他坐好，他坐不了一分钟，又恢复原样。他不和老师对着干，比较顺从，但是老师一转身，他就恢复原样，就像一条小赖皮蛇。

这两个成天不消停的孩子就像两块大石头一样，压在我的心头。我该怎么做才能转化他们呢？

虽然我很想赶快用自己的爱心感化他们，但是正所谓知己知彼，百战不殆。对这两个孩子，我采取的措施是按兵不动，先暗中观察他们的举动。我发现H同学比较爱表现自己，集体活动的时候他会主动帮忙维持队伍秩序，自习课时他会维护班上的纪律，虽然他这样做没取得什么实际的效果，有点自欺欺人的感觉，但是我看在眼里，喜在心里。他会这样做，说明他还是想融入集体的，这个孩子可以挽救。这天，班上两个女生又来投诉，说H同学拍她们的头，骚扰她们。我觉得时机到了，就把他叫到办公室，他不知道我找他干什么，一副小心谨慎的模样。我亲切地看着他，列举了几件他在班上做过的事情，表扬他很有大哥风范，讲义气，而且班集体荣誉感很强，会主动帮忙做事，对班级的贡献很大。他本来是准备挨批斗的，没想到得到了我的表扬，而且我说得有理有据，不夸张，不敷衍，很真诚，他咧开那张原本紧闭着的小嘴，不好意思地笑了。我趁热打铁，告诉他，如果他想和同学交朋友，要先获得别人的好感，如果做对方讨厌的事情，那么是交不到朋友的。待人接物要把握分寸，特别是对女生，要保持礼貌的距离，否则别人就会觉得这是对她的骚扰，会让人敬而远之，久了就交不到朋友了。他很温顺地听着，频频点头。接着我给他约法三章：不能随便触碰女生，包括头发、衣服等，不能在教室随便发脾气，制造恐怖气氛，这样会让同学对你更加敬而远之。他说他生气的时候自己也控制不住，就很想打人。我说这种习惯不是一下能改的，我们只能慢慢来，下次你很生气的时候就走开，离开教室，冷静一分钟。明天比今天少发一点脾气就是一种进步，能答应老师吗？他点点头，最后我给了他一块糖果，以示欣赏和奖励，他开心地拿着糖走了。在后面很长一段时间，我有事没事就找他聊天，时不时给他一点小糖果，他与同学的冲突减少了，也努力控制自己的情绪。他还是坐不好，但是经过提醒他也能坐好一阵子。上课他也不捣乱，听不进去就默默地做自己的事情。他不会出现和老师当场翻脸，故意和老师作对的情况。

另一个M同学，我听同学和老师们反映，他小学以来一直都是这样，老师们都已经放弃管教他了，他也放弃了自己。但是我觉得，越是这样的学生，越需要鼓励和表扬，他的内心是渴望得到别人的肯定的。所以我准备采用同样的方法来收服这头小怪兽。不过他的优点实在是太少了，观察了很久，我终于发现，他每天早上都是7点就到学校，刮风下雨都一样，从来没有迟到过。虽然他来了也没有认真读过书，但是比起其他总是迟到的同学，他身上有一种持之以恒的宝贵品质。我如法炮制，在一个他犯错后的契机找他谈话。我表扬他每天按时到校，说老师还迟到过一次，但是他没有，这让老师很佩服，世界上有很多成功的人都具有这样的品质。听到我夸他，他的眼神瞬间就亮了。也许连他自己都没有意识到原来自己身上还有这样的优点。

就这样，我总是时不时找这两务同学聊天、谈心，让他们做一些事情，做好了，就夸夸他们，给他们一点小奖励。他们也会告诉我他们家庭的一些情况和自己的困惑，我也适当地给他们一些建议和提出一些要求。就这样我们师生之间的关系越来越融洽，即使有时候我着急，说重了，他们也不跟我计较。在本学期的班歌比赛中，M同学还被选进了第一排领唱，原本调皮捣蛋、坐不稳、站不好的他，竟然主动维护起排练的纪律。

我渐渐地发现，越是了解学生，越是能发掘他们身上的可爱之处，越觉得他们的内心其实都住着一个小天使。而我要做的就是尽量让这个小天使多发挥一点正能量，引导着孩子们发现自己的优点和长处，改正缺点和不足，慢慢走上自我肯定的道路。

做一个有情趣的地理人

高川秀

我2019年从华南师范大学毕业，从事地理教学工作仅仅半年的时间，虽然时间很短但是收获颇丰。也正是这半年让我更加热爱地理教学工作，立下了我的教学理想：做一个有情趣的地理人。

初一学生刚接触地理，这就要求教师不仅打牢学生的基础知识，还应该培养他们的学习兴趣以及增强他们对地理的信心。加之地理学科涉及面广，所需记忆的地点、现象、事件纷繁复杂，所以给人的感觉是教起来枯燥，学起来无味，考起来灵活、难度大。

针对这样的情况，我在教学中除了运用一定的技巧打牢他们的知识基础，还渗透先进的学习观念，让学生体验成功，培养自信，使学生养成良好的学习习惯，强化他们的地理思维能力。

我深深地记得我第一次用地理课件讲板块运动时的情景：我上课前给大家播放了电影《冰川时代》的片段，电影片段主要讲了一只松鼠为了拿一颗松果，从而造成了七大洲的形成。短短4分钟时间，大家笑得前俯后仰。然后这节课学生上课时很明显和之前直接讲课的状态不一样，整堂课大家都非常积极地回答问题。

初一的学生刚刚从小学到初中，之前并没有接触过地理这门学科，所以在学习的过程中会遇到许许多多的困难。其中最大的困难就是识图与记图，而且考试中与地图相关的题丢分也比较多。针对这种现象，我采取了以下措施：第一，在平时的教学过程中有意识地引导学生读图，让学生牢记读图的三步骤，即记图名、记图例、记方向，再读图；第二，要求学生自己动手绘图，这不仅有助于学生在头脑中形成清晰的地图，而且有助于学生填图能力的提高，从而减少有关地图题的丢分现象。初中生活泼好动，动手能力强，自己动手画地图有利于激发学生的学习兴趣，加深学生对地理知识的理解和记忆。自己动手画地图的具体做法是：我让学生利用练习字帖的透明白纸，把重要的地图描下来，对绘画能力强的学生则要求他们对照原图亲手画下来。

地理这门学科是一个边缘化的学科，涉及的知识面非常广，如数学、物理、生物、化学等学科都有涉及。因此，作为一个合格的地理教师必须不断地学习，不断地拓宽自己的知识面；在教学过程中让学生感受到地理老师的知识渊博，以增强个人魅力，让学生敬佩。只有这样，才能让学生真正喜欢老师、喜欢地理，也只有这样我们的课堂才会更加精彩。

在实际的教学工作中，教师还应该注重对学生的鼓励与引导。在课堂上，我会鼓励学生发言，并在学生发言后及时夸赞。除此之外，我还注意将地理知识与平时生活中的问题联系起来，对学生进行引导和教育。例如，在讲到"影响气候的主要因素"时，我和学生说："老师听过这样一句话，'无论你怎么努力，都无法感动一个不爱你的人，就像无论赤道再怎么炎热，也无法融化乞力马扎罗山上的积雪'。请问为什么赤道如此炎热，但是山上还有积雪？"学生听到这个问题时瞬间懵了，不知道怎么回答。我听说班上有一个女生暗恋隔壁班班长，于是特意点了她来回答。那个女生翻了一会儿书才勉强回答说："可能是它的海拔很高，所以气温就很低了吧。"我说："回答得非常好。那请你再告诉我一下，为什么山麓是热带的植被，而山上却是白雪皑皑？利用我们所学的知识想一下山上与山下有什么差别？"这次她很快回答："山上的气温要比山下的气温低，海拔每上升100米气温下降0.6摄氏度。"我说："回答得非常正确，正是因为山上与山下气温的差别才有了这种现象。所以不仅要考虑纬度位置，还要考虑到地形等因素。就像如果我们喜欢一个人，不仅要看他长得帅不帅，还要考虑到我们所处的年龄适不适合谈恋爱，以及对我们学习有没有影响等各个方面。"下课后我又主动和她谈了一下，之后这个女生把我当成了无话不谈的朋友，什么事情都愿意和我分享，并且她的成绩有了很大的提升。

　　总之在教学的过程中，我们不能过于拘泥，强调课本，强调记忆，而应有地理人的情趣与方法，在教学的过程中应注重地图的运用，调动学生的积极性，多鼓励学生发言，引导学生学习，做一个有情趣的地理人。

做一个有情趣的地理人

做有灵魂的教师

宫君原

有灵魂区别于行尸走肉，是有思想、情感的，是有爱注入的。有人形容教师是人在凡尘，心在青山，是自律自清之士，具有谦光洋溢、虚怀克制的儒雅之风。虽然这个形容诗情画意，但是缺少一点点温度，其实教师就应该如春风日日沐我心。我喜欢教育，喜欢学生，喜欢讲台。有些人阴差阳错进入教师行业；有些人有了职业倦怠，变成了教书机器，这是我最不想成为的人。我也经常提醒自己不忘初心，做有灵魂的教师，希望做到关注学生、爱护学生，拉近与学生的距离。我感谢学生给我的生活带来了色彩，每每发生、回忆和反思一些与学生之间的故事，心中总是暖的。

在我教的班级里有个男孩子叫小蔡，小蔡个性鲜明，爱讲话，思维比较敏捷，管不住自己。这类孩子很容易被老师记住，第一次上课我就记住了他。他上课时很积极地回答我的问题，但思维比较发散，容易跑偏。开始的时候，我看他很积极举手就经常点他的名字，但是几乎每一次回答的答案都是天马行空，次数多了我就不是很愿意让他起来回答问题了。这时候我又发现他的其他优点——锲而不舍，由于我不点他回答，他从正常举手变成高举手臂，每次必举，小蔡发现我还是不叫他，就会说："老师该我了，请老师让我回答吧！"事情发展到这儿，我开始反思我自己，孩子喜欢回答问题是好事，我怎么让好事变成我俩都犯难的事情了呢？孩子的答案本就应该千差万别，为了自己课堂的顺利进行，固化孩子的思维是不对的，对于他们的浮想联翩我应该多加引导，不能忽视孩子心中的想法。

随着我的关注，小蔡也慢慢和我熟络起来，上课没有和我讨论够，下课就来找我讨论。我又发现他是一个善于问问题的孩子。一次上课，我在讲生态系统的知识，我问大家：我们赖以生存的最大生态系统是什么？绝大多数同学回答出了"生物圈"，小蔡大声回答"是大自然"。本来这个问题我想就这样过去了，毕竟课本上有这句话。小蔡不干了，在课上大声说："老师，我看过纪录片，里面说，人类生活依赖大自然，答案为什么不是大自然？"这时候下面就有同学开始重复这个词，我心一惊，赶紧解释："大自然是一个科普名词，生物圈是我们的科学名词，看得出来你平时很喜欢科普的知识，值得表扬。"小蔡很开心。下课后我把小蔡叫过来，告诉他书上黑体字强调的就是重点，是应该注意的，里面的内容千万别念错，一开始说错了，就不要再重复了，不然很多同学很可能就只记得你说的错误的答案了，这是一个不好的引导，很可能这一个相关题目的回答错误，让你的同班同学与自己心仪的学校失之交臂。小蔡听后很认真地说："老师对不起，我知道了，我下次好好看书，上课的时候不乱回答问题了。"这次我上课没有忽视学生的想法，及时解答他们的疑问，并在课后引导学生懂得应该如何去做，让学生自己认识到错误，没有伤学生的自尊。

小蔡从根本上认识到自己的不足以后，活泼爱发言的本性没有变化，但是能控制自己了，回答问题不再是不知所云、搭不上边了。他在生物课上接触了很多生命科学的知识，会经常带着问题观察世界，是一个善于观察的孩子，下课经常来我这儿问问题，如海水为什么是咸的？为什么蚯蚓截成两段还是可以各自活下去？血液是不是都是红色的？等等。我也经常被他的问题惊艳到，时常感叹他是一个如此善于观察的孩子，欣慰他的进步。有时候午休前他会来办公室找我谈谈心，和我聊聊他的懵懂的想法。他生物成绩也是非常优秀的，经常考班级第一名，有时候还会跟我讨要奖品，奖励他取得的好成绩。心与心的距离拉近了，让我对自己的职业选择更加笃定。

本学期期末，小蔡的生物试卷的答题情况不是特别理想，考完没有出成绩前他和我说："老师，我生物没有考好，达不到我们定的那个分数了。"看着他失落的表情，我说："一次考不好，没关系，老师答应你的礼物在你毕业前都可以兑现。"他表面不显，心里应该是高兴的吧，因为他又和我说了一些其他学科答题的情况。放假前夕，小蔡看到我还是一如既往地问问题：老师生物钟是什么？我们能改变吗？他自己可能不知道，他每问老师一个问题都能给老师带来好心情——自豪自己的学生对科学的热爱，对事物的细致观察，有会问、敢问、愿问的好习惯。

当老师的第一个学期，我感触颇深，每天的情绪都是丰富的。我愿意走近我的学生，我愿意做这份事业，我愿意用有趣的灵魂带领他们体会科学的奥秘。我这一学期是带着灵魂在上课的，时刻关注学生的变化，改变自己的策略，不断地学习，提升自己，希望之后做到"树万世之师表，铸不朽之师魂"。

给每个学生成长的时间

黄婧楠

2020年是中山大学深圳附属学校的开局之年，也是我初入社会成为一名教师的第一年。刚参加工作就来到这样一所高标准、高颜值的学校任教，我觉得与有荣焉，同时倍感压力。我成长在祖国边疆的小城镇，从小深受基础教育的庇荫，深深知道教育对于一个人的价值，也能体会到教师对一名学生成长的意义。从来到中山大学深圳附属学校这片教育的热土那天起，我就立下自己的教育信条——在即将开始的教育生涯里，我要兢兢业业，无私奉献，一路追光前行。

开学后，我主要承担四个班级的历史教学工作和一个班级的副班主任工作，对自己的教育之路充满希望。我所在的学校是一流的、温馨的，遇到的同事是热忱的、专业的，遇到的大部分学生都是积极的、开朗的、对知识充满向往的。但是我也遇到了一些小小"拦路虎"，这些小小"拦路虎"让我对教育有了更深刻的理解。

小峰，刚刚小学毕业步入初一，对初中生活充满期待和向往，同时满怀恐惧。刚开始学习历史时，学生对历史都感到很新奇，这是他们小学不曾学到的学科。虽然他们可能曾经接触过一些历史知识，但毕竟还没有掌握历史的学习方法和思维方式。但是，当时的我刚开始接触教学，并没有意识到这种陌生感和抗拒感如果不小心翼翼地加以疏导会造成怎样的后果。

每次收作业时，每个班级都会有一些各种各样的小插曲，而小峰每次就是他那个班小插曲的"制造者"，每次我都要亲自去收小峰的作业。一天，我像往常一样去收小峰的作业，准备在课间"逮捕"他。我总是提前设置好比下课铃提前两分钟的闹钟，害怕自己错过最佳"逮捕"时机，提前跑到教室门口去堵小峰。这天小峰发现我在教室门口等着他，想要偷偷地从后门溜走，但是，十分不幸，他低估了我"敏锐"的目光。我看到他往外溜，大声地喝住了他。他回头看了看我，结果跑得更快了，我飞步向前追上他问："今天的作业呢？"小峰似乎被我问烦了，也可能他真的有事，或者我追着他要作业让他觉得没面子了，他凶巴巴地回应道："我就是不写，你别管我了！"听到这话，我脑袋立刻就懵了，感觉眼前一片空白，不知所措。等我回过神来的时候，小峰已经走远了。我赶紧向他的班主任询问，班主任说没发现他今天有什么异常。我不甘心，继续给他的家长打电话了解情况，询问他的妈妈他最近是不是有什么心事或者有什么烦恼。他妈妈并没有问我到底是什么情况，直接就问我小峰是不是骂人了，是不是说脏话了。我说他只是情绪比较激动。听到我否认之后，他妈妈竟然松了一口气，说："没有就好，那他还算表现得不错了。"我听到这话感觉到非常诧异，在我的继续追问下，我了解到小峰是一个比较情绪化的孩子，而且比较叛逆，个性十足。家长对孩子的情绪管理也是一筹莫展。了解到这些情况之后，我开始认识到这是一块难啃的"硬骨头"，我必须转变方法。但是，在当时我并没有什么思路，我开始向周围有经验的老师请教，老师们给我的建议是不能硬碰硬，不要轻举妄动，要有足够的耐心，慢慢走进学生的心里，让学生从心里愿意接受我。

从这天开始，我不再强迫小峰来交历史作业了，我想我应该先慢慢观察他。这一观察不要紧，我发现他的问题比我想象中的还要严重。小峰经过上次爆发和我产生了隔阂，他不但不交作业，连我上课叫他回答问题他也不作声，与我做无声的抵抗。这样，不但他的成绩开始下滑，也给班级里其他同学造成了负面影响，小峰不良的学习习惯，也影响其他同学，这让我头痛不已。正在这时，我上课的时候发现他在课堂上偷偷地画火箭。我一走近，他就立刻藏到书里。看到这一幕，我又惊又喜，惊的是他现在竟然已经不听课了，喜的是我感觉我找到了软化这块"硬骨头"的方法。我找到了一些关于历史知识的思维导图和古代战争图。下课后，我找到小峰，把他叫到跟前，我把这些图拿给他，他眼前一亮。首先，我告诉他，我发现他很有画画的天赋并询问他这些画画得怎么样。他说："挺好的。"我说："是不错，可是让人看不出究竟是什么历史背景、什么事件。另外一幅画的特色不够鲜明，不太能突出主题，这些思维导图，主题鲜明，知识点也都跃然纸上，可是不够形象，历史味道不够，我发现你很有绘画天赋，你能做出一幅既有足够的历史味道，又主题鲜明、背景突出的历史手抄报吗？"我把这个问题抛给他后，他若有所思，但是还是拒绝了，他说画画他还行，可是历史他不懂，所以他不想画。这给我当头一棒，我没想到他拒绝得如此决绝。重赏之下必有勇夫，我决定把奖赏提高，把荣誉感增强。我就跟他说："很多同学都反映，作业太过乏味无趣，所以我想把作业变得多样有趣。这只是一个初步尝试，你在绘画上很有天赋，所以先来找你做初步尝试，如果你成功了，我们就能把手抄报推广，取消以前乏味的作业，增加作业的多样性和趣味性，让同学们都从自己的兴趣入手，既能提高成绩又能发展爱好，你觉得怎么样？"这下他被我打动了，表示愿意试一试。

两天后，他交给我一幅主题是赤壁之战的手抄报，上面不但简单明了地叙述了赤壁之战的故事线，还用地图的形式画出了战争的过程，主要人物也用漫画的形象表现得栩栩如生。我惊呆了，虽然我之前也满怀期待，但是他做出的成果完全超出了我的预期。我跟他说，他画得特别好，老师都画不了这么好，他腼腆地笑了。去班级上课时，我把他的画放在投影仪上，让他给大家讲解他的作画思路，那一刻，我感觉他的脸上闪烁着从未有过的神采。

这件事给我很多启示：教育不是世界杯而是奥运会，我们眼中应该只有差异，没有差生，给每个学生成长的时间。每一个学生都是一本丰富的书，是一个多彩的世界，我们首先得尊重他们，目光敏锐地观察他们，在思想上、情感上，理解他们的独特性格，慢慢走进学生心中那个多彩的世界，让教育到达彼岸。

给每个学生成长的时间

信任，往往可以创造美好的境界

林 玲

半年前，略带稚气的我满怀一腔热情与一丝忐忑开始了自己教书育人的职业生涯。半年来，我的工作生活忙碌而充实，体味过酸甜苦辣，也有过自豪和快乐……其中最大的感受就是在老师眼中，成绩或有高下，但孩子的品质却各不相同，成绩可以教，但品质更需要育，因此教育应当让成绩和品质产生奇妙的反应，不过可能需要加入一些催化剂，如信任！

那是我在（8）班上的第一节课，为此，早在课前5分钟我就来到班级，好奇地观察着（8）班孩子在课间的一举一动。突然班级里出现一阵笑声，两个男生正在班级后面彼此追赶，而且其中高个的男生手里似乎还握着某种尖锐的东西。我立刻警觉起来，大声叫道："哎，那个同学你等一下！"那个男生听到后脚步停顿了一下，可能是第一次见面，他并不知道我是谁，转眼又无视我和另一个孩子追赶了起来。我有些着急地提高了嗓门："同学，你停下来！"我赶紧小跑着追上他。他见我跟了上来，这才意识到事情的严重性，就在最后一排桌子前"急刹车"，转头无辜地看着我。我问他："你手里拿的是什么？"他怯怯地拿出手里的东西给我看，嘴里不停地解释："只是个小玩具而已，我没用它打人。"那是一把大约15厘米长的黑色尺子，但是其中一头被人为地磨成了尖刃状，说是尺子，其实更像是切蛋糕的塑料小刀。于是，我更加严肃地问他："这是小刀吧？很危险的，你怎么能把它带到学校来呢？"他连忙解释说："这不是刀，就是我自己的小玩具而已。"还没听他讲完，我就直截了当地命令道："给我！"他似乎很喜欢这把尺子，激动地说："别，别，别没收我的尺子！"我没有理会他，坚持要他交出尺子，看着他不舍的模样，我便没有再逼他，而是耐心地教导他，让他明白带着这样的危险物品不仅可能会给其他同学带来伤害，也容易误伤自己。他最后保证以后决不会再带这把尺子来学校。后来我才知道这个男孩就是（8）班"大名鼎鼎"的捣蛋大王陈深澳。第一节课前就发生这样的事，我内心暗暗认识到（8）班的孩子有多么调皮和逆反，也对未来的教学感到担忧。

几节课下来，（8）班的学生让我见识到了什么是真正的"熊孩子"。课堂上总有几个学生"扎堆"聊天，而深澳则是当之无愧的"宇宙中心"，基本每节课我的讲解都会因为课堂纪律问题被打断三次。作为新老师，我急于在他们面前树立威严，也在焦急地思考着该如何去教育他们。于是我经常在班上板着脸，希望凶一点能使他们对我产生敬畏之心，不敢胡作非为。这样做确实使他们略有收敛，但是我总觉得我和他们之间似乎缺少了什么，同时多了一层隔膜，也使得他们在课堂上学习的热情不够高涨。我想着该和他们亲近些，又怕之后的纪律不太好管，内心在暗暗焦急的同时有些无可奈何。

在看（8）班午休的时候，有些孩子精力充沛，不能乖乖午睡，在那窃窃私语又怕被我发现。午休全程就像是打地鼠一样，我一走近，他们就立马笑着闭口不语，还用被子蒙住脸，假装什么都没发生；而我一走远，各种小动静就又开始此起彼伏。尽管如此，我竟觉得这些孩子们表现出不同以往的活泼可爱。尤其是深澳，我发现这个捣蛋大王其实还蛮萌的。他身材高大，皮肤黝黑，小脸肉嘟嘟的，有点儿婴儿肥，有一双短短圆圆的小眼睛。虽然他在我提醒后能在座位上端端正正地坐着，但却怎么也藏不住那一抹得意的笑，仿佛打了个大胜仗。看着这些可爱的孩子，我想每一个孩子作为个体都有着独立的人格，他们或许调皮，或许顽劣，或许不爱学习，但是他们肯定都有一颗希望获得尊重和关注的心，渴望得到老师的肯定和表扬。而作为老师，我应该尊重他们，正如我希望他们信任我一样，而信任，始于尊重。

之后，有一次在课堂上，深澳又在聚众聊天，我略微思索，看着他，不再用呵斥和责备的语气，而是心平气和地问他："深澳，你们又在讨论什么深奥的话题了？"引得其他同学哈哈大笑，连他自己都被逗笑了。这样，我既维护了课堂纪律，又给深澳留足了面子。尊重，让我们之间的信任悄然建立。

第一次月考后，面对着他的分数，虽然内心有一丝担忧和焦虑，但是我

信任，往往可以创造美好的境界

认真地对他说："深澳，老师对你的要求很简单，就是希望你考到35分。"之后的一次午间测试他竟考了47分——全班最高分！我在班级里专门表扬了他，看着他害羞的表情和眼神中的光彩，我对这个捣蛋男孩的欣赏和喜爱之情油然而生，期待和表扬加固了我们之间信任的桥梁。

在一次午休时间，精力充沛的深澳在午休床上不是和别人说话就是时不时探出脑袋观察其他同学，我必须经常提醒他。但这简直就是在打"游击战"，没完没了，我想我应该换种方式。见他没有想睡觉的意思，我就试探性地问他，愿不愿意帮老师看午休。没想到他愉快地一口答应了，认认真真地管理起了纪律，活脱脱一个小老师。之后，我们渐渐形成了默契。每次我看午休，不等我开口他都会主动地进入角色帮我管理纪律，我内心溢满了感动。

从信赖到信任，再到喜爱，是一个循序渐进的过程。"亲其师，信其道"，通过对信任的培养，学生才能信服、喜爱老师的教学，并转化为内在的学习动力。既然选择了做教师，就需要多观察，做个有心人，不断探索和尝试。用积极的心态去改变孩子的消极态度，假以时日，我相信学生会有更多精彩的表现，这就是信任的力量，一种创造出美好境界的力量！

跋

　　画师点线勾勒、泼墨挥毫，皆是在传达自身喜怒哀乐之情；教师深入浅出、旁征博引，也是在凸显自己谆谆教导之心。融墨运笔之中，画师将心灵与自然贴合；杏坛讲学之下，教师将思想与学生交汇。画师注重与所画之物情感相通，教师追求与所教之生精神共鸣。面对学生这一张张净而不濯的宣纸，教师不论是几笔点染出淡雅寡淡，还是重笔挥洒出精彩绝伦，不论是黑白映衬出幽静旷远，还是多彩渲染出富丽堂皇，不论是急做凸显出浑然天成，还是缓功揉捏出惟妙惟肖……教师的所重之处、所发之愿，皆在于学生的主体意识和人格精神。这是全天下人师的分内之职，更是教师的不变坚守。

　　推开教室的窗户，我们可以看到对面的光明小镇，无边的花海蓬勃地在日光下绽放、翻滚，仿佛有股轰轰烈烈的力量朝着学校的方向奔来。教室里的我们不仅仅是挥动粉笔的教书匠，更是舞动灵魂的艺术家，我们可以如山一般沉着稳健，也可以如春风化雨一样平易近人；可以绘声绘色演绎幽默风趣，也可以言近旨远成就情理交融……不论是哪种风格，学生都会因此与教师的情感产生共鸣。

　　《语文教学记事》《音乐点亮孩子的智慧与心灵》《我与英语"秘书长"的故事》《心理老师差点忘了共情》《做一个有情趣的地理人》……翻阅着一篇又一篇独具学科特色的教育叙事文章，我们不难发现，其中最多的是教师对自我教育生活的发现与认同，也是对教师人生丰富性、价值性的发现与认同，是对内在心灵世界的丰富与充实。

　　《法度与温度齐飞，学校共家庭一体》《在学校任务中挖掘整改班级的契机》《正面管教，让教育充满正能量》……一篇又一篇用实践总结出来的教学方法和理论蕴含了丰富的教育学意义，能很好地引导读者去领悟这些意义，从而指导教学……如此循环往复，终至教育旨归。

热爱学生，热爱当教师是我们的文化自觉，教师的职责是教书育人，关心学生的成长。师生并肩，在文字的画卷里，描摹一幅幅知识锦绣江山的画卷；在思维的海洋中，演绎一曲曲智慧的高山流水，用最优秀的人培养更优秀的人，用一棵树摇动另一棵树，一朵云推动另一朵云，一个灵魂唤醒另一个灵魂，将自己活成一束光，关心关爱每一个孩子，用我们自己内心的光明去温暖每一个同伴，去照亮每一个孩子，让孩子们的每一天都被光明围绕，让每一个生命个体都得到尊重，让每个孩子自由生长、全面成长。面朝花海，心暖花开。

追光而行，向阳生长。

罗 灿